前 言

以全球变暖为标志的全球环境变化已经发生,在可预见的将来,这种变化还将持续发生。随之而来的是极端天气气候事件出现的频次在增加,强度也在加大。如此剧烈的气候变化单独或和社会经济因素结合在一起,已经并将继续影响农业生产,甚至威胁粮食安全。

四川是全国13个粮食主产区之一,也是西部唯一的粮食主产区。四川省统计局的数据显示,2017年四川省粮食作物播种面积644.1万 hm^2,油料作物播种面积133.7万 hm^2,中草药材播种面积13.3万 hm^2,蔬菜播种面积140.6万 hm^2。四川省2017年粮食产量3498.4万 t,水稻、小麦、玉米、红苕地位突出;经济作物中,油料产量323.5万 t,烟叶产量20.2万 t;蔬菜及食用菌产量4523.0万 t;茶叶产量28.3万 t;园林水果产量895.0万 t;中草药材产量51.2万 t。在全球气候变暖背景下,四川气候资源也相应发生了变化,这种变化对农业生产结构、种植制度、作物品种、栽培管理措施和农作物产量产生了重要的影响。热量条件的改善固然总体上对粮食生产有利,但与气候变暖相伴发生的气候变率的增大,则明显增加了干旱、高温热害、低温冷害、暴雨等灾害性天气以及洪涝等次生灾害的发生频率,导致四川粮食单产的稳定性面临严峻挑战。《四川省气候变化监测公报》指出,1961—2017年,四川省高温日数(日最高气温≥35 ℃)平均每10年增多1.3天,极端最高气温平均每10年升高0.27 ℃;低温日数(日最低气温≤0 ℃)平均每10年减少2.0天,极端最低气温平均每10年升高0.72 ℃;暴雨日数呈略微减少趋势,日最大降水量未发生趋势性变化。

为充分利用四川地区的气候资源,实现主要农作物生产的科学合理布局,自2014年起,本书作者通过考察、调研、广泛搜集国内外研究成果以及相关地区的气候生态资料,采用统计分析与GIS技术相结合的方法,系统分析了气候变化背景下四川主要粮食作物生长季气候资源的时空变化特征,弄清了气候变化对四川主要粮食作物产量的影响,开展了四川主要粮食作物生产的农业气象灾害风险评估和灾损风险区划,并提出了四川农业适应气候变化的对策措施。希望本书的出版可为区域级气候变化对农业影响评估报告编制提供可借鉴的技术、方法、标准和框架结构以及业务流程。同时,本研究成果可为气候变化背景下四川主要作物实现稳产高产、持续发展以及促进农民增收提供科学指导。

本书共分6章。第1章绪论,介绍了四川省农业概况、四川省气候变化概况、气候变化对四川农业的影响研究资料与方法。第2章四川主要粮食作物生育期农业气候资源变化,重点分析了四川水稻、玉米和冬小麦全生育期和不同生育期内热量资源(平均气温、最高气温、最低气温、气温日较差)、光资源和水资源(降水量、有效降水量、参考作物蒸散量、作物需水量、缺水量)的时空变化特征。第3章气候变化对四川主要粮食产量的影响,建立了气候变化对作物产量影响评估模型,系统分析了单一气候因子和气候变化对四川水稻、玉米和冬小麦产量的影响效应和影响程度。第4章农业气象灾害变化对粮食生产的影响,分析了水稻高温热害时空分布特征及风险、水稻(玉米和冬小麦)干旱时空分布特征及风险、水稻(玉米和冬小麦)减产的气候风险。第5章未来气候情景下主要粮食作物气候生产潜力,基于未来气候情景数据,分析了未来四川农业气候资源的变化特征,并弄清了未来四川水稻、玉米和冬小麦生育期气候资源的变化特征及未来作物生产潜力的变化特征。第6章主要粮食作物适应气候变化的对策措施,以气候变化对四川主要粮食作物的影响研究为基础,分析了四川水稻、玉米和小麦等主要粮食作物适应气候变化的总体策略,提出了具体的对策措施。

本书由国家重点研发计划"粮食丰产增效科技创新"重点专项"粮食主产区主要气象灾变过程及其减灾保产调控关键技术"(2017YFD0300400)、中国气象局西南区域重大科研业务项目"四川主要农作物生产对气候变化的响应研究"(2014-08)、高原与盆地暴雨旱涝灾害四川省重点实验室科技发展基金项目"四川省农业气象指标体系研究及应用"(省重实验室2018-重点-05)、四川省科技厅应用基础研究项目"旺苍县农业气候资源与农业生产技术关联系统开发应用"(2018JY0341)、四川省财政创新能力提升工程"旱地油菜—玉米两熟模式精简高效节水及机械化栽培关键技术研究"、公益性科研(农业)专项"西南丘陵旱地主要粮油农作节水节肥节药综合技术集成与示范"共同资助。

由于研究的阶段性和水平限制,关于气候变化对四川农业影响的认识尚有待不断深入。本书疏漏和错误之处难免,敬请广大读者批评指正。

著 者

2019年1月20日

目　录

前言

第1章　绪论 … 1
  1.1　四川省农业概况 … 1
  1.2　四川省气候变化概况 … 2
  1.3　气候变化对四川农业的影响研究资料与方法 … 3
    1.3.1　研究资料 … 3
    1.3.2　农业气候资源变化分析 … 4
    1.3.3　气候变化对作物产量的影响评估 … 6
    1.3.4　农业气象灾害变化及风险评估 … 7
    1.3.5　作物生产潜力分析 … 11

第2章　四川主要粮食作物生育期农业气候资源变化 … 13
  2.1　水稻 … 13
    2.1.1　水稻生育期热量资源的时空分布 … 13
    2.1.2　水稻生育期光资源的时空分布 … 20
    2.1.3　水稻生育期水资源的时空分布 … 23
  2.2　玉米 … 33
    2.2.1　玉米生育期热量资源的时空分布 … 33
    2.2.2　玉米生育期光资源的时空分布 … 40
    2.2.3　玉米生育期水资源的时空分布 … 41
  2.3　冬小麦 … 51
    2.3.1　冬小麦生育期热量资源的时空分布 … 51

2.3.2　冬小麦生育期光资源的时空分布 57
　　2.3.3　冬小麦生育期水资源的时空分布 60

第3章　气候变化对四川主要粮食产量的影响 70
3.1　水稻 70
　　3.1.1　水稻全生育期气候因子的变化趋势 70
　　3.1.2　单一气候因子变化对水稻产量的影响 70
　　3.1.3　气候变化对水稻产量的影响 76
3.2　玉米 77
　　3.2.1　玉米全生育期气候因子的变化趋势 77
　　3.2.2　单一气候因子变化对玉米产量的影响 77
　　3.2.3　气候变化对玉米产量的影响 80
3.3　冬小麦 82
　　3.3.1　冬小麦全生育期气候因子的变化趋势 82
　　3.3.2　单一气候因子变化对小麦产量的影响 83
　　3.3.3　气候变化对冬小麦产量的影响 86

第4章　农业气象灾害变化对四川主要粮食生产的影响 88
4.1　水稻高温 88
　　4.1.1　水稻生育期高温热害时空分布 88
　　4.1.2　水稻高温热害的周期性变化 92
　　4.1.3　水稻高温热害发生风险空间分布 95
4.2　水稻干旱 95
　　4.2.1　水稻生育期干旱时空分布 95
　　4.2.2　水稻干旱的周期性变化 99
　　4.2.3　水稻干旱发生风险空间分布 102
4.3　玉米干旱 102
　　4.3.1　玉米生育期干旱时空分布 103
　　4.3.2　玉米干旱发生风险空间分布 106
4.4　冬小麦干旱 107
　　4.4.1　冬小麦生育期干旱时空分布 107
　　4.4.2　冬小麦干旱发生风险空间分布 110
4.5　主要粮食作物减产的气候风险 112
　　4.5.1　水稻减产的气候风险分析和区划 112
　　4.5.2　玉米减产的气候风险分析和区划 113
　　4.5.3　冬小麦减产的气候风险分析和区划 115

第5章 未来气候情景下四川主要粮食作物气候生产潜力 ········· 117
5.1 未来四川农业气候资源的变化特征 ········· 117
5.1.1 未来热量条件的变化特征 ········· 117
5.1.2 未来光照条件的变化特征 ········· 118
5.1.3 未来降水量的变化特征 ········· 119
5.1.4 未来参考作物蒸散量的变化特征 ········· 120
5.1.5 未来湿润指数的变化特征 ········· 120
5.2 水稻 ········· 122
5.2.1 未来水稻生育期气候资源的变化特征 ········· 122
5.2.2 未来水稻生产潜力的变化特征 ········· 124
5.3 玉米 ········· 126
5.3.1 未来玉米生育期气候资源的变化特征 ········· 126
5.3.2 未来玉米生产潜力变化特征 ········· 128
5.4 冬小麦 ········· 130
5.4.1 未来冬小麦生育期气候资源的变化特征 ········· 130
5.4.2 未来冬小麦生产潜力的变化特征 ········· 132

第6章 主要粮食作物适应气候变化的对策措施 ········· 134

参考文献 ········· 137

第1章

绪 论

1.1 四川省农业概况

四川地处西南内陆,全省面积48.6万km^2,居全国第五位。境内东部为盆地,西南为山地,西部为高山峡谷高原,平坝占7.84%,丘陵占10.06%,高原占32.08%,山地占49.44%,水面占0.58%。2016年末,四川总人口9262万人,其中乡村人口4705.1万人,辖21个市(州)、183个县(市、区)、4633个乡(镇)。

四川东部盆地属亚热带湿润气候,气温较高,无霜期长,雨量多,日照少。全省70%的耕地、80%的粮食产量和70%~80%的主要经济作物产品产量集中在这一区域。川西南山地冬暖夏凉,干湿季明显,光热充足,被称为长江上游的"金三角""聚宝盆",是全国杧果、石榴、葡萄的最适宜产区。西部高山峡谷高原冬寒夏凉,水热不足,日照充足,气候垂直变化显著,适宜种植反季节蔬菜等特色产品。

四川农业素有精耕细作的传统,形成了夏收作物、秋收作物、晚秋作物一年三季的耕作制度。常年农作物种植面积1.45亿~1.5亿亩*,其中粮食作物1亿亩左右,经济作物2200万~2500万亩,其他作物2300万~2500万亩。粮食作物中水稻、小麦、玉米、红苕、马铃薯、大豆等种植优势明显,尤以水稻最为突出,常年种植面积3000万亩左右,占粮食面积的30%左右,产量占粮食总产量的40%以上;小麦、玉米种植面积均在2000万亩左右;红苕、马铃薯种植面积均在1000万亩以上;大豆400万亩以上。经济作物有油菜、花生、蔬菜、水果、茶叶、药材、花卉、蚕桑、棉花、甘蔗、烟叶、麻类等,资源丰富,种类繁多。

四川粮食在全国占有重要地位。四川是全国13个粮食主产区之一,也是我国西南、西北地区唯一的主产区。2017年,全省粮食总产量达到3498.4万t,居全国第8位。

四川特色农业开发走在西部地区前列。近年来,四川紧紧抓住西部大开发的战略机遇,强力推进现代农业产业基地建设,大力发展特色效益农业,全省优势特色效益农业正由零星

---

* 1亩=1/15 hm^2,下同。

散状向带状、块状聚集发展,形成了一批优质粮、油、果、菜、茶等特色鲜明的产业带和生产区。2018年,全省建成200个粮油经济绿色高质高效示范区,创建认定国家级、省级特色农业产品优势区58个,特色蔬菜比重占到30%,名优茶产值占到61%,水果、食用菌、中药材、烟叶、蚕桑等产业位居全国前列。

"川字号"优质特色农产品走向全国。以"四川泡菜""峨眉山茶""大凉山""川藏高原""宜宾早茶""广元七绝"等为代表的一批区域品牌和以竹叶青、吉香居等为代表的企业品牌享誉全国。西昌的苹果在全国最先上市(9月),江安的夏橙在全国柑橘淡季上市(5月),安岳的柠檬、广元的橄榄、成都的水蜜桃和枇杷、川西的川芎和川贝等都是全国最大或唯一的生产基地。"川字号"优质特色农产品以物美价廉畅销国内外。

四川农业集约化水平高居全国之首。四川既有平原,又有丘陵、山区和高原,立体气候十分明显,生物多样性十分突出。四川充分利用资源优势,形成了高度集约的农业生产结构,土地利用率居全国前列。四川耕地复种指数达到248.9%,远远高于全国平均水平。

1.2 四川省气候变化概况

四川东部属亚热带湿润气候,西部为高原温带湿润气候,气候垂直变化大,区域差异显著;东部冬暖、春早、夏热、秋雨、多云雾、少日照、生长季长,西部则寒冷、冬长、基本无夏、日照充足、降水集中、干雨季分明。年平均气温为14.7 ℃,受地形影响,气温自东南向西北降低,温度梯度大,高值中心出现在川西南山地的攀枝花,为20.6 ℃,低值中心在川西北高原的石渠,为-1.1 ℃。平均年降水量为956.7 mm,降水的空间分布与地形关系密切。四川盆地自四周向中部减少,盆地中部丘陵降水量普遍在1000 mm以下,盆地四周降水量在1000 mm以上,西缘降水量最多可超过1600 mm。川西南山地年降水量相对均匀,最多在1100 mm左右,最少区在金沙江河谷地带,为700~800 mm;川西北高原大部为600~800 mm。各季节降水量差异大,汛期(5—9月)降水量占全年降水量的70%左右。四川气象灾害主要有干旱、暴雨洪涝、秋绵雨、高温、大雾等,并呈现出以下特点:第一,灾害频发。气象灾害年年都有,只有灾多灾少、灾重灾轻之别。第二,波及面广。从西部高原到东部盆地,都有气象灾害发生。第三,灾多灾长。除热带气旋外,其他气象灾害在四川均有发生。一年四季都可能有气象灾害出现。第四,多灾并发。经常同时出现几种气象灾害,有的地方甚至一年内出现多种灾害并发或连续数年遭灾的情形。其中,季节性干旱是影响四川农业可持续发展最主要的自然灾害,1949年以来,四川旱灾几乎年年发生。据近50年来的气象资料统计,一般干旱年四川受旱面积35万~70万 hm², 粮食减产5亿~10亿 kg;中等干旱年受旱面积100万~200万 hm², 粮食减产25亿~30亿 kg;严重干旱年受旱面积330万 hm²以上,粮食减产30亿~50亿 kg(程纯枢,1991;程绍敏,2000;丁一汇等,2006)。

全球气候变暖背景下,四川气候变化既与全球、全国总体一致,又由于特殊的地理位置和地形地貌等原因而具有其独特性。突出表现为:第一,气候要素在高海拔地区比低海拔地区突变时间早,四川地区的气温突变比全球、全国滞后。第二,近100年全省气温总体呈上升趋势,热量资源增加,但增温幅度明显低于全国平均水平。气温变化具有明显的年代特征,由于所用资料年代不同,不同专家研究结果有一些差异,但总体上可以划分为:20世纪

30 年代以前为偏冷期,40 年代至 60 年代初为偏暖期,60 年代后期至 90 年代初为偏冷期,90 年代中期以来持续偏暖。第三,在气温变化的空间分布上,川西高原与四川盆地具有显著差异。川西高原与全球气候变暖同步,突变较早且振幅较大,四川盆地突变滞后且振幅较小,甚至相反。受多种因素影响,盆地内各地的气温有差异,但各地气温变化有较强的同一性。第四,秋、冬季变暖的趋势大于春、夏季,夜间升温幅度大于白天,最低气温的升幅高于平均气温和最高气温,年平均气温的升高以冬半年贡献率最大。第五,多数研究者认为,年总降水量在川西高原呈增加趋势,四川盆地呈减少趋势,但有学者对九寨沟、黄龙地区水资源的变化特征分析表明,川西高原北部降水量呈明显的减少趋势,还有学者依据 1961—2003 年的水文气象资料,研究发现岷江径流量总体呈减少的变化趋势,也可以间接说明川西高原北部降水资源呈减少趋势。在盆地内部,有学者认为盆地降水空间异常分布主要呈东西振荡特征,近 46 年来,盆西降水显著减少,盆东降水总体变化趋势不明显,过去"西涝东旱"的格局已被打破,整体处于少雨阶段。第六,降水年际变化方面,20 世纪前 30 年,全盆地降水变化趋势均是先增加后减少;30 年代则是盆东继续减少,盆西逐渐增加;40 年代至 60 年代初又是全盆地一致,先增加后减少;60 年代初以后,盆东盆西降水趋势相反;盆地中部作为盆东和盆西的过渡带,其降水变化特征更加复杂(任国玉等,2005;马振锋等,2006;刘晓冉等,2008;陈超等,2010a,2010b,2011a,2011b)。

《四川省气候变化监测公报》指出:1961—2017 年,四川省年平均气温每 10 a 升高 0.17 ℃,其中川西南山地年平均气温增温速率最大,平均每 10 a 升高 0.29 ℃。秋、冬季平均气温上升趋势最明显,平均每 10 a 升高 0.21 ℃。年降水量总体呈减少趋势,平均每 10 a 减少 12.7 mm,但区域差异大,盆地每 10 a 减少 20.5 mm,川西南山地线性变化趋势不明显,川西高原每 10 a 增加 8.1 mm。年平均相对湿度每 10 a 减小 0.5%,年平均日照时数每 10 a 减少 23 h,年平均风速每 10 a 减小 0.06 m/s。平均霾日数年代际变化特征明显,20 世纪 80 年代到 90 年代中期呈明显增多趋势,90 年代后期以来又呈波动减少趋势。平均冰雹日数在 20 世纪 90 年代以来呈明显减少趋势。平均大风日数自 1979 年以来平均每 10 a 减少 4.3 d。雨季长度平均每 10 a 减少 1 d,雨量平均每 10 a 减少 26.8 mm,秋雨强度呈现逐渐减弱的变化趋势。川西高原积雪日数、积雪深度呈先增后减趋势,在 20 世纪 70—90 年代偏多,进入 21 世纪以来持续偏少。全省地表温度平均每 10 a 上升 0.5 ℃,其中川西南山地平均每 10 a 升高 0.6 ℃。全省高温日数(日最高气温≥35 ℃)平均每 10 a 增多 1.3 d,极端最高气温平均每 10 a 升高 0.27 ℃;低温日数(日最低气温≤0 ℃)平均每 10 a 减少 2.0 d,极端最低气温平均每 10 a 升高 0.72 ℃;极端最低气温盆地未发生趋势性变化。暴雨日数呈略微减少趋势,日最大降水量未发生趋势性变化。

1.3 气候变化对四川农业的影响研究资料与方法

1.3.1 研究资料

气象资料来源于四川省气象探测数据中心,主要包括 1961—2014 年四川 156 个气象台站逐日平均气温、最高气温、最低气温、日较差、降水量、日照时数、相对湿度和风速资料,根据研究需要利用 Pohlert(2004)法将日照时数转换为了太阳辐射量。

1981—2012 年四川单季水稻、玉米和冬小麦县级产量资料及播种面积资料来源于四川省农业厅，43 个农业气象观测站和 2 个农业气象试验站作物生育期资料来源于四川省气象探测数据中心。

PRECIS(providing regional climates for impacts studies)是由英国 Hadley 气候预测与研究中心开发的区域气候模式，2003 年由中国科学家引入，用以构建了中国区域高分辨率的 SRES 未来气候情景，并已被应用于中国区域气候变化的影响评估工作中。本研究使用了 50 km×50 km 网格的日平均气温、降水、风速、辐射、相对湿度等气象要素，以 1961—1990 年的逐日气象要素值作为基准时段(baseline)，由 SRES 排放方案(A2 和 B2)驱动获得的 2071—2100 年的逐日气象要素值表示未来的气候状况。情景数据由中国农业科学院农业环境与可持续发展研究所提供(许吟隆等，2004；许吟隆等，2005；许吟隆，2005；气候变化国家评估报告编写委员会，2007)。

四川水稻、玉米和冬小麦主要种植于盆地和川西南山地。依据种植区的形成现状、地理和地貌类型，划分为 6 个区域(甘书龙等，1986)，包括盆西平丘区、盆中浅丘区、盆南丘陵区、盆东平行岭谷区、盆周边缘山地区、川西南山地区(图 1.1)。分析农业气象观测站的作物生育期资料，并结合大田实地调查资料可以看出，每个区域各县作物生育期基本一致，但不同区域之间作物生育期有差异(韩湘玲，1991；高亮之，1992；韩湘玲，1999；杨晓光等，2006)。

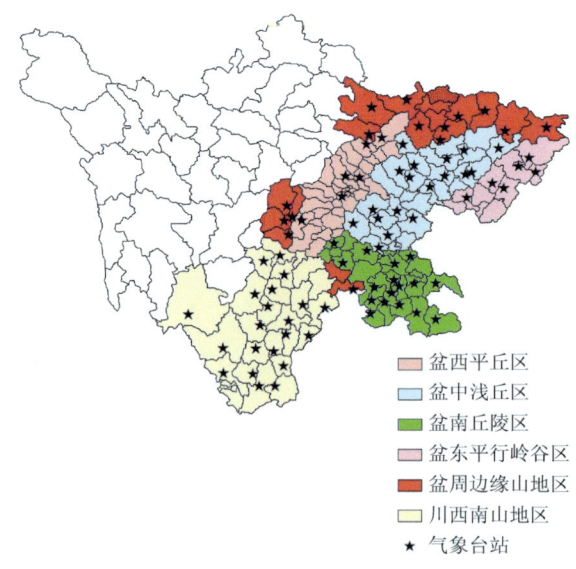

图 1.1　四川主要粮食作物(水稻、玉米、冬小麦)种植区域和气象站点的分布

1.3.2　农业气候资源变化分析

(1)参考作物蒸散量

本研究采用联合国粮食与农业组织(FAO)在 1998 年推荐的 Penman-Monteith 方法

(Allen 等,1998),公式为:

$$ET_0 = \frac{0.408\Delta R_n + \gamma \frac{900}{T+273} U_2(e_s - e_a)}{\Delta + \gamma(1+0.34U_2)} \quad (1.1)$$

式(1.1)中各参数的计算方法如下:

$$\Delta = \frac{4098 e_s}{(T+273)^2} \quad (1.2)$$

$$R_n = 0.77 \times R_s - 4.903 \times 10^{-9} \times (0.1 + 0.9 \times n/N)(0.34 - 0.14\sqrt{e_a})(T_{\max}^4 + T_{\min}^4)/2 \quad (1.3)$$

$$R_s = (as + bs \cdot n/N) \cdot R_a \quad (1.4)$$

$$U_2 = U_{10} \frac{4.87}{\ln(678 - 5.42)} \quad (1.5)$$

式中,ET_0 为参考作物蒸散量,mm/d;Δ 为饱和水汽压与温度关系曲线的斜率,kPa/℃;R_n 为作物表面净辐射量,MJ/m²;γ 为湿度计常数,kPa/℃;T 为空气平均温度,℃;U_2 为地面以上 2m 处的风速,m/s;e_s 为空气饱和水汽压,kPa;e_a 为空气实际水汽压,kPa;R_s 为地表短波辐射通量,MJ/m²;n 为实际日照时间,h;N 为理论日照时间,h;$T_{\max}$ 为日最高气温,K;$T_{\min}$ 为日最低气温,K;as 为阴天短波辐射通量与大气外层太阳辐射通量的比例系数,取 0.25;bs 为晴天短波辐射通量与大气外层太阳辐射通量的比例系数,取 0.5;R_a 为大气外层太阳辐射通量,MJ/m²;U_{10} 为地面以上 10m 处的风速,m/s。

(2) 作物需水量

采用 FAO 推荐的公式确定作物生育期需水量(Allen 等,1998):

$$ET_c = K_c \times ET_0 \quad (1.6)$$

式中,ET_c 为作物需水量,mm/d;K_c 为作物系数;ET_0 为参考作物蒸散量,mm/d。

本研究采用 1998 年 FAO 推荐的分段单值平均法计算 K_c 值,在考虑 K_c 值时将作物生育期划为初始生长期(播种到作物覆盖率接近 10%,此阶段作物系数为 K_{cini})、快速发育期(覆盖率 10% 到充分覆盖,此阶段作物系数从 K_{cini} 上升到 K_{cmid})、生育中期(充分覆盖到成熟期开始,此阶段作物系数为 K_{cmid})和成熟期(叶片开始变黄到生理成熟或收获,此阶段作物系数从 K_{cmid} 下降到 K_{cend})。然后利用 FAO 推荐的特定标准条件下作物的标准作物系数进行查询(刘钰等,2000)。

(3) 作物生育期缺水率

为表征作物生育期内的水分盈亏状况,定义缺水量(需水量和有效降水量之差)与作物需水量的比值为缺水率,缺水率的正(负)表示了作物生育期内的水分亏缺(盈余),大小表示了亏缺或盈余的程度(李世奎,1999;达斯塔内,1974)。

$$K = \frac{ET_c - P_e}{ET_c} \times 100\% \quad (1.7)$$

式中,K 为作物生育期内的缺水率,%;ET_c 为作物生育期内需水量,mm;P_e 为作物生育期内的有效降水量,mm。

(4) 湿润指数

湿润指数是一个表征地区干湿程度的指标,以某个地区的水分收支比值来表示,公式为:

$$M = \frac{R}{ET_0} \tag{1.8}$$

式中,M 为湿润指数;R 为降水量,mm/d;ET_0 为参考作物蒸散量,mm/d。

(5) 气候倾向率

采用气候倾向率(魏凤英,2007)表示某一气候要素的趋势变化,建立 X_i 与 t_i 间的一元线性回归方程:

$$X_i = a + bt_i \ (i=1,2,\cdots,n) \tag{1.9}$$

式中,X_i 为气候要素;t_i 为 X_i 对应的时间变化;n 为样本量;a 和 b 为回归系数。以 b 的 10 倍表示变量的倾向率。

(6) 稳定通过界限温度起止日期的确定

10 ℃是喜凉作物迅速生长、多年生作物以较快速度积累干物质的温度,也是喜温作物正常生长的起始温度。本研究以≥10 ℃的持续日数作为喜温作物的温度生长期,利用 5 日滑动平均法计算稳定通过界限温度的起止日期(曲曼丽,1991;韩湘玲,1999)。在此基础上,分析温度生长期内的积温、日照时数、降水量、参考作物蒸散量和湿润指数的变化。

1.3.3　气候变化对作物产量的影响评估

(1) 一阶差分

一阶差分法已被广泛应用于评价气候变化的影响中,它能在一定程度上去除缓慢变化因子(管理措施提高、品种更替等)对变量的影响(Nicholls,1997;Lobell 等,2007)。在研究气候因子和产量的关系时,首先利用一阶差分法对产量进行处理。

$$Y(k) = X(k+1) - X(k) \tag{1.10}$$

式中,$Y(k)$ 是一阶差分值;$X(k)$ 是作物产量和气候因子;k 是序列。

(2) 单一气候因子对作物产量的影响

本研究首先建立作物产量的一阶差分变化量 ΔY 和各生育阶段气候要素的一阶差分变化量 ΔX 间的一元线性回归方程,利用 t 检验方法判断因子变化的显著性。假定产量与气候要素间的一元线性关系显著相关($P<0.05$),则说明该气候因子对作物产量的影响显著,同时还可判断其影响是正效应还是负效应。

$$\Delta Y_i = \alpha + \beta \Delta X_i \quad (i=1,2,\cdots,n) \tag{1.11}$$

式中,ΔY_i 是某县作物的年产量差,即当年产量与前一年产量的差,kg/hm²;ΔX_i 是某县作物不同生育期年气候因子的变化量,即当年气候因子与前一年气候因子的差;α 是常数;β 是回归系数;n 是样本量。

(3) 气候变化对作物产量的影响

为了研究气候因子对作物产量的影响,建立气候因子(平均气温、气温日较差、降水量、辐射量)和作物产量间的逐步回归方程。如果方程通过了显著性检验($P<0.05$),说明该县气候变化对作物产量的影响显著(Liu 等,2010)。评估方法与单一气候因子对作物产量的影

响研究一致。

1.3.4　农业气象灾害变化及风险评估

1.3.4.1　水稻高温热害等级指标的建立及风险区划方法

(1) 水稻抽穗扬花期高温热害指数的建立

水稻抽穗期持续3天35 ℃的高温会导致结实率降低,因此将日最高气温35 ℃作为抽穗扬花期的界限温度。在建立水稻抽穗扬花期高温热害指数时,将>35 ℃的日最高气温与界限温度35 ℃的差值累加。另外,空气湿度对水稻开花授粉也有影响,适宜的湿度有利于花粉的传播和授粉。湿度下降,花粉活力会降低,尤其是在遭遇高温和湿度偏低相叠的情况下,会导致授粉降低,水稻空壳率增加(郑志广,2003;郑建初等,2005)。

HIS_f指数综合考虑了空气相对湿度和高温的综合影响。

$$HIS_f = \sum_{i=1}^{n} D_{fi} \cdot \left[\frac{T_{i\max} - T_{D\max}}{T_{\max} - T_{D\max}} + \frac{RH_i - RH_D}{RH_{\min} - RH_D} \right] \tag{1.12}$$

$$D_{fi} = \frac{(n-i)}{n} \tag{1.13}$$

式中,致害最高气温 $T_{D\max}=35$ ℃;空气相对湿度 $RH_D=70\%$;$T_{i\max}$、RH_i 分别是水稻抽穗扬花期内第 i 天的日最高气温、空气相对湿度;$T_{\max}$、$RH_{\min}$ 分别是历年水稻抽穗扬花期极端最高气温、极端最低相对湿度;n 为水稻抽穗扬花期总天数;i 为水稻抽穗扬花期内的第几天;D_{fi} 为第 i 天高温热害权重系数。

(2) 水稻灌浆结实期高温热害指数的建立

高温对水稻灌浆结实期的影响主要有两方面。一是使灌浆期缩短,光合速率和光合产物累积量降低,以致秕谷粒增多、粒重下降,从而导致产量下降;二是水稻垩白粒数增加和垩白面积增大,导致水稻品质下降。据研究,在此生育期日较差也有一定的影响,而空气湿度在此阶段影响不显著,因此,水稻灌浆结实期的高温热害指数既要考虑日最高气温、又要考虑日较差(阳园燕等,2013)。建立的指数如下:

$$HIS_g = \sum_{i=1}^{n} D_{gi} \cdot \left[\frac{T_{i\max} - T_{D\max}}{T_{\max} - T_{D\max}} + \frac{T_i - T_D}{T_{a v\max} - T_D} \right] \tag{1.14}$$

$$D_{gi} = \begin{cases} 1 & i < n/2 \\ \dfrac{(n-i)}{n} & i \geqslant n/2 \end{cases} \tag{1.15}$$

式中,致害最高气温 $T_{D\max}=35$ ℃;致害日平均气温 $T_D=30$ ℃;$T_{i\max}$、T_i 分别为第 i 天日最高气温、日平均气温;$T_{\max}$、$T_{a v\max}$ 为历年灌浆结实期极端最高气温、日平均气温;n 为水稻灌浆结实期天数;i 为水稻灌浆结实期第几天;D_{gi} 为水稻灌浆结实期第 i 天高温热害权重系数。

(3) 水稻高温热害指数的等级划分

根据《中国气象灾害大典(四川卷)》(温克刚等,2006),结合高温热害累计指数和水稻空壳率的数据进行统计分析,得到水稻高温热害等级指数的划分(表1.1),将其分3级,即为轻度、中度、重度(刘佳等,2018)。

表 1.1　水稻高温热害等级指标的划分

	抽穗到开花期	灌浆到结实期
轻度	$0 \leqslant HIS_f < 2$	$0 \leqslant HIS_g < 2$
中度	$2 \leqslant HIS_f < 4$	$2 \leqslant HIS_g < 6$
重度	$4 \leqslant HIS_f$	$6 \leqslant HIS_g$

(4) 水稻高温热害风险指数

考虑水稻关键生育期高温热害频率与平均高温热害强度，水稻高温热害的风险指数为：

$$A' = F_a \times T_a \tag{1.16}$$

式中，A'为某站点水稻高温热害风险指数；F_a为某站点水稻高温热害频率；T_a为某站点水稻平均高温热害强度；A为标准化后的某站点水稻高温热害风险指数；A'_{min}为全部站点中水稻高温热害风险指数最小值；A'_{max}为全部站点中水稻高温热害风险指数最大值。

利用水稻各生育阶段高温热害的指数，统计水稻各生育阶段某站点的高温热害发生频率与高温热害强度，公式为：

$$F_a = \frac{G}{N} \times 100\% \tag{1.17}$$

$$T_a = \frac{E}{N} \tag{1.18}$$

式中，F_a为某站点水稻某生育阶段的高温热害频率；G为水稻发生高温热害的年数；N为总年数；T_a表示水稻多年平均高温热害强度；E为多年高温热害强度之和。

基于水稻高温热害风险指数的计算方法，依据《中国气象灾害大典（四川卷）》（温克刚等，2006）中四川水稻种植区的灾情资料，确定了四川水稻抽穗扬花期、灌浆结实期高温热害风险等级（表 1.2），将其划分为低风险区、中风险区、较高风险区和高风险区 4 个等级。

表 1.2　四川水稻高温热害风险等级

风险等级	生育阶段	低风险区	中风险区	较高风险区	高风险区
风险指数	抽穗扬花期	$\leqslant 0.12$	0.13~0.25	0.26~0.49	$\geqslant 0.50$
	灌浆结实期	$\leqslant 0.25$	0.26~0.49	0.50~0.79	$\geqslant 0.80$

1.3.4.2　作物干旱等级指标的建立及风险区划方法

(1) 水分盈亏指数

作物水分盈亏指数（I）中既考虑了前期降水的滞后影响，又考虑了稻田径流量（苏永秀等，2008）：

$$I = \frac{[R_{10}(1-C) - ET_{c10}] + [R(1-C) - ET_c]}{ET_c} \tag{1.19}$$

$$C = 0.47M/95.6 \tag{1.20}$$

式中，R_{10}为前 10 日累积降水量；ET_{c10}为前 10 日累积作物耗水量；R为某时段累计的降水量；ET_c为某时段累计的作物需水量；C为径流系数；M为站点 15 年内每年最大降水量的平均值。

(2)干旱的等级划分

利用1961—2014年计算的水分盈亏指数,结合《中国气象灾害大典(四川卷)》(温克刚等,2006)等资料,参考种植区典型年作物干旱评估指数(I),建立干旱等级指标,并将其分为4级,即为轻旱、中旱、重旱、特旱,对应的干旱强度为1、2、3、4(表1.3)。

表1.3 作物干旱等级及强度划分

干旱等级	玉米干旱评估指数	水稻干旱评估指数	冬小麦干旱评估指数	干旱强度
轻旱	$-0.4 \leqslant I < -0.2$	$-0.8 \leqslant I < -0.4$	$-1.3 \leqslant I < -0.8$	1
中旱	$-0.7 \leqslant I < -0.4$	$-1.2 \leqslant I < -0.8$	$-1.8 \leqslant I < -1.3$	2
重旱	$-1.2 \leqslant I < -0.7$	$-1.6 \leqslant I < -1.2$	$-2.3 \leqslant I < -1.8$	3
特旱	$I < -1.2$	$I < -1.6$	$I < -2.3$	4

(3)干旱频率和干旱强度

统计各站点作物不同生育期内干旱发生次数,得到各站不同生育期内的干旱频率、强度和各区域不同等级作物干旱站均次数(C)、逐年作物干旱站均次数(D)(邓国等,1999;陈晓艺等,2008)。

$$T_a = \frac{E}{N} \quad F_a = \frac{G}{M \times N} \tag{1.21}$$

$$C = \frac{H}{M} \quad D = \frac{L}{M} \tag{1.22}$$

式中,N是总年数;H是1961—2014年各站相应等级干旱的总次数;T_a是各区域第α发育期54年平均干旱强度;α是生育期;F_a为各区域作物第α发育阶段干旱频率;G为作物第α生育阶段区域干旱总次数;E为区域内各站作物第α生育阶段54年平均干旱强度之和;L为逐年各干旱等级区域总次数;M为区域内的台站数。

(4)风险指数

风险指数是考虑风险程度大小的指标,它把干旱强度和干旱发生频率有机地结合在一起,具体算法是将各台站各发育阶段或全生育期干旱频率与平均干旱强度相乘:

$$Q = F \times T \tag{1.23}$$

式中,Q是风险指数;F是干旱频率;T是干旱强度。作物干旱风险度分级如表1.4所示。

表1.4 作物干旱风险度分级

等级	轻度	中度	重度	极重
水稻风险指数	$Q \leqslant 30$	$30 < Q \leqslant 50$	$50 < Q \leqslant 80$	$Q > 80$
玉米风险指数	$5 < Q \leqslant 30$	$30 < Q \leqslant 50$	$50 < Q \leqslant 80$	$Q > 80$
冬小麦风险指数	$Q \leqslant 30$	$30 < Q \leqslant 50$	$50 < Q \leqslant 80$	$Q > 80$

1.3.4.3 作物减产的气候风险计算方法

(1)气象产量

作物产量(Y)可分解为气象产量(Y_w)、趋势产量(Y_t)和随机"噪声"(ε),随机"噪声"所占比例比较小,可以忽略不计(李世奎,1999;王素艳等,2005),故公式为:

$$Y = Y_t + Y_w \tag{1.24}$$

相对气象产量(Y_r)

$$Y_r = \frac{Y_w}{Y_t} \tag{1.25}$$

本文采用 5 a 直线滑动平均法得到各县的作物相对气象产量序列。相对气象产量是偏离趋势产量波动的相对变率,相对变率为负值即减产率。

(2)灾损风险评估指标

利用歉年平均减产率、歉年减产变异系数、歉年减产发生概率及综合评估指数,反映农业气象灾害给产量带来的损失风险(薛昌颖等,2005;陈家金等,2009;陈家金,2011)。

减产率是指实际产量分解获得的相对气象产量负值百分率。歉年平均减产率(d)为:

$$d = \frac{1}{n}\sum_{i=1}^{n} Y_i \tag{1.26}$$

式中,Y_i 为减产序列的逐年减产率;n 为歉年年数。

减产变异系数表示减产幅度偏离其平均值的程度,是标准差与平均值之比,表示波动程度,又称稳定系数,系数越大,说明产量稳定性越差。歉年减产变异系数(C_V)为:

$$C_V = \frac{1}{\overline{Y}}\sqrt{\frac{\sum_{i=1}^{n}(Y_i - \overline{Y})}{n-1}} \tag{1.27}$$

式中,Y_i 为歉年减产率序列;$\overline{Y}$ 为减产年平均产量;n 为歉年年数。

歉年减产发生概率指标是指相对气象产量小于某一临界值的累积概率情况。本研究以减产率≥5%的概率为风险评估指标。利用 SPSS 对相对气象产量进行正态检验,不符合的县进行正态化处理。具体计算方法如下:

$$F(x) = \int_{-a}^{x} \frac{1}{\sqrt{2\pi}\sigma} e^{-\frac{1}{2\sigma^2}(x-\mu)^2} dx \tag{1.28}$$

式中,x 为相对气象产量。当相对气象产量小于临界值 $x_0 = -5\%$ 时,歉年减产发生概率(p)为:

$$p(x < x_0) = \Phi\left(\frac{x_0 - \mu}{\sigma}\right) \tag{1.29}$$

正态分布近似表:

$$P(x) = \frac{1}{2}(1 + a_1 x + a_2 x^2 + a_3 x^3 + a_4 x^4 + a_5 x^5 + a_6 x^6)^{-16} \tag{1.30}$$

式中,$a_1 = 0.049867437$,$a_2 = 0.0211410061$,$a_3 = 0.0032776263$,$a_4 = 0.0000380036$,$a_5 = 0.0000488906$,$a_6 = 0.000005383$。

未来气候变化对作物产生的风险,又可用未来产量降低的可能性来表示。因此,本研究采用歉年平均减产率、歉年减产变异系数、歉年减产率≥5%的概率作为指标,通过加权平均所得到的指数来表示综合风险。综合风险指数(I)公式为:

$$I = (d' + C_V' + p')/3 \tag{1.31}$$

式中,d'、C_V'、p' 分别为 3 个风险指数归一化处理所得,如式:

$$z_i = \frac{z - z_{\min}}{z_{\max} - z_{\min}} \tag{1.32}$$

1.3.5 作物生产潜力分析

光合生产潜力指在热量、水分、土壤等自然环境条件适宜,最优的管理条件下,选用最优品种,在可能的生长期内,作物本身通过外界环境将投射到该地的光能转换为生物化学的潜能,光合生产力是作物能达到的最高理论产量;光温生产潜力指农业生产条件充分保证,在充足的水分供应和 CO_2 条件下,由当地的光、温条件决定的作物能达到的最高产量;气候生产潜力指在光温生产潜力的基础上,加入水分对作物产量的影响(韩湘玲,1999;侯西勇,2008;Chavas 等,2009)。本研究采用侯光良法计算光合生产潜力(侯光良,1986),计算步骤如下。

光合生产潜力为:

$$YQ = k \times \mu \times \varepsilon \times \varphi \times (1-\alpha) \times (1-\beta) \times (1-\rho) \times (1-\gamma) \times (1-\omega) \times (1-\eta)^{-1} \times (1-\xi)^{-1} \times s \times q^{-1} \times F(L) \times \sum Q_i \tag{1.33}$$

式中,YQ 为光合产量潜力,kg/hm²;k 为单位换算系数;μ 为作物光合固定 CO_2 能力的比例,取 1.0;ε 为光合辐射占总辐射的比例,取 0.49;φ 是光合作用量子效率,取 0.22;α 是植物群体反射率,取 0.08;β 为植物繁茂群体透射率,取 0.06;ρ 为非光合器官截获辐射比例,取 0.10;γ 为超过光饱和点的光的比例,取 0.01;ω 为呼吸消耗占光合产物比例,取 0.30;η 为成熟谷物含水率,取 0.15;ξ 为植物无机灰分含量比例,取 0.08;s 为作物经济系数,玉米取 0.45;q 为单位干物质所占热量,取 17.2 MJ/kg;$F(L)$ 为叶面积时间变化动态订正函数值,取 0.55;Q_i 为太阳总辐射(MJ·m⁻²),可利用各站点日照百分率资料计算:

$$Q_i = (ms + c) \times Q_A \tag{1.34}$$

式中,Q_A 为天文辐射量,MJ/m²;s 为日照百分率,%;m 和 c 为经验常数,四川地区分别为 0.475 和 0.205(邓先瑞,1995)。

光温生产潜力为:

$$YT = YQ \times f(t) \tag{1.35}$$

式中,YT 为光温生产潜力,kg/hm²;YQ 为光合生产潜力,kg/hm²;$f(t)$ 为温度订正函数,计算公式为:

$$f(t) = \begin{cases} 0 & t < t_{\min}, t > t_{\max} \\ \dfrac{t - t_{\min}}{t_s - t_{\min}} & t_{\min} \leqslant t < t_s \\ \dfrac{t_{\max} - t}{t_{\max} - t_s} & t_s \leqslant t \leqslant t_{\max} \end{cases} \tag{1.36}$$

式中,t 为某阶段的平均温度,℃;$t_{\min}$ 为作物生长下限温度,℃;t_s 为作物生长最适温度,℃;$t_{\max}$ 为作物生长上限温度,℃。水稻、玉米、冬小麦的三基点温度取下限温度分别是 10 ℃、8 ℃、3 ℃,最适温度分别是 30 ℃、32 ℃、22 ℃,上限温度分别是 42 ℃、44 ℃、32 ℃(曹卫星,2006)。

气候生产潜力为:

$$YW = YT \times f(w) \tag{1.37}$$

式中，YW 为气候产量潜力，kg/hm^2；YT 为光温生产潜力，kg/hm^2；$f(w)$ 为水分订正函数，公式为：

$$f(w) = \begin{cases} \dfrac{P_e}{ET_c} & 0 \leqslant P_e < ET_c \\ 1 & P_e \geqslant ET_c \end{cases} \qquad (1.38)$$

式中，P_e 为作物生育期内的有效降水量，mm；ET_c 为作物需水量，mm。

第2章

四川主要粮食作物生育期农业气候资源变化

农业气候资源的数量及其配置直接影响农业生产过程,并为农业生产提供必要的物质和能量。农业气候资源主要包括热量资源、光资源和水分资源。气候变化对农业生产的影响,首先表现为对农业气候资源的影响。由于农业气候资源在数量和配置上发生了变化,导致对农业生产过程的影响,并最终影响农业种植制度、品种布局以及生长发育和产量形成。因此,系统分析气候变化背景下农业气候资源演变趋势及空间分布格局,不仅有利于农业气候资源的合理利用,还将为调整农业结构和种植制度提供一定的科学依据(于沪宁等,1985;赵俊芳等,2010a;代姝玮等,2011;杨晓光等,2011;陈超等,2014;庞艳梅等,2015;刘琰琰等,2016;庞艳梅等,2017a)。

2.1 水稻

2.1.1 水稻生育期热量资源的时空分布

2.1.1.1 平均气温

1961—2014 年,四川水稻全生育期平均气温为 15.9～26.0 ℃,平均值为 23.4 ℃,总体呈南低北高的分布特点(图 2.1a)。54 年间水稻全生育期平均气温的变化趋势在 −0.19～0.96 ℃/10 a 之间,平均值为 0.07 ℃/10 a;盆地的东部及东北部地区全生育期平均气温呈下降趋势,其余地区几乎均呈升高的趋势(图 2.2a)。研究区域内平均气温呈升高趋势的站点占总站数的 72.3%,通过对平均气温随年际变化趋势的统计检验显示,有 32.5%站点通过 $\alpha=0.05$ 的显著性检验,其中呈升高趋势的站点占 81.5%。

从图 2.1b—d 可以看出,1961—2014 年水稻各生育期平均气温的分布和全生育期类似,总体呈现南低北高的分布特点。由于生育期长短的差异,水稻各生育阶段的平均气温不同;移栽到孕穗期的平均气温为 15.5～25.2 ℃,研究区域内平均值为 22.7 ℃;孕穗到开花期平均气温为 17.1～28.8 ℃,平均值为 25.4 ℃;开花到成熟期为 16.0～28.0 ℃,平均值为

24.2 ℃。比较水稻各生育阶段平均气温的分布情况可知,孕穗到开花期平均气温最高,移栽到孕穗期最低。

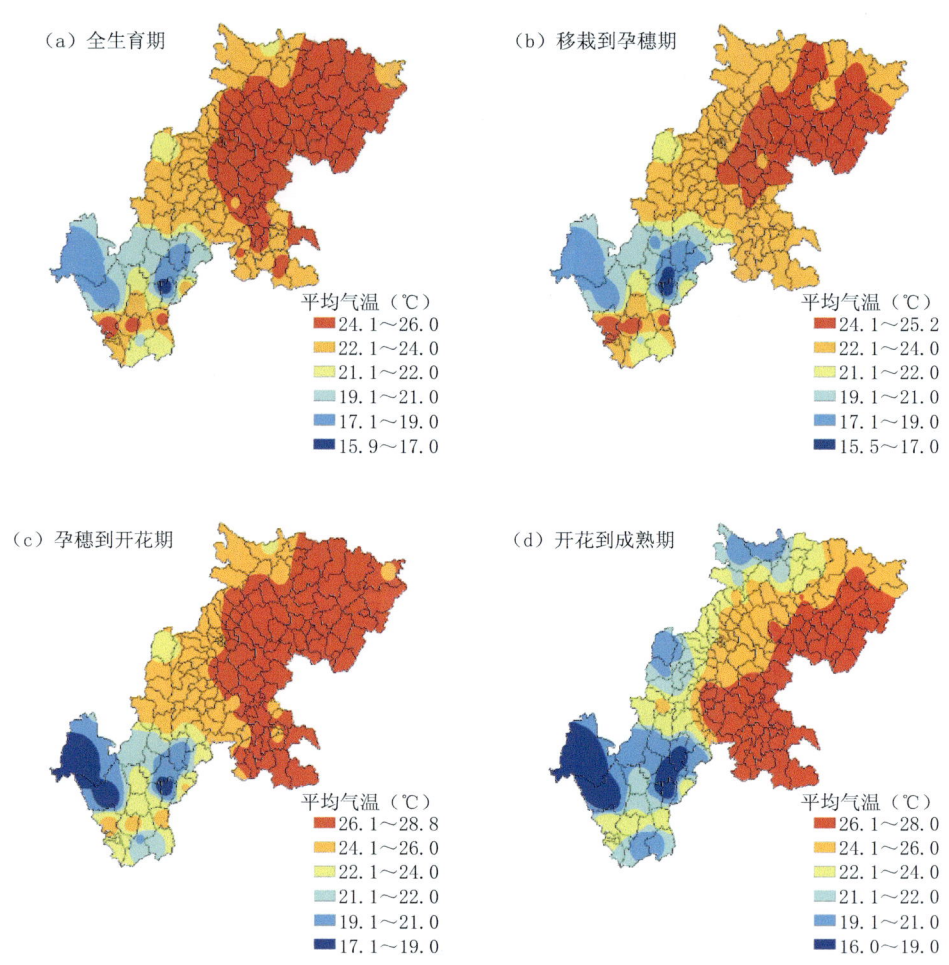

图 2.1　1961—2014 年水稻生育期平均气温的空间分布

54 年间水稻移栽到孕穗期平均气温气候倾向率在−0.18～0.96 ℃/10 a,平均值为 0.07 ℃/10 a,整体呈升高趋势,负值主要出现在盆地的东部及东北地区(图 2.2b),升高站点占总站数的 74.7%,通过显著性检验,有 21.7% 的站点通过 $\alpha=0.05$ 的显著性检验,其中呈升高趋势的站点占 88.9%;孕穗到开花期平均气温气候倾向率在−0.19～1.40 ℃/10 a,平均值为 0.11 ℃/10 a,负值主要出现在盆地的北部地区(图 2.2c),平均气温呈升高的站点占总站数的 79.5%,有 22.9% 站点通过 $\alpha=0.05$ 的显著性检验,其中呈升高趋势的站点占 94.7%;开花到成熟期平均气温气候倾向率在−0.28～1.40 ℃/10 a,平均值为 0.05 ℃/10 a,负值主要出现在盆地东北部、东部以及川西南的部分地区(图 2.2d),平均气温升高的站点占总站数的 56.6%,有 16.9% 站点通过 $\alpha=0.05$ 的显著性检验,其中呈升高趋势的站点占 92.9%。由此可见,1961—2014 年研究区域内各生育阶段的平均气温总体均呈升高的趋势,在孕穗到开花期呈升高速率最快,而开花到成熟期升高速率最慢。

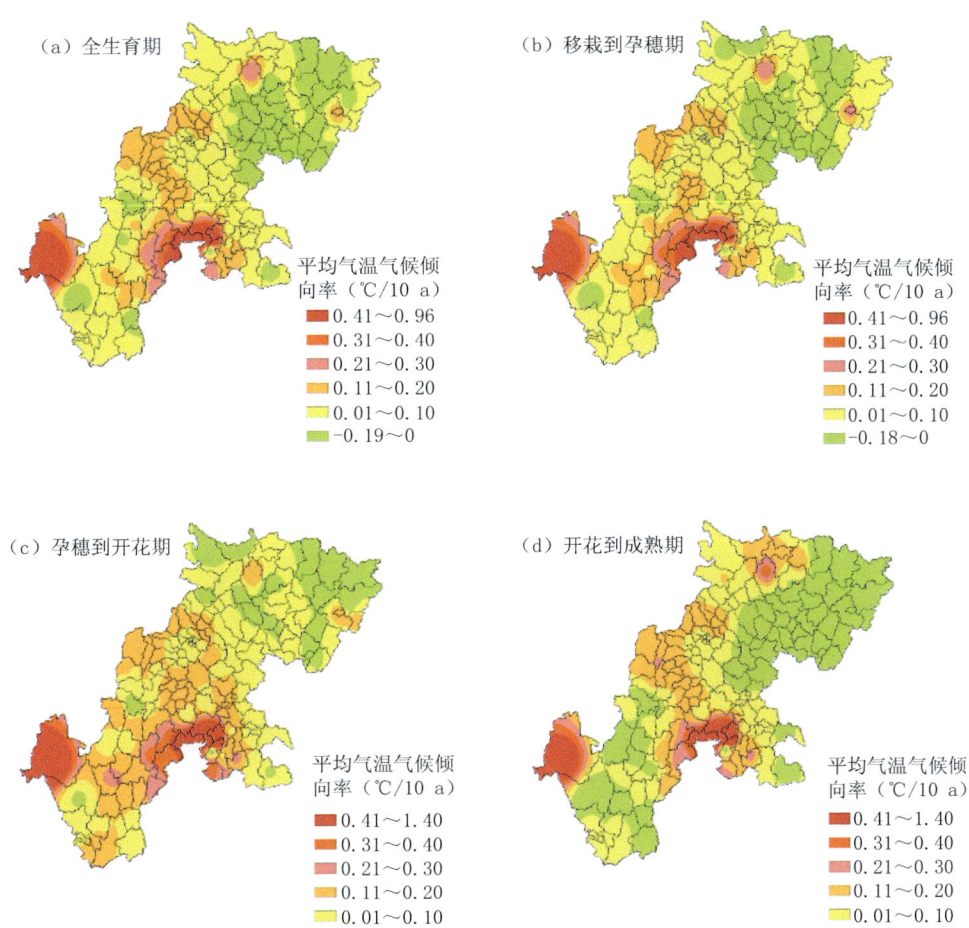

图 2.2　1961—2014 年水稻生育期平均气温变化趋势空间分布

2.1.1.2　平均最高气温

1961—2014 年,四川水稻全生育期平均最高气温为 21.7~31.4 ℃,平均值为 28.4 ℃,除攀枝花地区,总体呈南低北高的分布特点(图 2.3a),与平均气温的分布特点相同。54 年间水稻全生育期平均最高气温的变化趋势在－0.28~1.30 ℃/10 a 之间,平均值为 0.14 ℃/10 a;大部分地区全生育期平均最高气温呈上升趋势(图 2.4a)。研究区域内平均最高气温呈升高的站点占总站数的 90.4%,通过对平均气温随年际变化趋势的统计检验显示,有 39.8%站点通过 α＝0.05 的显著性检验,其中呈升高趋势的站点占 92.9%。

从图 2.3b—d 可以看出,1961—2014 年水稻各生育期平均最高气温的分布和全生育期类似,除攀枝花外,总体呈现南低北高的特点,且与平均气温的分布一致。水稻各生育阶段的平均气温不同,移栽到孕穗期的平均气温为 21.4~32.0 ℃,研究区域内平均值为 27.6 ℃;孕穗到开花期平均气温为 22.9~34.0 ℃,平均值为 30.5 ℃;开花到成熟期为 21.8~33.6 ℃,平均值为 29.2 ℃。比较水稻各生育阶段平均最高气温的分布情况可知,孕穗到开花期平均最高气温最高,移栽到孕穗期最低。

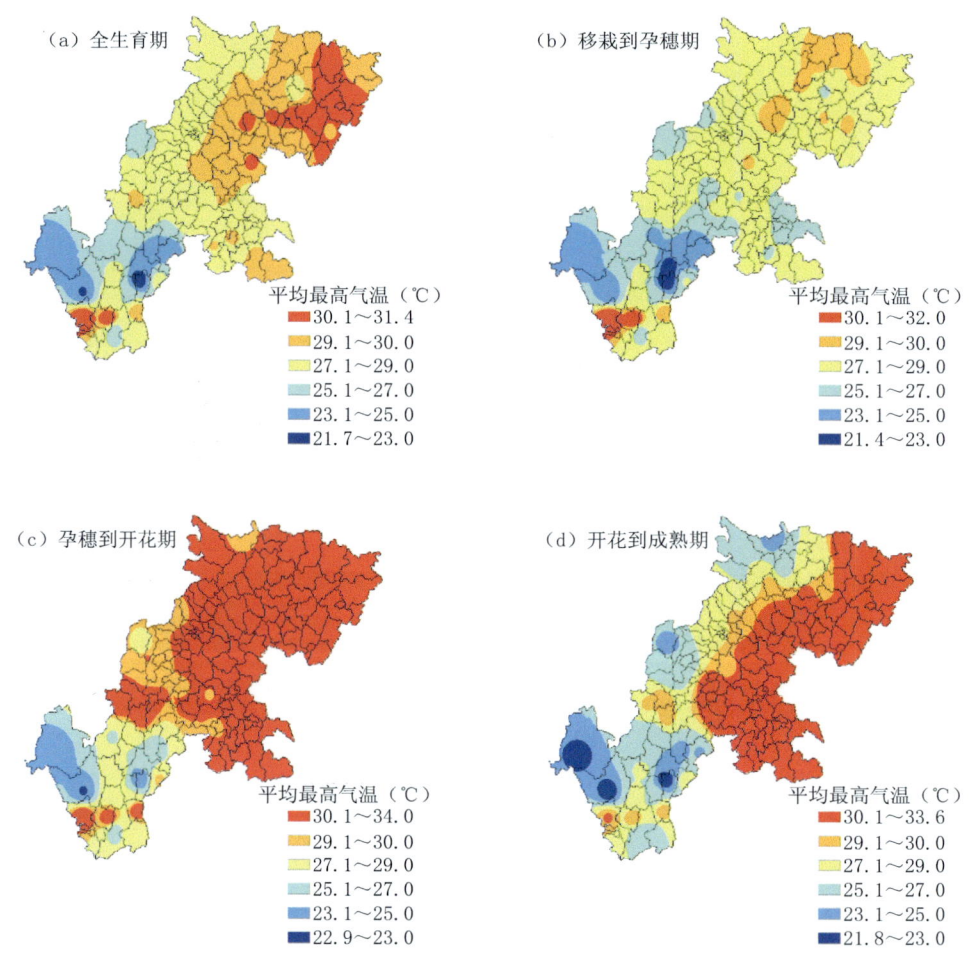

图 2.3　1961—2014 年水稻生育期平均最高气温的空间分布

54 年间水稻移栽到孕穗期平均最高气温气候倾向率在 −0.24~1.30 ℃/10 a,平均值为 0.16 ℃/10 a,整体呈升高趋势(图 2.4b),仅有个别站点呈减小的趋势,升高站点占总站数的 95.2%,通过显著性检验,有 37.3% 的站点通过 $α=0.05$ 的显著性检验,其中呈升高趋势的站点占 93.5%;孕穗到开花期平均最高气温气候倾向率在 −0.19~1.60 ℃/10 a,平均值为 0.19 ℃/10 a,大部分地区呈升高的趋势(图 2.4c),平均最高气温升高的站点占总站数的 90.4%,有 25.3% 的站点通过 $α=0.05$ 的显著性检验,且均呈升高趋势;开花到成熟期平均最高气温气候倾向率在 −0.40~1.60 ℃/10 a,平均值为 0.09 ℃/10a,负值主要出现在盆地的东北部和川西南的部分地区(图 2.4d),而平均最高气温呈升高的站点占总站数的 60.2%,有 24.1% 站点通过 $α=0.05$ 的显著性检验,其中呈升高趋势的站点占 90%。由此可见,1961—2014 年研究区域内各生育阶段的平均最高气温总体均呈升高的趋势,在孕穗到开花期呈升高速率最快,而开花到成熟期升高速率最慢。

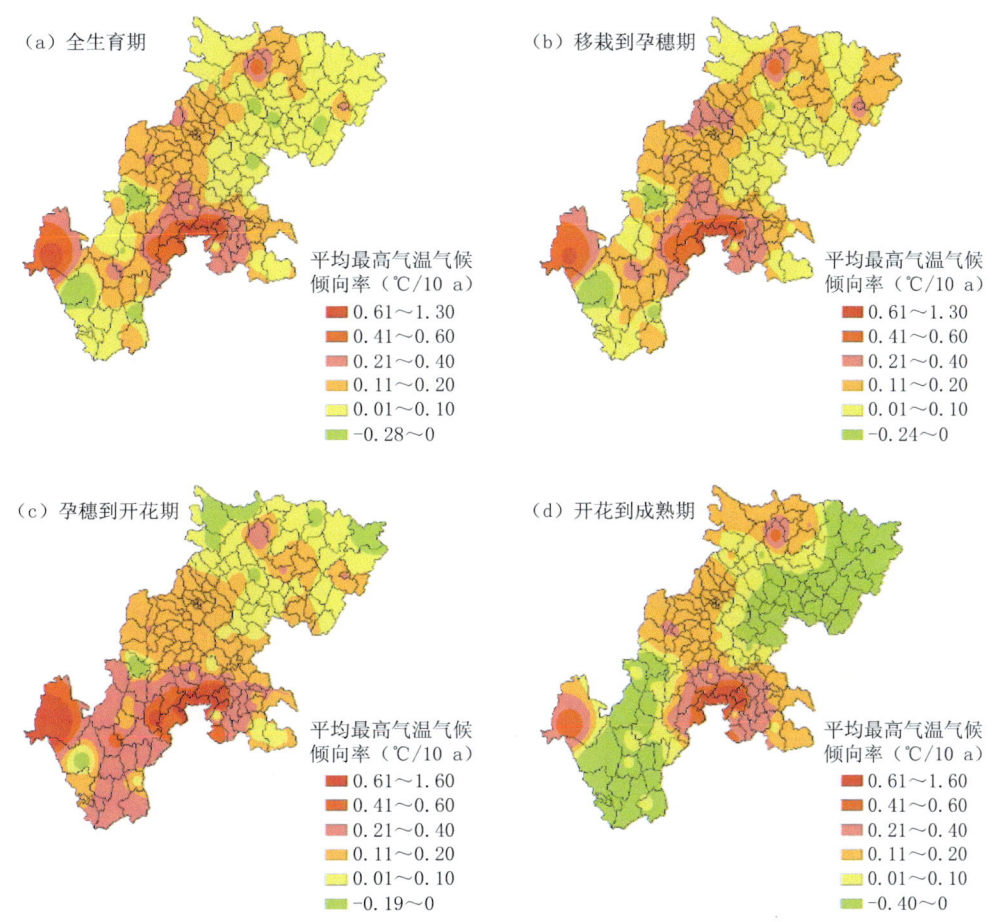

图 2.4　1961—2014 年水稻生育期平均最高气温变化趋势空间分布

2.1.1.3　平均最低气温

1961—2014 年,四川水稻全生育期平均最低气温为 11.5~22.4 ℃,平均 19.7 ℃,总体呈南低北高的分布特点(图 2.5a)。54 年间水稻全生育期平均最低气温的变化趋势在 −0.13~0.87 ℃/10 a 之间,平均值为 0.13 ℃/10 a;四川水稻种植区大部分地区全生育期平均最低气温呈升高的变化趋势(图 2.6a),研究区域内平均最低气温呈升高的站点占总站数的 90.4%,通过对平均最低气温随年际变化趋势的统计检验显示,有 68.7%站点通过 α=0.05 的显著性检验,其中呈升高趋势的站点占 93.0%。

从图 2.5b—d 可以看出,1961—2014 年水稻各生育期平均最低气温的分布和全生育期类似,总体呈现南低、北高的特点,且与平均气温及最高气温的分布一致。水稻各生育阶段的平均气温不同,移栽到孕穗期的平均气温为 11.1~21.5 ℃,研究区域内平均值为 19.0 ℃;孕穗到开花期平均气温为 12.6~24.7 ℃,平均值为 21.7 ℃;开花到成熟期为 11.7~24.2 ℃,平均值为 20.6 ℃。比较水稻各生育阶段平均最低气温的分布情况可知,孕穗到开花期平均最低气温最高,移栽到孕穗期最低。

■ 气候变化对四川农业的影响研究

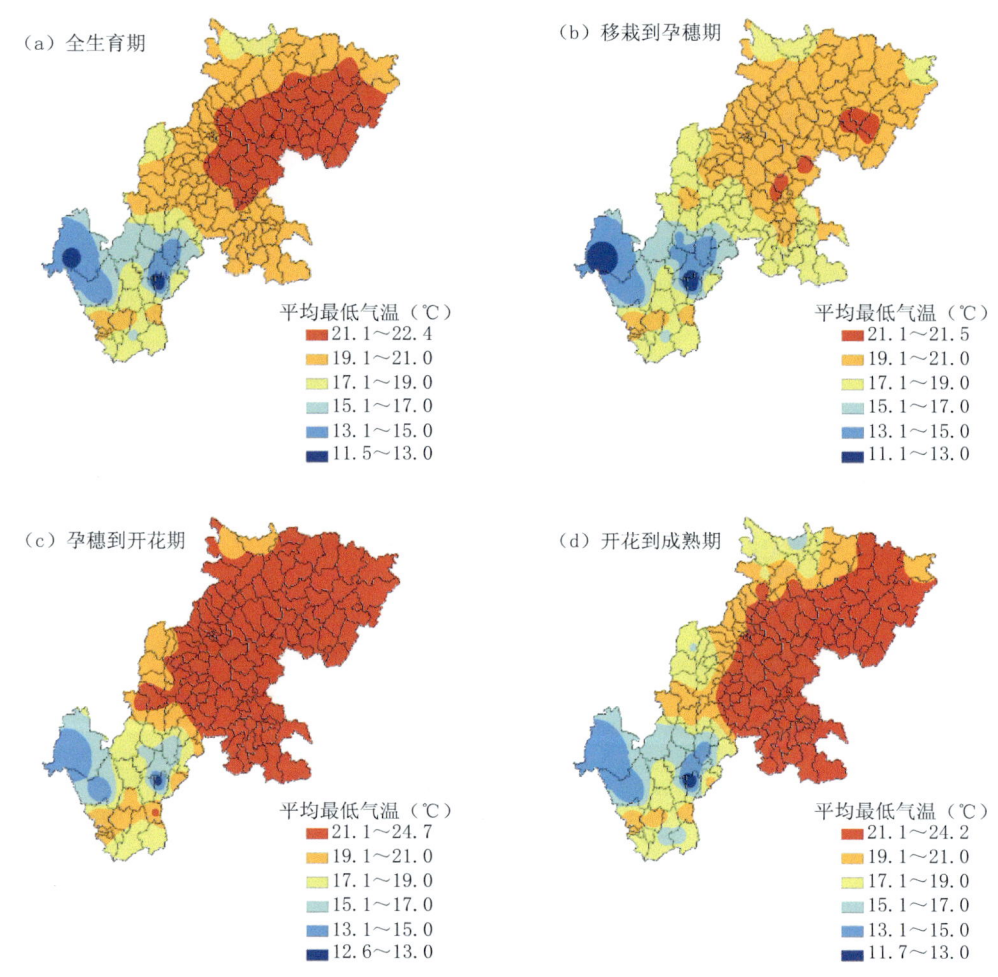

图 2.5　1961—2014 年水稻生育期平均最低气温的空间分布

54 年间水稻移栽到孕穗期平均最低气温气候倾向率在 −0.14～0.87 ℃/10 a，平均值为 0.13 ℃/10 a，整体呈升高趋势（图 2.6b），升高站点占总站数的 88.0%，有 60.2% 站点通过 α＝0.05 的显著性检验，其中呈升高趋势的站点占 98.0%；孕穗到开花期平均最低气温气候倾向率在 −0.12～1.36 ℃/10 a，平均值为 0.15 ℃/10 a，仅个别站点呈减小的趋势（图 2.6c），平均最低气温升高的站点占总站数的 86.7%，且有 43.4% 站点通过 α＝0.05 的显著性检验，均呈升高的趋势；开花到成熟期平均最低气温气候倾向率在 −0.22～1.37 ℃/10 a，平均值为 0.12 ℃/10 a，负值主要出现在四川盆地的东北地区及川西南的部分地区（图 2.6d），平均最低气温呈升高趋势的站点占总站数的 79.5%，且有 37.3% 站点通过 α＝0.05 的显著性检验，其中呈升高趋势的站点占 96.8%。由此可见，1961—2014 年研究区域内各生育阶段的平均最低气温总体呈升高的趋势，在孕穗到开花期升高速率最快，而开花到成熟期升高速率最慢。

2.1.1.4　气温日较差

1961—2014 年，四川水稻全生育期平均气温日较差为 6.8～11.3 ℃，平均 8.7 ℃，总体

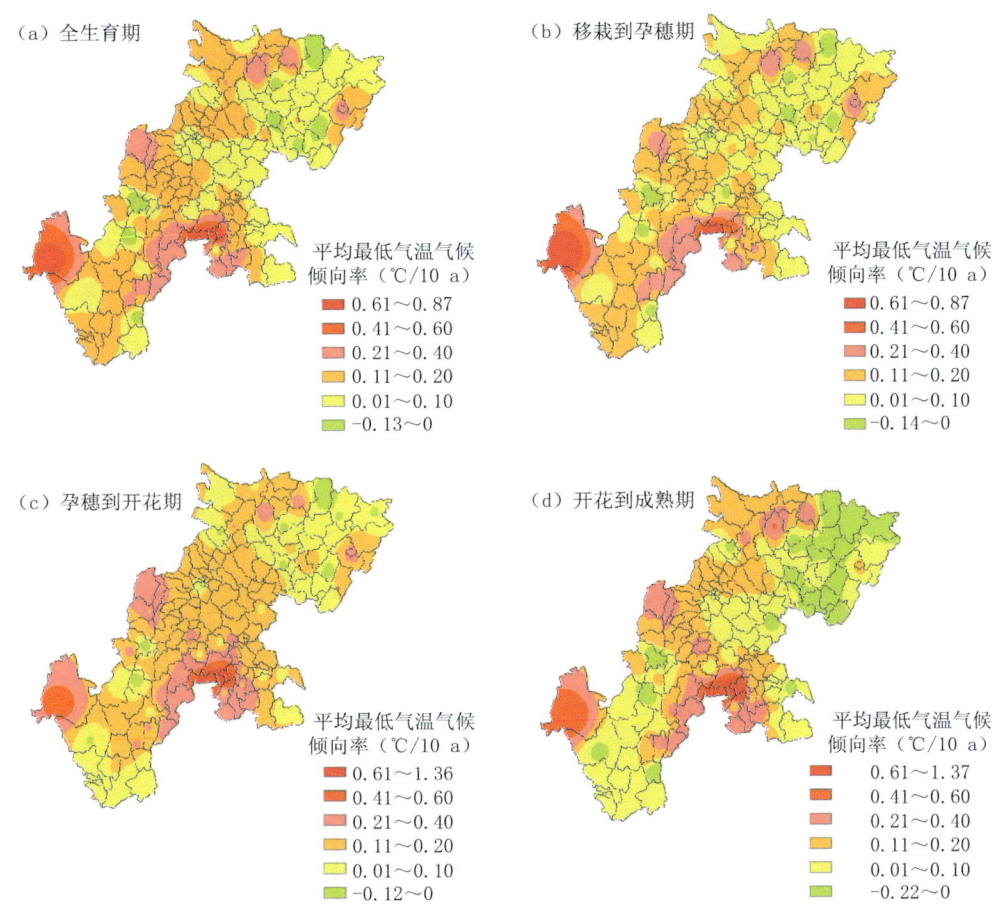

图 2.6　1961—2014 年水稻生育期平均最低气温变化趋势空间分布

呈南北高、中部低的分布特点(图 2.7a)。54 年间水稻全生育期平均气温日较差的变化趋势在−0.20~0.41 ℃/10 a 之间,平均值为 0.02 ℃/10 a;四川水稻全生育期平均气温日较差变化不大,呈略有升高的变化趋势(图 2.8a),负值主要集中在盆地的东部、西南部、中部地区以及川西南的南部地区,升高的站点占总站数的 50.6%,通过对平均气温日较差随年际变化趋势的统计检验显示,有 26.5% 站点通过 α=0.05 的显著性检验,其中呈升高趋势的站点占 59.1%。

1961—2014 年,水稻移栽到孕穗期平均气温日较差为 6.7~11.9 ℃,研究区域内平均值为 8.7 ℃,整体呈南北高、中部低的分布特点(图 2.7b)与全生育期的分布特点一致;孕穗到开花期平均气温日较差为 7.0~10.9 ℃,平均值为 8.8 ℃,整体呈南北高、中部低的分布特点(图 2.7c);开花到成熟期平均气温日较差为 6.6~10.7 ℃,平均值为 8.6 ℃,整体呈南北高、中部低的分布特点(图 2.7d)。由此可见,各生育阶段的平均气温日较差均呈南北高、中部低的分布特点,且与全生育期的分布特点一致。比较水稻各生育阶段平均气温日较差的分布情况可知,各生育期的平均气温日较差差距很小。

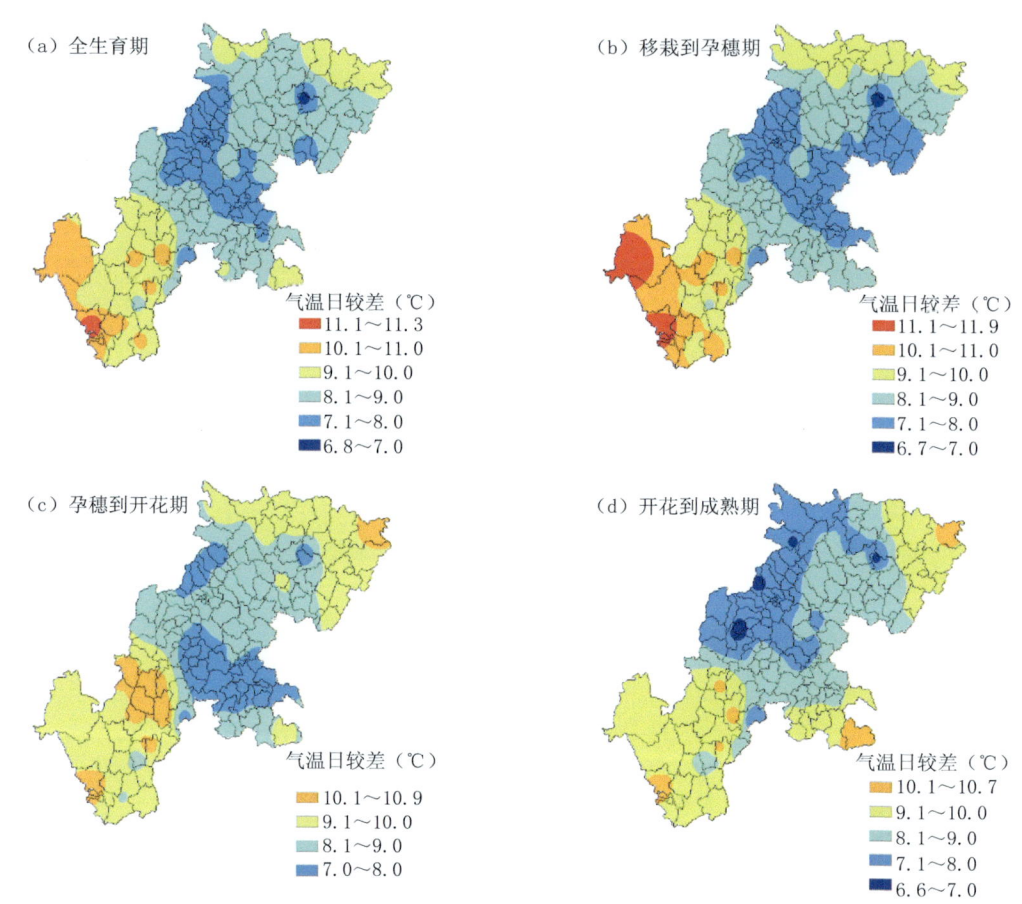

图 2.7 1961—2014 年水稻生育期气温日较差的空间分布

54 年间水稻移栽到孕穗期平均气温日较差气候倾向率在 －0.25～0.40 ℃/10 a，平均值为 0.03 ℃/10 a，整体呈略有升高趋势，其中盆地的中部、西南部及川西南的南部地区呈减少趋势（图 2.8b），升高站点占总站数的 61.4%，有 15.7% 站点通过 α=0.05 的显著性检验，其中呈升高趋势的站点占 84.6%；孕穗到开花期平均气温日较差气候倾向率在 －0.19～0.36 ℃/10 a，平均值为 0.04 ℃/10 a，负值主要出现在盆地的东部、中部以及盆周边种植区（图 2.8c），平均气温日较差升高的站点占总站数的 60.2%，有 18.1% 站点通过 α=0.05 的显著性检验，其中呈升高趋势的站点占 80.0%；开花到成熟期平均气温日较差气候倾向率在 －0.27～0.46 ℃/10 a，平均值为 －0.03 ℃/10 a，负值主要出现在盆地的中部、东部、西南部以及川西南地区（图 2.8d），平均气温日较差呈减少的站点占总站数的 61.4%，仅有 7.2% 站点通过 α=0.05 的显著性检验，其中呈减少趋势的站点占 66.7%。由此可见，1961—2014 年研究区域内水稻移栽到孕穗期和孕穗到开花期平均气温日较差总体呈上升趋势，而开花到成熟期的平均气温日较差总体呈下降趋势。

2.1.2 水稻生育期光资源的时空分布

1961—2014 年四川省水稻全生育期年平均总辐射量呈南高北低的变化趋势，全区水稻

第 2 章 四川主要粮食作物生育期农业气候资源变化

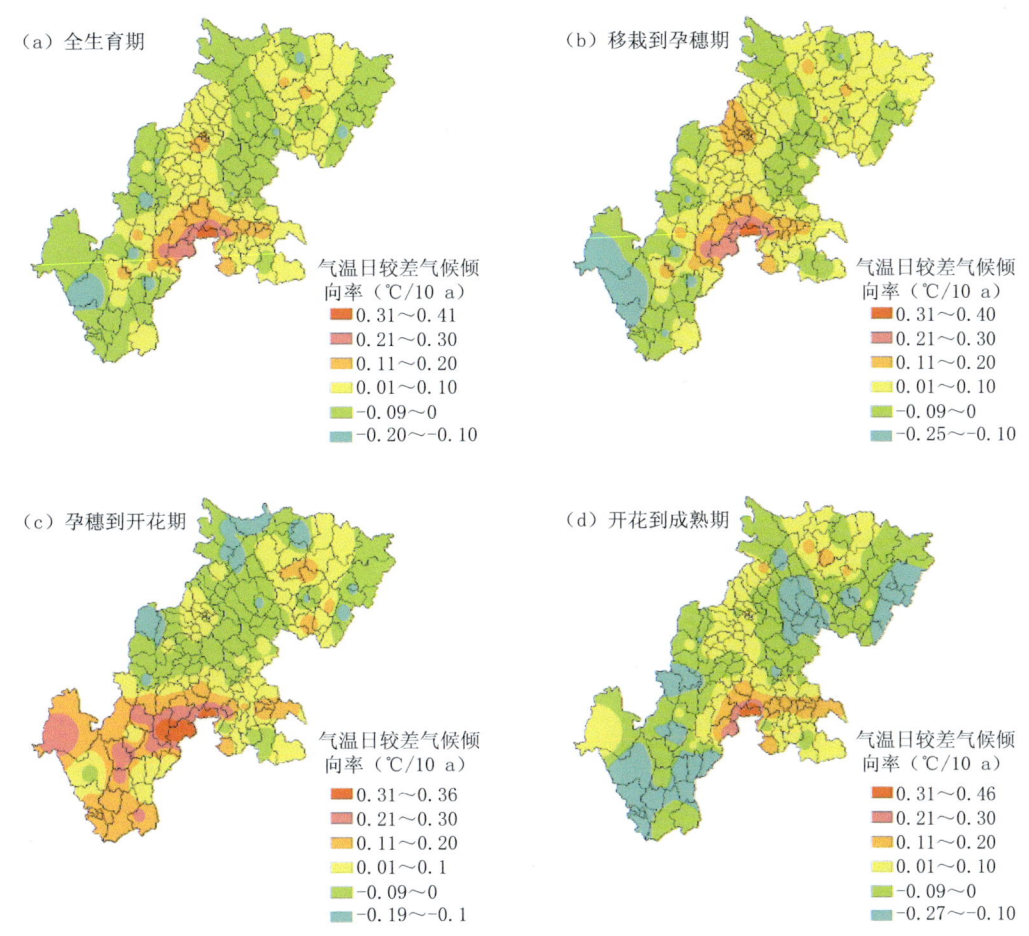

图 2.8　1961—2014 年水稻生育期气温日较差变化趋势空间分布

全生育期年均总辐射量为 1178～1806 MJ/m²,平均 1551 MJ/m²(图 2.9a)。从图 2.10a 可以看出,54 年间水稻全生育期年总辐射量的气候倾向率为 -57.3～19.3 MJ/m² • 10 a,全区平均值为 -18.7 MJ/m² • 10 a,研究区域内大部分地区全生育期总辐射量呈下降趋势,正值主要分布在川西南地区,呈下降的站点占总站数的 84.3%,通过对平均总辐射量随年际变化趋势的统计检验显示,有 54.2%站点通过 $\alpha=0.05$ 的显著性检验,其中呈下降趋势的站点占 97.8%。

1961—2014 年水稻移栽到孕穗期平均总辐射量为 585～1070 MJ/m²,研究区域内平均值为 860 MJ/m²,整体南高北低的分布特点(图 2.9b)与全生育期的分布特点一致;孕穗到开花期平均总辐射量为 97～448 MJ/m²,平均值为 241 MJ/m²,整体西高东低的分布特点(图 2.9c);开花到成熟期平均总辐射量为 250～606 MJ/m²,平均值为 451 MJ/m²,盆地中部高、盆地东部低的分布特点(图 2.9d)。比较水稻各生育阶段平均总辐射量的分布情况可知,移栽到孕穗期平均总辐射量最大,孕穗到开花期最小。

54 年间,四川水稻总辐射量气候倾向率的分布在各个生育阶段有差异,移栽到孕穗期

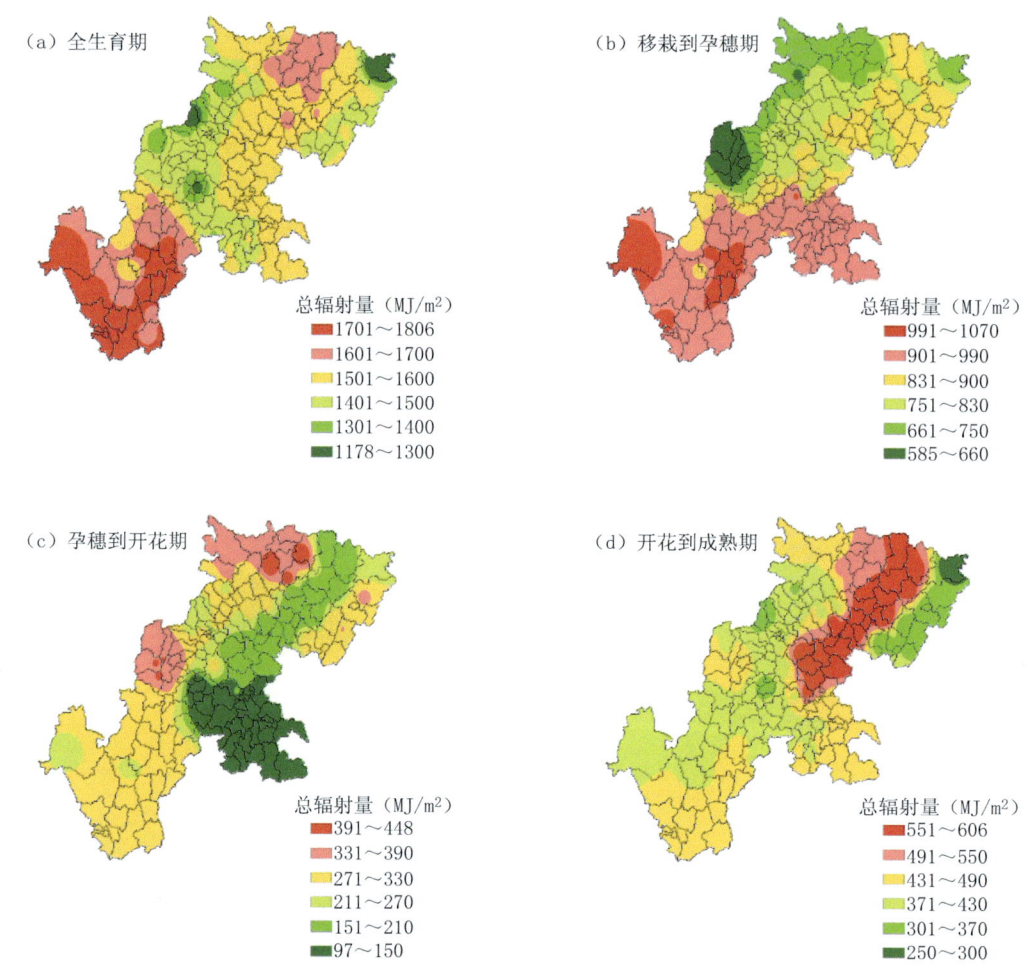

图 2.9　1961—2014 年水稻生育期总辐射量的空间分布

年总辐射量气候倾向率为 $-27.2 \sim 10.3$ MJ/m²·10 a,全区平均值为 -7.4 MJ/m²·10 a,正值分布比较分散,主要出现在川西南地区以及盆地的南部地区,而大部分地区以负值为主,整个稻区年总辐射量呈减少趋势的站点占总站数的 79.5%,有 41.0% 站点通过 $\alpha=0.05$ 的显著性检验,其中呈下降趋势的站点占 97.1%(图 2.10b)。孕穗到开花期年总辐射量气候倾向率为 $-21.6 \sim 5.5$ MJ/m²·10 a,全区平均 -3.5 MJ/m²·10 a,正值主要出现在川西南地区,而其他地区以负值为主,整个稻区年总辐射量减少的站点占总站数的 78.3%,有 34.9% 站点通过 $\alpha=0.05$ 的显著性检验,且均呈下降趋势(图 2.10c)。开花到成熟期年总辐射量气候倾向率为 $-23.3 \sim 5.1$ MJ/m²·10 a,全区平均 -7.8 MJ/m²·10 a,正值主要出现在绵阳、雅安、都江堰等部分地区,而其他地区以负值为主,整个稻区年总辐射量减少的站点占总站数的 91.6%,有 41.0% 站点通过 $\alpha=0.05$ 的显著性检验,其中呈下降趋势的站点占 97.1%(图 2.10d)。由此可见,1961—2014 年研究区域内水稻各生育期总辐射量总体均呈下降的趋势,开花到成熟期下降速率最快,孕穗到开花期最慢。

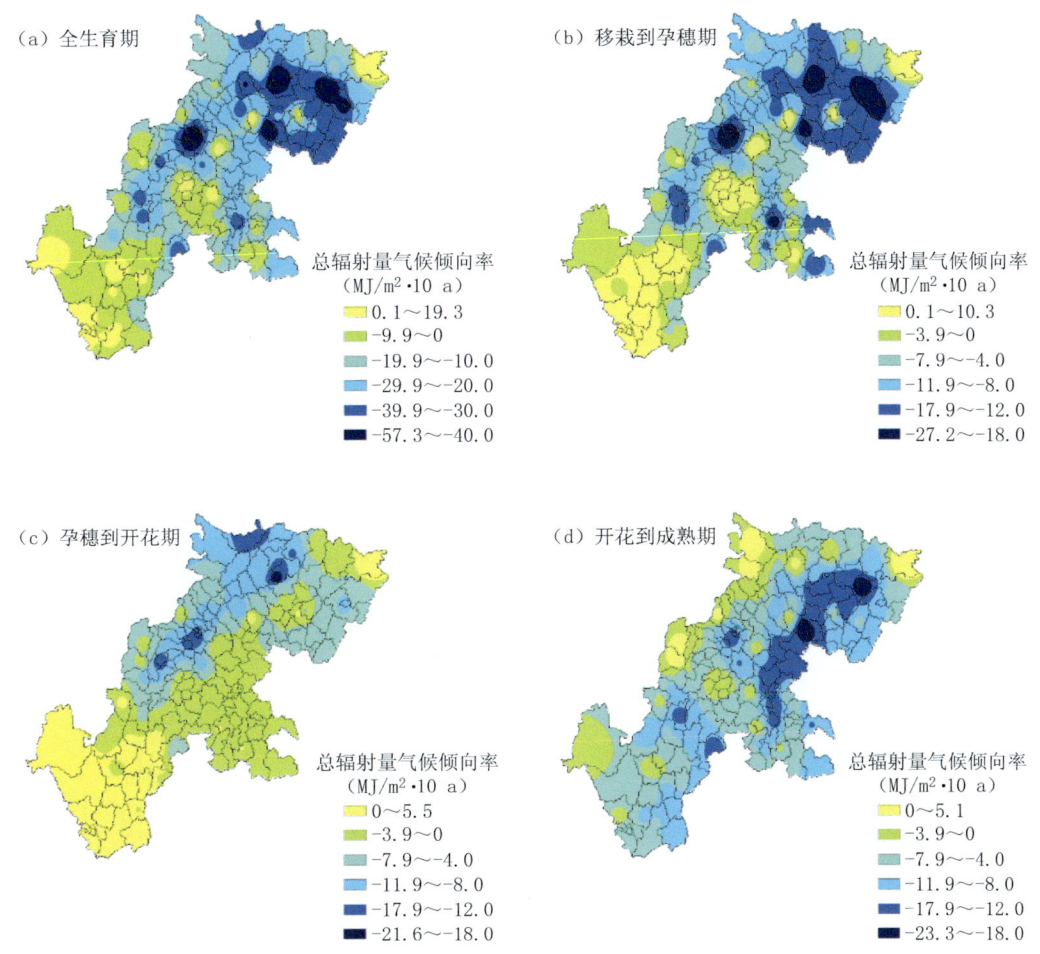

图 2.10　1961—2014 年水稻生育期总辐射量变化趋势空间分布

2.1.3　水稻生育期水资源的时空分布

2.1.3.1　降水量

1961—2014 年,四川水稻全生育期平均降水量为 441～1092 mm,平均值为 676 mm,总体呈南北西高、东低的分布特点(图 2.11a)。54 年间水稻全生育期平均降水量的变化趋势在－46.4～33.6 mm/10 a 之间,平均值为－4.7 mm/10 a,整体呈下降的趋势,负值主要集中在盆地的西部、南部地区以及川西南的南部地区(图 2.12a),呈下降的站点占总站数的56.6%,通过对平均降水量随年际变化趋势的统计检验显示,有 9.6% 站点通过 $\alpha=0.05$ 的显著性检验,其中呈下降趋势的站点占 62.5%。

1961—2014 年,水稻移栽到孕穗期平均降水量为 245～525 mm,研究区域内平均值为362 mm,整体呈南部东北部高、中部低的分布特点(图 2.11b);孕穗到开花期平均降水量为41～410 mm,平均值为 120 mm,整体呈带状分布,西部高、东部低的分布特点(图 2.11c);开花到成熟期平均降水量为 92～322 mm,平均值为 194 mm,整体呈西高、东部南部低的分布特点(图2.11d)。由此可见,各生育阶段的平均降水量空间分布不同,比较水稻各生育阶段平均降水量的分布情况可知,移栽到孕穗期平均降水量最大,孕穗到开花期最小。

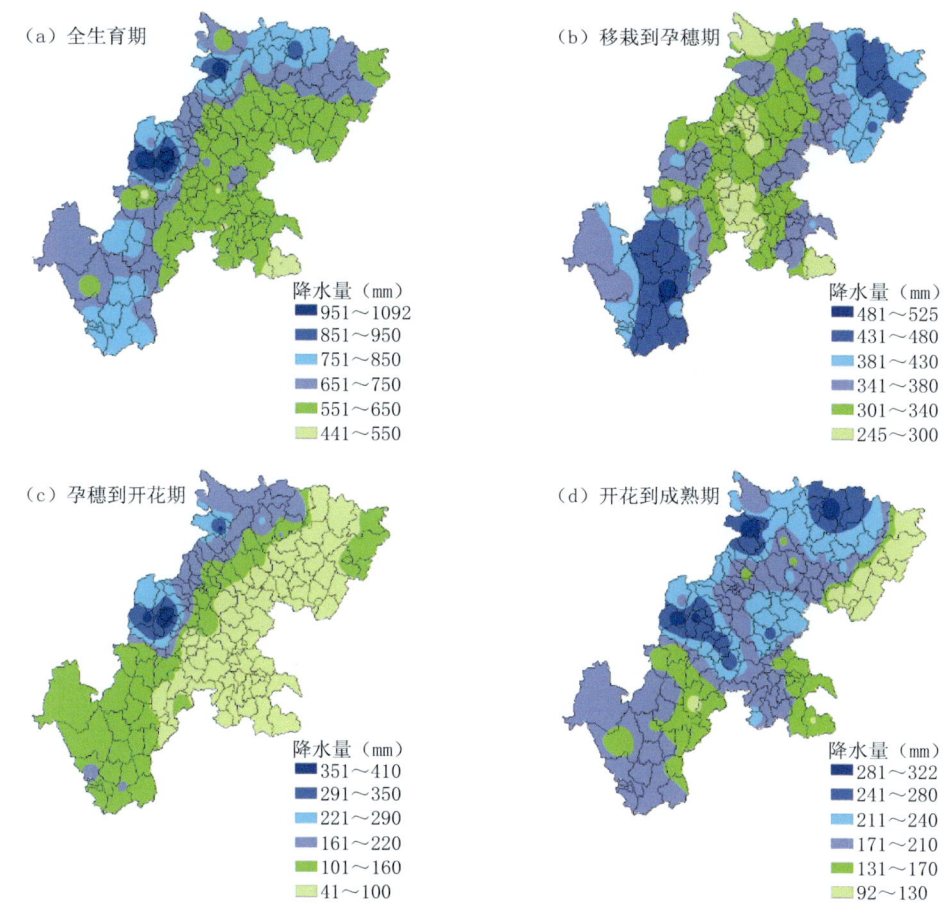

图2.11 1961—2014年水稻生育期降水量的空间分布

54年间水稻移栽到孕穗期平均降水量气候倾向率在−24.6~29.0 mm/10 a,平均值为0.3 mm/10 a,总体呈略有升高的变化趋势,升高区域主要分布在盆地的西部及南部地区(图2.12b),呈升高站点占总站数的49.4%,有6.0%站点通过α=0.05的显著性检验,其中呈上升趋势的站点占60.0%;孕穗到开花期平均降水量气候倾向率在−13.9~14.5 mm/10 a,平均值为0.1 mm/10 a,负值主要出现在盆地的西南部以及川西高原的西南部地区(图2.12c),平均降水量减少的站点占总站数的44.6%,有2.4%站点通过α=0.05的显著性检验,其中呈下降趋势的站点占50.0%;开花到成熟期平均降水量气候倾向率在−26.3~13.7 mm/10 a,平均值为−5.1 mm/10 a,负值主要出现在盆地的西部、南部、盆周山地区以及川西南的西南部地区(图2.12d),平均降水量减少的站点占总站数的68.7%,有2.4%站点通过α=0.05的显著性检验,且均呈下降趋势。由此可见,1961—2014年研究区域内水稻开花到成熟期平均降水量总体呈下降趋势,而移栽到孕穗和孕穗到开花期的平均降水量总体呈增加趋势。

第 2 章　四川主要粮食作物生育期农业气候资源变化

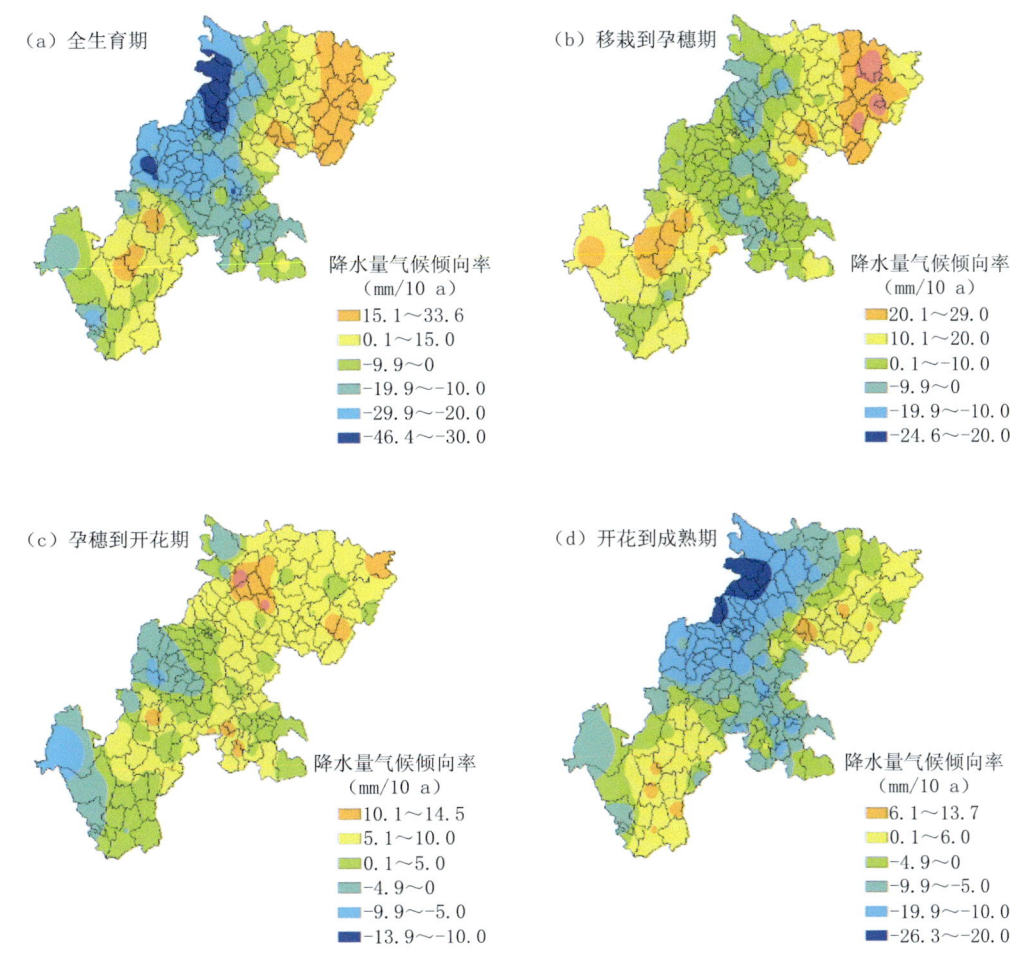

图 2.12　1961—2014 年水稻生育期降水量变化趋势空间分布

2.1.3.2　有效降水量

1961—2014 年四川省水稻全生育期年有效降水量总体呈南部和西部高、东部低的分布特点，与降水量的变化趋势相同，研究区域内水稻全生育期有效降水量为 173～355 mm，平均值为 228 mm（图 2.13a）。从图 2.14a 可以看出，水稻全生育期年有效降水量的气候倾向率为 −11.1～6.3 mm/10 a，平均值为 −2.4 mm/10 a，整体呈下降的趋势；气候倾向率的负值主要出现在盆地的西部、南部地区以及川西南的南部地区；全生育期年有效降水量呈减少趋势的站点占总站数的 71.1%，通过对平均有效降水量随年际变化趋势的统计检验显示，有 13.25% 站点通过 α=0.05 的显著性检验，且均呈下降的趋势。

1961—2014 年，水稻移栽到孕穗期平均有效降水量为 97～190 mm，研究区域内平均值为 130 mm，整体呈南高北低的分布特点（图 2.13b）；孕穗到开花期平均有效降水量为 13～97 mm，平均值为 37 mm，整体呈西部南部高、东部低的分布特点（图 2.13c），与全生育期的分布特点一致；开花到成熟期平均有效降水量为 28～112 mm，平均值为 62 mm，整体呈西高东低的分布特点（图 2.13d）。由此可见，各生育阶段的平均有效降水量分布不一致，但总体呈西部和南部高、东部和北部低的特点。比较水稻各生育阶段平均气温的分布情况可知，移栽到孕穗期平均有效降水量最大，孕穗到开花期最小。

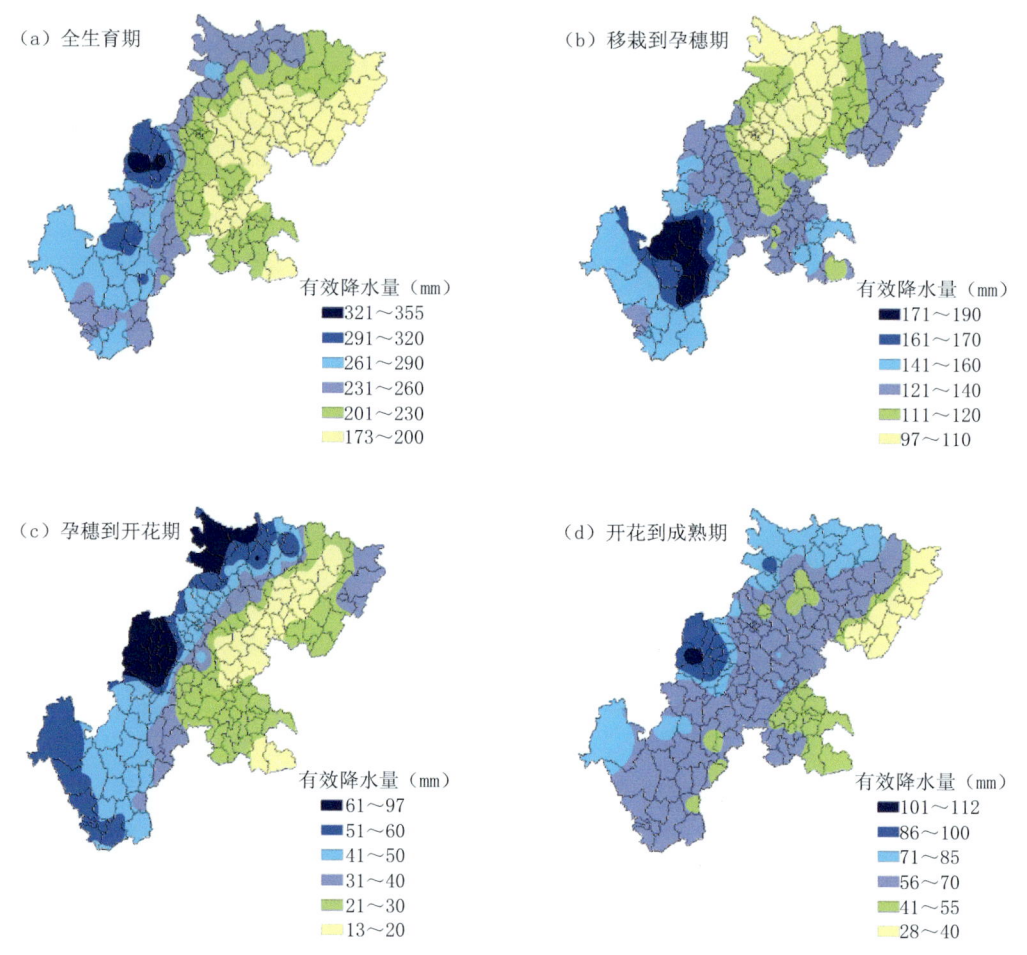

图2.13　1961—2014年水稻生育期有效降水量的空间分布

从图2.14b—d可以看出，54年间四川水稻有效降水量气候倾向率的分布在各个生育阶段有差异，移栽到孕穗期年有效降水量气候倾向率为－4.9～4.8 mm/10 a，全区平均值为－0.8 mm/10 a，正值主要出现在盆地的东北地区及川西南的地区，而其他地区大部为负值，整个稻区年有效降水量呈减少趋势的站点占总站数的66.3%，有3.61%站点通过α＝0.05的显著性检验，且均呈下降的趋势。孕穗到开花期年有效降水量气候倾向率为－5.5～2.3 mm/10 a，全区平均值为－0.3 mm/10 a，正值主要出现在盆地地区，川西南地区以负值为主，整个稻区年有效降水量减少的站点占总站数的55.4%，有4.82%站点通过α＝0.05的显著性检验，且均呈下降的趋势。开花到成熟期年有效降水量气候倾向率为－5.1～2.1 mm/10 a，全区平均值为－1.2 mm/10 a，正值主要出现在川西南的部分地区和盆地的东部地区，而其他地区以负值为主，整个稻区年有效降水减少的站点占总站数的72.3%，有8.43%站点通过α＝0.05的显著性检验，且均呈下降的趋势。由此可见,1961—2014 年研究区域内水稻各生育期有效降水量总体均呈下降的趋势,开花到成熟期下降速率最快。

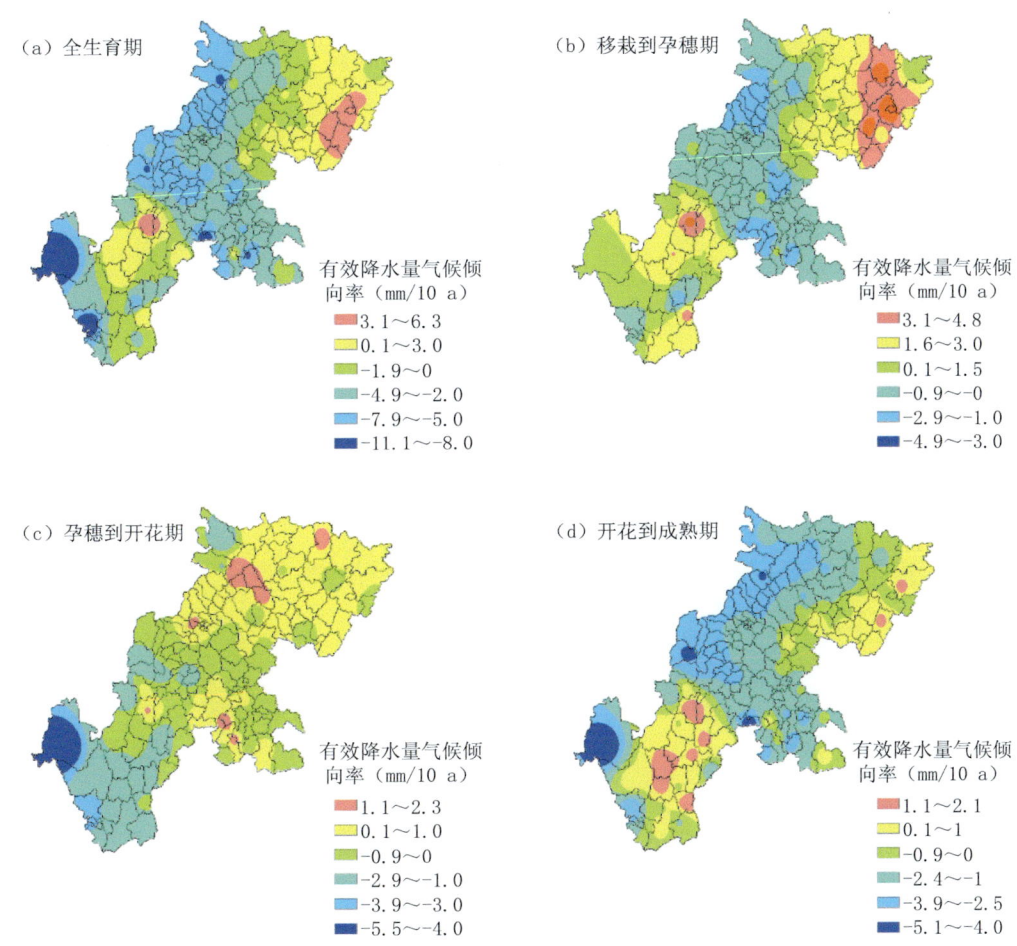

图 2.14　1961—2014 年水稻生育期有效降水量变化趋势空间分布

2.1.3.3　参考作物蒸散量

从图 2.15a 可以看出,1961—2014 年四川水稻全生育期年平均参考作物蒸散量在研究区域呈南部及北部地区较高、中部地区较低的分布特点;全区水稻全生育期年均参考作物蒸散量为 387～527 mm,平均值为 457 mm。从图 2.16a 可以看出,54 年间水稻全生育期年参考作物蒸散量的气候倾向率为 −18.8～12.9 mm/10 a,全区平均值为 −3.3 mm/10 a,盆地的大部分地区呈下降的趋势,川西南的大部分地区呈升高的趋势;全生育期年参考作物蒸散量呈减少趋势的站点占总站数的 75.9%,有 45.8% 站点通过 α=0.05 的显著性检验,其中呈下降趋势的站点占 79.0%。

从图 2.15b—d 可以看出,1961—2014 年水稻各生育期年均参考作物蒸散量分布不同,移栽到孕穗期年均参考作物蒸散量分布呈南高西低的特点;孕穗到开花期的年均参考作物蒸散量在西部、东北等地区较高,而在东部地区最低;开花到成熟期的年参考作物蒸散量分布在东北角及西部最低,而在东北中部及东部地区较高。由于生育期长度的差异,水稻各生育阶段的年均参考作物蒸散量不同,移栽到孕穗期的年均参考作物蒸散量为194~333 mm,平均值为265 mm(图2.15b);孕穗到开花期为32~139 mm,平均值为72 mm(图2.15c);开花到成熟期为72~167 mm,平均值为120 mm(图2.15d)。

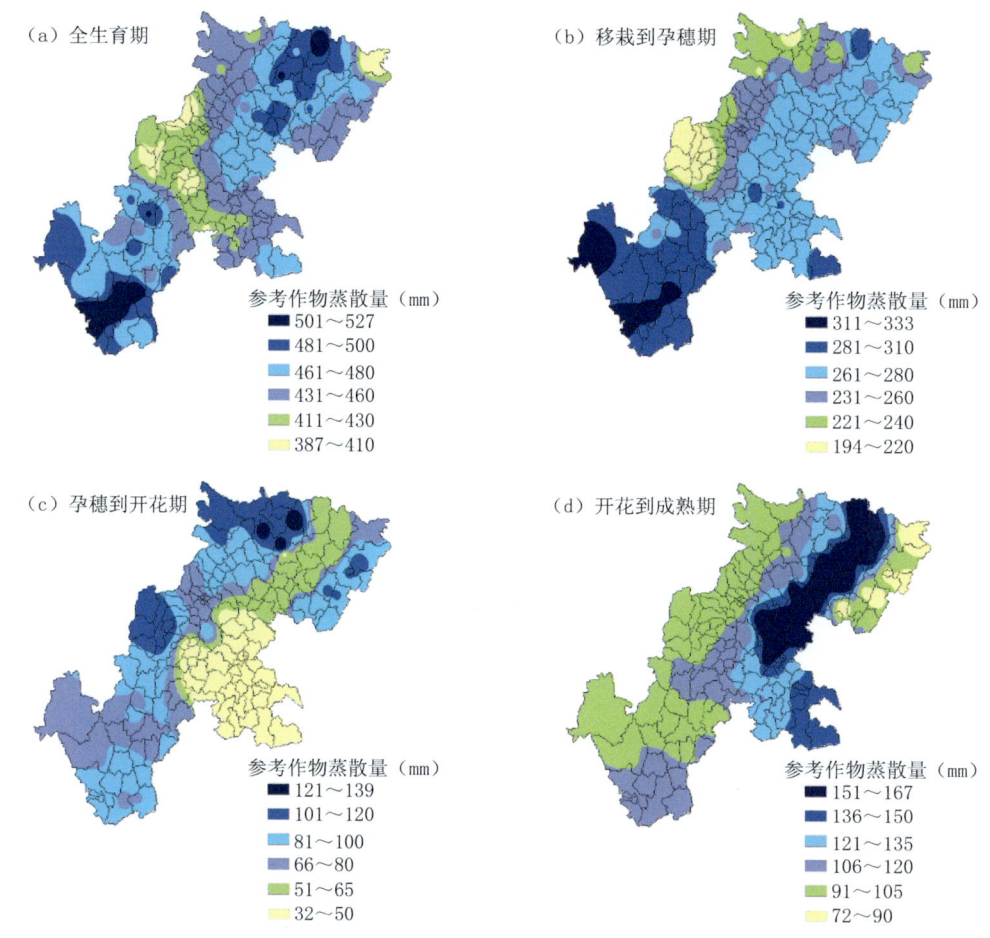

图2.15 1961—2014年水稻生育期参考作物蒸散量的空间分布

从图2.16b—d可以看出,54年间四川水稻参考作物蒸散量气候倾向率的分布在各个生育阶段均有差异,移栽到孕穗期年参考作物蒸散量气候倾向率为−8.9~9.8 mm/10 a,全区平均值为−1.3 mm/10 a,整体呈下降的趋势,正值主要出现在川西南的部分地区,整个稻区年参考作物蒸散量呈减少趋势的站点占总站数的69.9%,有33.7%的站点通过α=0.05的显著性检验,其中呈下降趋势的站点占71.4%。孕穗到开花期年参考作物蒸散量气候倾向率为−6.3~2.5 mm/10 a,全区平均值为−0.6 mm/10 a,而整体呈下降的趋势,正值主要出现在川西南地区,整个稻区年参考作物蒸散量减少的站点占总站数的69.9%,有24.1%的站点通过α=0.05的显著性检验,其中呈下降趋势的站点占80.0%。开花到成熟期年参考作物蒸散量气候倾向率为−6.2~2.8 mm/10 a,全区平均值为−1.5 mm/10 a,正值分布比较分散,面积比较小,大部分稻区以负值为主,整个稻区年参考作物蒸散量减少的站点占总站数的79.5%,其中有15.7%的站点通过α=0.05的显著性检验,其中呈下降趋势的站点占92.3%。由此可见,1961—2014年研究区域内水稻各生育期参考作物蒸散量总体均呈下降的趋势。

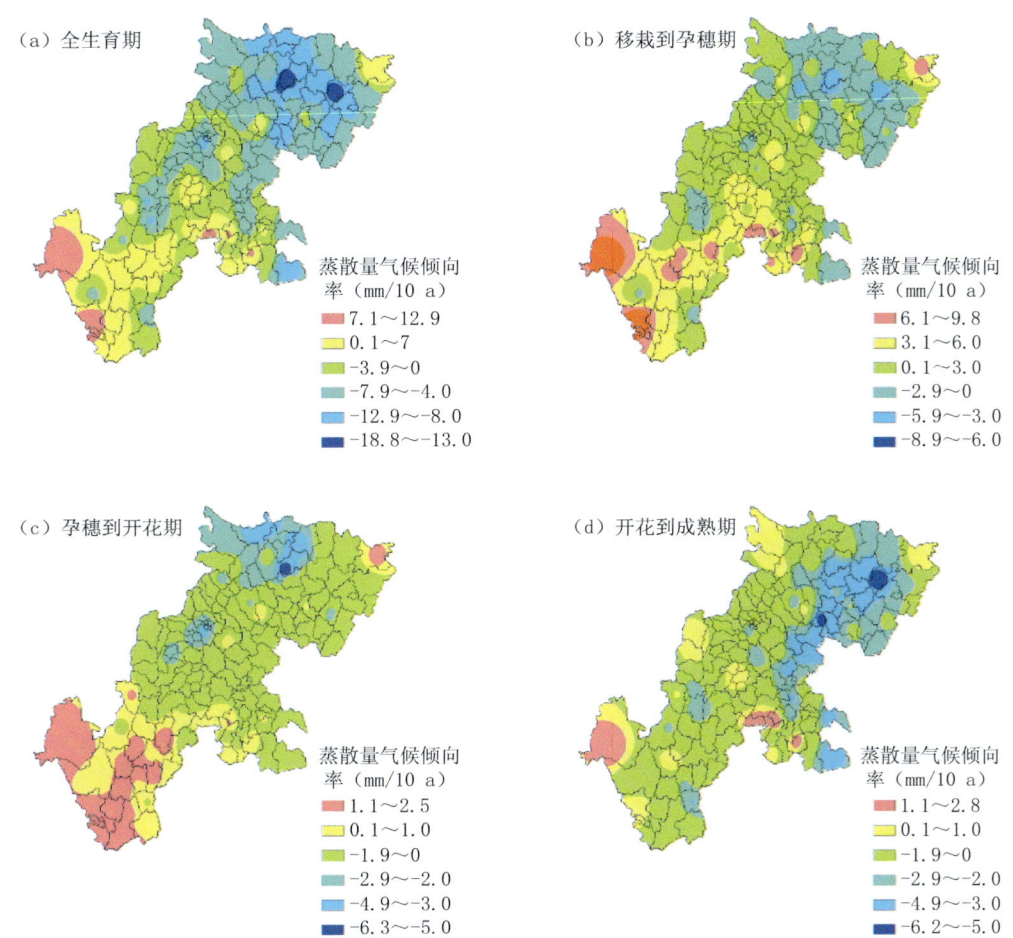

图2.16 1961—2014年水稻生育期参考作物蒸散量变化趋势空间分布

2.1.3.4 需水量

从图2.17a可以看出,1961—2014年四川水稻全生育期年平均需水量呈南部和北部高、中部低的分布特点,研究区域水稻全生育期年需水量为411～561 mm,平均值为484 mm。从图2.18a可以看出,54年间水稻全生育期年需水量的气候倾向率为−20.5～13.8 mm/10 a,全区平均值为−3.5 mm/10 a,盆地地区呈下降的趋势,川西南地区呈升高的趋势;全生育期年需水量呈减少趋势的站点占总站数的75.9%,有45.8%站点通过α=0.05的显著性检验,其中呈下降趋势的站点占79.0%。

从图2.17b—d可以看出,1961—2014年水稻各生育期年均需水量分布不同,移栽到孕穗期年均需水量分布呈南高北低的特点;孕穗到开花期的年均需水量在西部、西北等地区较高,而在东部地区最低;开花到成熟期的年均需水量分布在东北角最低,而在北部地区中部及东部地区较高。由于生育期长度的差异,水稻各生育阶段的年均需水量不同,移栽到孕穗期的年均需水量为 204～349 mm,平均值为 278 mm(图 2.17b);孕穗到开花期为 38～167 mm,平均值为 86 mm(图 2.17c);开花到成熟期为 72～167 mm,平均值为 120 mm(图 2.17d)。

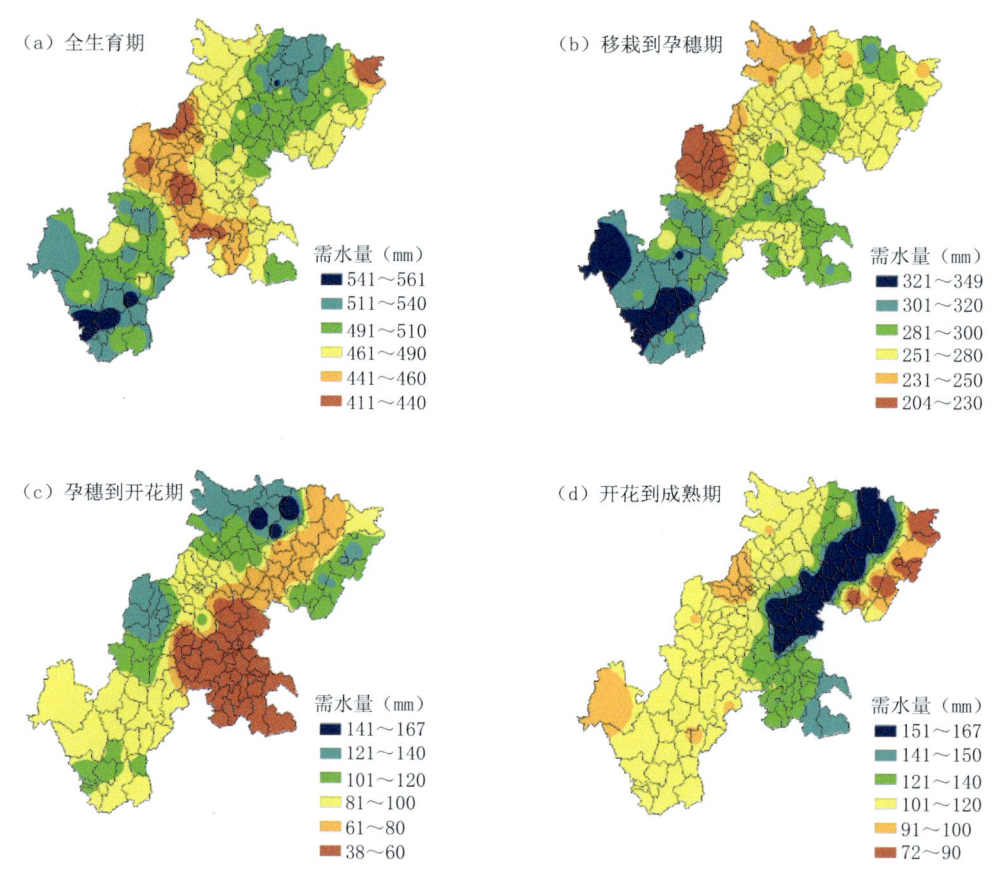

图 2.17 1961—2014 年玉米生育期需水量的空间分布

从图 2.18b—d 可以看出,54 年间四川水稻需水量气候倾向率的分布在各个生育阶段有差异,移栽到孕穗期年需水量气候倾向率为 −9.4～10.2 mm/10 a,全区平均 −1.4 mm/10 a,正值主要出现在川西南地区及盆地的东北部分地区,而稻区大部分地区为负值,整个稻区年需水量呈减少趋势的站点占总站数的 72.3%,有 33.7% 站点通过 α=0.05 的显著性检验,其中呈下降趋势的站点占 71.4%。孕穗到开花期年需水量气候倾向率为 −7.5～3.0 mm/10 a,全区平均值为 −0.7 mm/10 a,正值主要出现在川西南地区,而其他稻区大部分为负值,整个稻区年需水量减少的站点占总站数的 69.9%,有 24.1% 站点通过 α=0.05 的显著性检验,其中呈下降趋势的站点占 80.0%。开花到成熟期年需水量气候倾向率为 −6.2～2.8 mm/10 a,全区平均值为 −1.5 mm/10 a,正值分布比较分散,主要在川西南的西南部、盆地的南部地区及盆地周边地区,而其他稻区以负值为主,整个稻区年需水量减少的站点占总站数的 79.5%,有 15.7% 站点通过 α=0.05 的显著性检验,其中呈下降趋势的站点占 92.3%。由此可见,1961—2014 年研究区域内水稻各生育期需水量总体均呈下降的趋势。

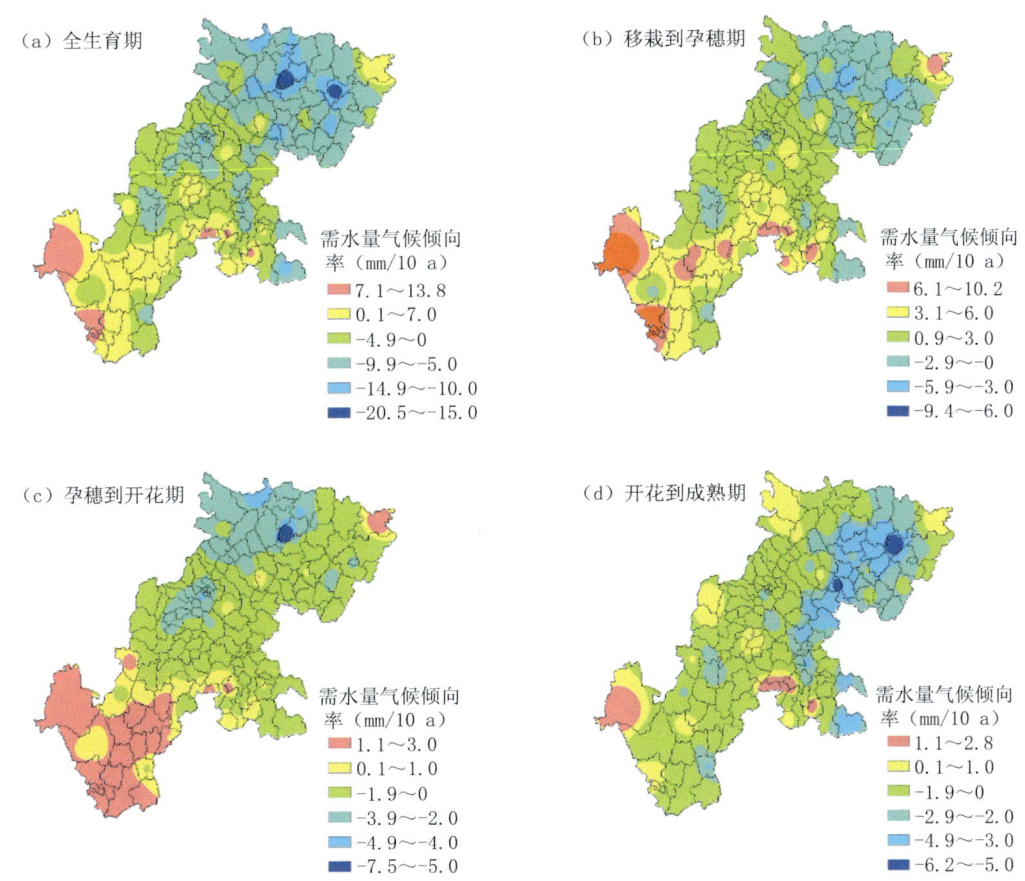

图 2.18　1961—2014 年水稻生育期需水量变化趋势空间分布

2.1.3.5　缺水量

从图 2.19a 可以看出,1961—2014 年四川水稻全生育期年平均缺水量呈带状分布和东高西低的变化趋势,全区单季稻全生育期年均缺水量为 18～65 mm,平均值为 52 mm。从图 2.20a 可以看出,54 年间水稻全生育期年缺水量在大部地区呈现升高趋势,气候倾向率为 −2.0～3.5 mm/10 a,全区平均值为 0.15 mm/10 a,盆地的西部、南部以及川西南地区呈升高的趋势;全生育期年缺水量呈升高趋势的站点占总站数的 59%,有 12.1% 站点通过 α=0.05 的显著性检验,其中呈上升趋势的站点占 70%。

从图 2.19b—d 可以看出,1961—2014 年水稻各生育期年均缺水量的分布不同,开花到成熟期的年均缺水量分布和全生育期类似,西部低东部高;移栽到孕穗期的年均缺水量分布呈西部低而南部、北部及东部高的特点;孕穗到开花期的年均缺水量分布呈东北部地区高,中部、西部及南部部分地区低的特点。由于不同生育期内年均有效降水量和需水量的差异,水稻各生育阶段的年均缺水量也不同,移栽到孕穗期的年均缺水量为 17～64 mm,平均值为 52 mm(图 2.19b);孕穗到开花期为 25～77 mm,平均值为 56 mm(图 2.19c);开花到成熟期为-13～69 mm,平均值为 44 mm(图 2.19d)。

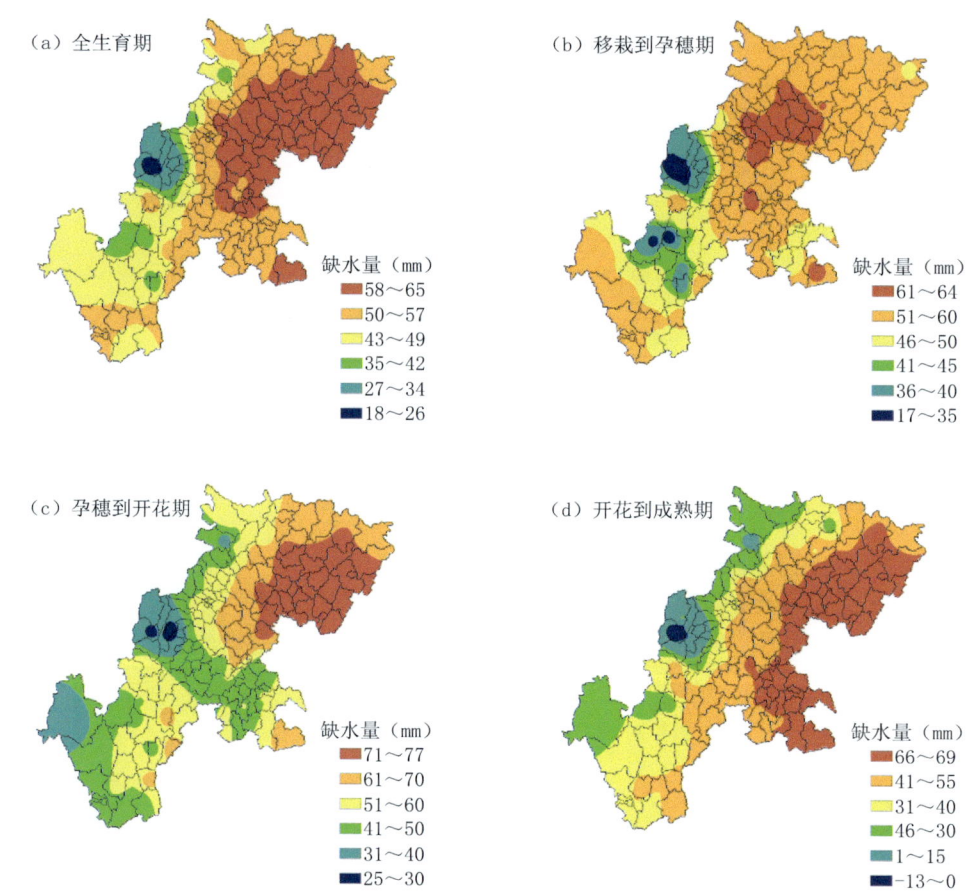

图 2.19　1961—2014 年水稻生育期缺水量的空间分布

　　从图 2.20b—d 可以看出,54 年间四川水稻缺水量气候倾向率的分布在各个生育阶段有差异,移栽到孕穗期年缺水量气候倾向率为-2.9～2.6 mm/10 a,全区平均值为 0 mm/10 a,负值主要出现在盆地的东部、中部、西南的部分地区以及川西南的部分地区,其他地区呈升高的趋势;整个稻区年缺水量呈降低趋势的站点占总站数的 45.8%,有 7.2%站点通过 α=0.05 的显著性检验,其中呈下降趋势的站点占 50%。孕穗到开花期年缺水量气候倾向率为-3.6～9.1 mm/10 a,全区平均值为 0.12 mm/10 a,正值主要出现在川西南山地地区以及盆地的南部地区,而其他稻区大部分为负值,整个稻区年缺水量减小的站点占总站数的 50.6%,有 4.82%站点通过 α=0.05 的显著性检验,且均呈下降的趋势。开花到成熟期年缺水量气候倾向率为-3.8～6.6 mm/10 a,全区平均值为 0.39 mm/10 a,正值主要出现在川西南西南部的部分地区以及盆地的西部以及南部地区,而其他稻区以负值为主,整个稻区年缺水量减少的站点占总站数的 48.2%,有 6.0%站点通过 α=0.05 的显著性检验,且均呈升高的趋势。由此可见,1961—2014 年研究区域内水稻各生育期缺水量总体均呈上升的趋势,但幅度不大。

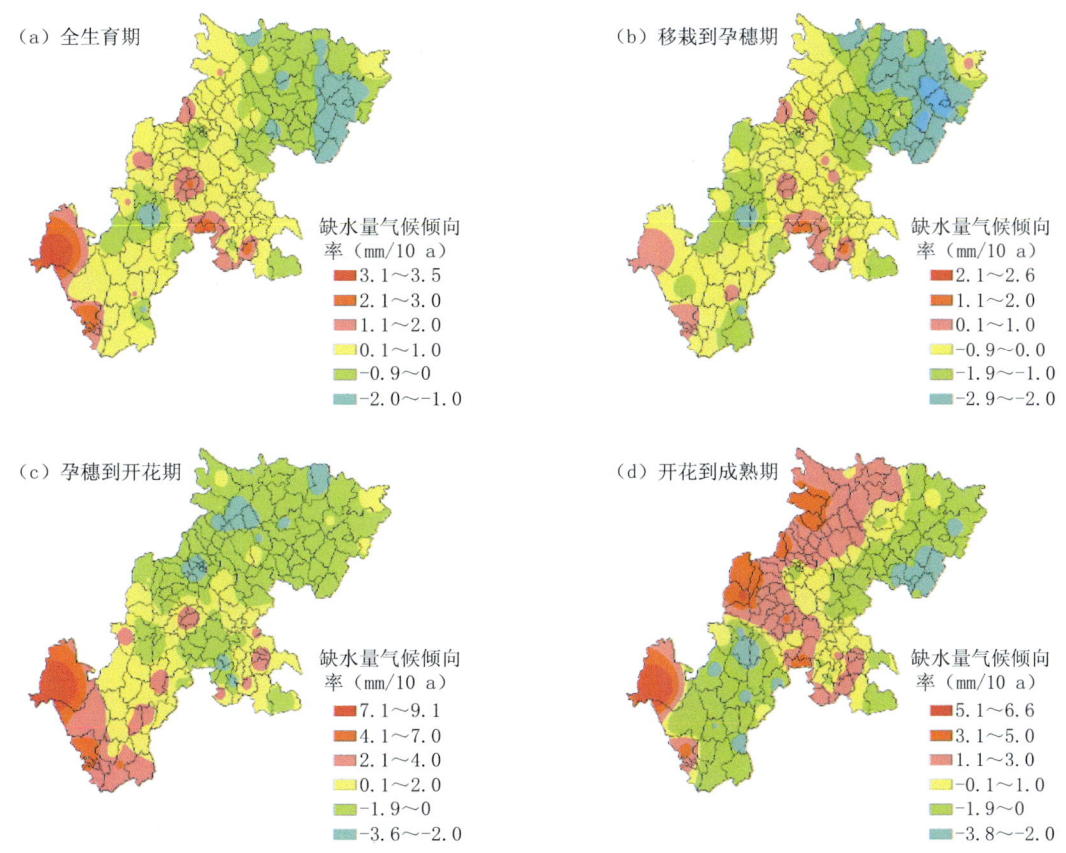

图 2.20　1961—2014 年水稻生育期缺水量变化趋势空间分布

2.2　玉米

2.2.1　玉米生育期热量资源的时空分布

2.2.1.1　平均气温

1961—2014 年,四川省农区玉米全生育期平均气温平均值为 20.9 ℃,相对值高的区域集中在盆北及盆西部分区域,相对低值的区域在盆西北及川西南山地的北部部分区域(图 2.21a)。54 年间玉米全生育期平均气温气候倾向率平均值为 0.07 ℃/10 a;盆北及盆南局部区域全生育期平均气温呈下降趋势,其余地区均呈升高的趋势(图 2.22a)。

从图 2.21b—d 可以看出,1961—2014 年玉米播种到拔节期平均气温的分布和全生育期类似;拔节到乳熟期分布特征为盆地农区整体高于川西南山地;乳熟为成熟期盆地农区自东向西降低,川西南山地自北向南升高。由于生育期长度的差异,玉米各生育阶段的平均气温不同;播种到拔节期的平均气温平均值为 18.7 ℃;拔节到乳熟期平均气温的平均值为

23.4 ℃;乳熟到成熟期平均值为 23.6 ℃。比较玉米各生育阶段平均气温的分布情况可知,乳熟到成熟期平均气温最高,播种到拔节期最低。

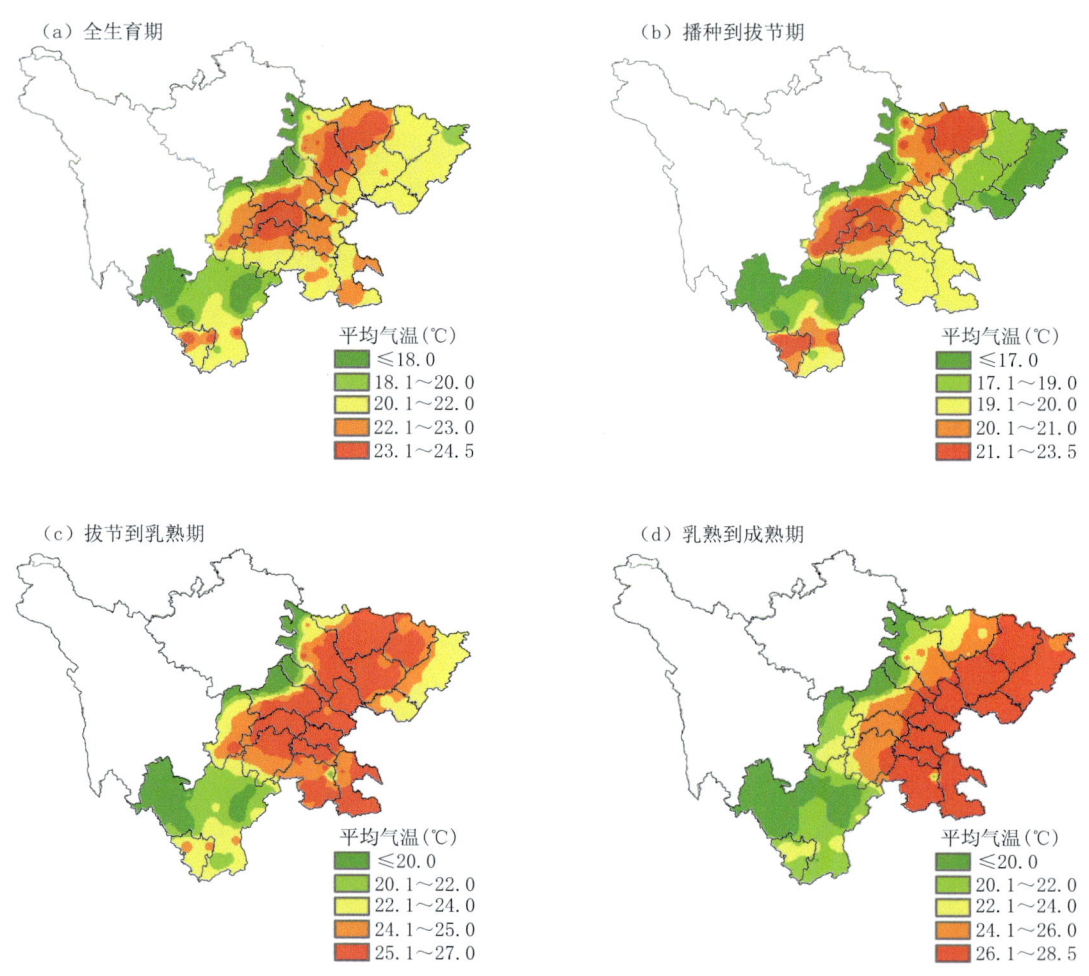

图 2.21　1961—2014 年玉米生育期平均气温的空间分布

从图 2.22b—d 可以看出,54 年间玉米播种到拔节期平均气温气候倾向率平均值为 0.09 ℃/10 a,整体呈升高趋势,负值主要出现在盆地零星地区;拔节到乳熟期平均气温气候倾向率平均值为 0.05 ℃/10 a,负值主要出现在盆东北及盆南部分区域;乳熟到成熟期平均气温气候倾向率平均值 0.03 ℃/10 a,负值主要出现在盆北、盆南部分区域及川西南山地大部。由此可见,1961—2014 年研究区域内各生育阶段的平均气温总体均呈升高的趋势,在播种到拔节期升高速率最快。

2.2.1.2　平均最高气温

1961—2014 年,四川省农区玉米全生育期平均最高气温除盆西沿山一带和川西南山地北部部分区域不足 25 ℃外,其余大都在 25～31 ℃ 之间(图 2.23a)。54 年间玉米全生育期平均最高气温气候倾向率的平均值为 0.14 ℃/10 a;农区整体呈升高的趋势(图 2.24a)。

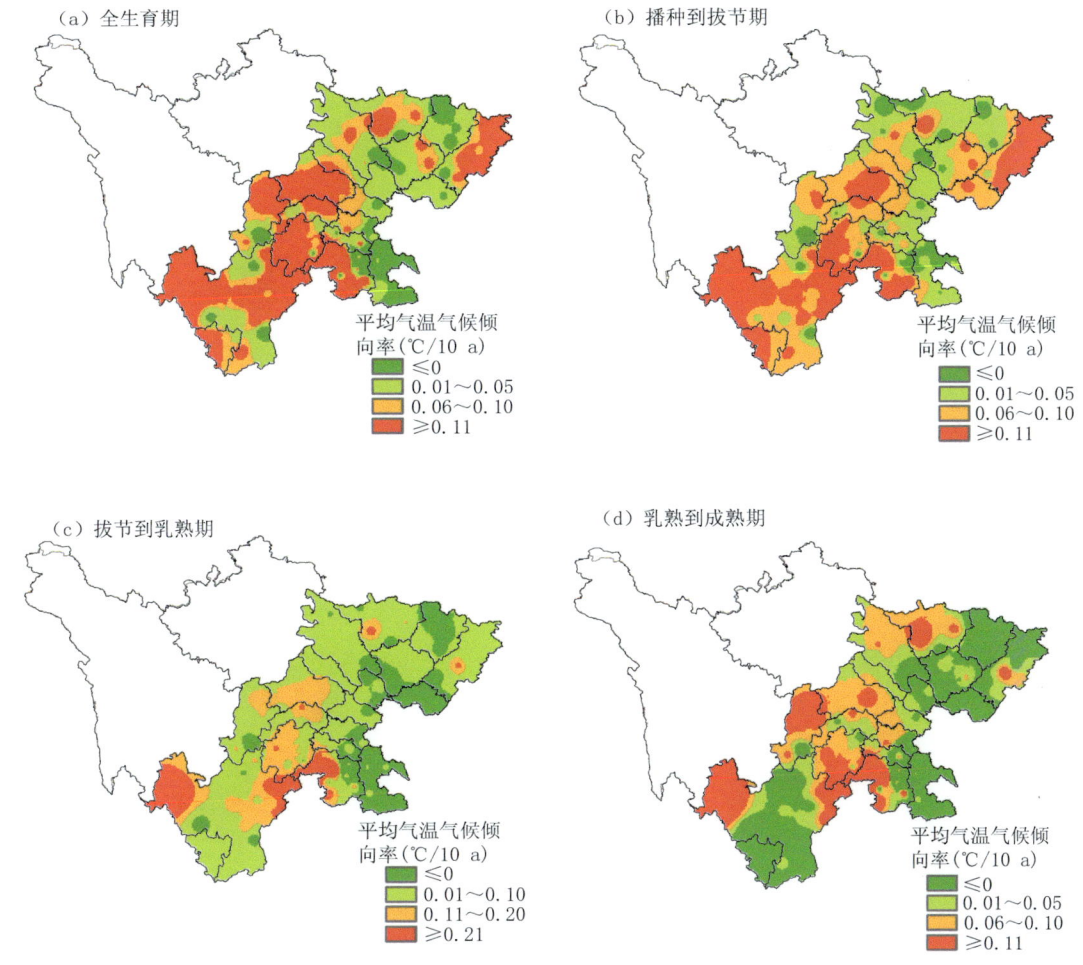

图 2.22 1961—2014 年玉米生育期平均气温变化趋势空间分布

从图 2.23b—d 可以看出,1961—2014 年玉米各生育期平均最高气温的分布特征,播种到拔节期为盆北、盆南及川西南山地南部部分区域相对较高;拔节到乳熟期为盆地北部及南部部分区域相对较高;乳熟到成熟期为盆地农区由西向东有增加趋势。由于生育期长度及时段的差异,玉米各生育阶段的平均最高气温不同。播种到拔节期的平均最高气温研究区域内平均值为 24.3 ℃;拔节到乳熟期平均最高气温平均为 28.4 ℃;乳熟到成熟期平均值为 28.8 ℃。比较玉米各生育阶段平均最高气温的分布情况可知,乳熟到成熟期平均最高气温最高,播种到拔节期最低。

从图 2.24b—d 可以看出,54 年间玉米播种到拔节期平均最高气温气候倾向率平均值为 0.2 ℃/10 a,整体呈升高趋势;拔节到乳熟期平均最高气温气候倾向率平均值为 0.1 ℃/10 a,负值主要出现在盆南局部;乳熟到成熟期平均最高气温气候倾向率平均值为 0.08 ℃/10 a,负值主要出现在盆南局部及川西南山地大部。由此可见,1961—2014 年研究区域内各生育阶段的平均最高气温总体均呈升高的趋势,在播种到拔节期升高速率最快。

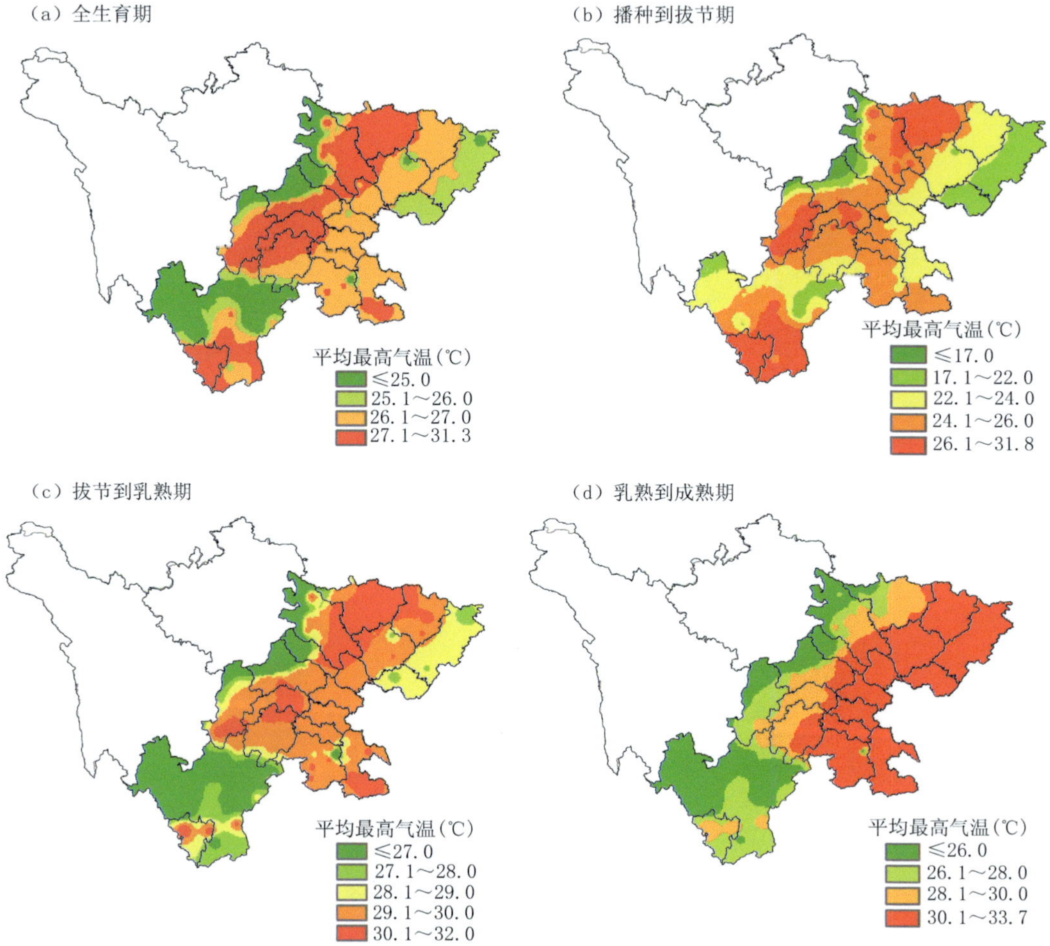

图 2.23　1961—2014 年玉米生育期平均最高气温的空间分布

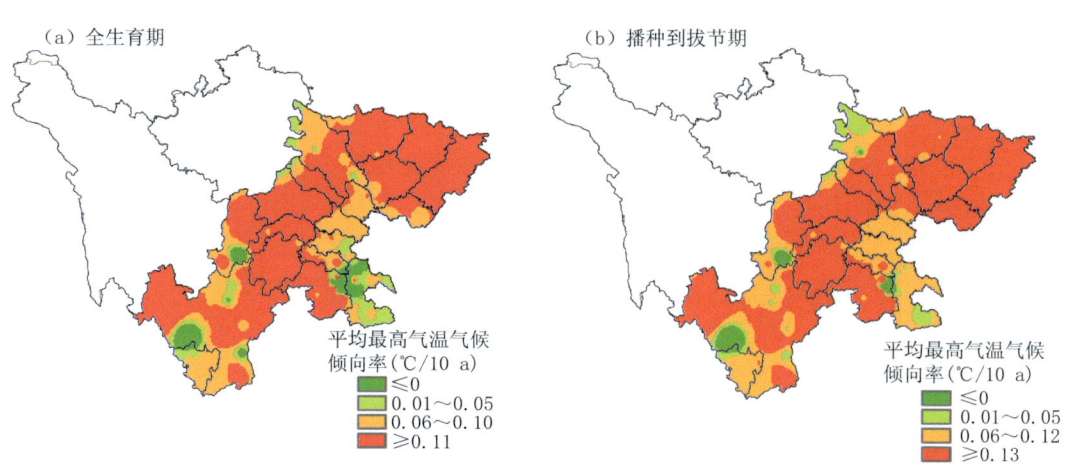

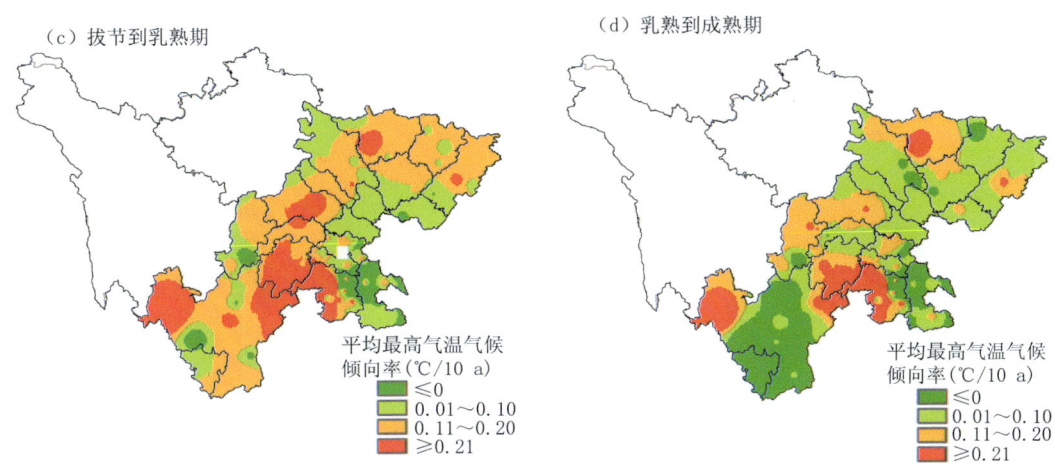

图 2.24　1961—2014 年玉米生育期平均最高气温变化趋势空间分布

2.2.1.3　平均最低气温

1961—2014 年,四川省农区玉米全生育期平均最低气温平均值为 17.0 ℃,其分布特征和平均最高气温类似(图 2.25a)。54 年间玉米全生育期平均最低气温气候倾向率平均值为 0.13 ℃/10a;整体呈升高的趋势(图 2.26a)。

从图 2.25b—d 可以看出,1961—2014 年玉米各生育期平均最低气温的分布特征,播种到拔节期为盆北及盆西部分区域相对较高;拔节到乳熟期为盆地北部部分区域及盆中大部值相对较高;乳熟到成熟期盆地自西向东增加。由于生育期长度及时段的差异,玉米各生育阶段的平均最低气温不同;研究区域内播种到拔节期的平均最低气温平均值为 14 ℃;拔节到乳熟期平均最低气温平均值为 19.7 ℃;乳熟到成熟期平均值为 19.8 ℃。比较玉米各生育阶段平均最低气温的分布情况可知,乳熟到成熟期平均最低气温最高,播种到拔节期最低。

从图 2.26b—d 可以看出,54 年间玉米播种到拔节期平均最低气温气候倾向率平均值为 0.14 ℃/10 a,整体呈升高趋势;拔节到乳熟期平均最低气温气候倾向率平均值为 0.13 ℃/10 a,

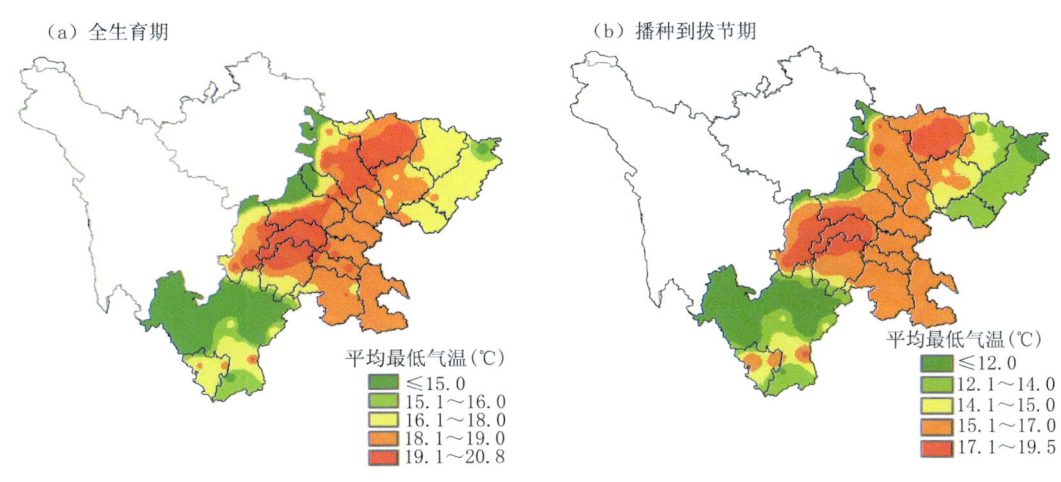

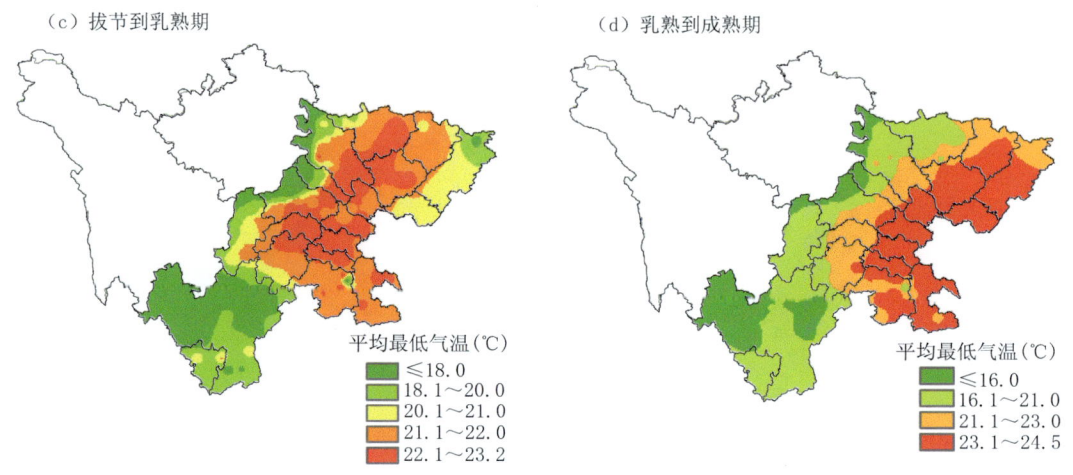

图 2.25　1961—2014 年玉米生育期平均最低气温的空间分布

负值主要出现在盆南局部；乳熟到成熟期平均最低气温气候倾向率平均值为 0.11 ℃/10 a，分布特征和拔节到乳熟期类似。由此可见，1961—2014 年研究区域内各生育阶段的平均最低气温总体均呈升高的趋势，在播种到拔节期升高速率最快。

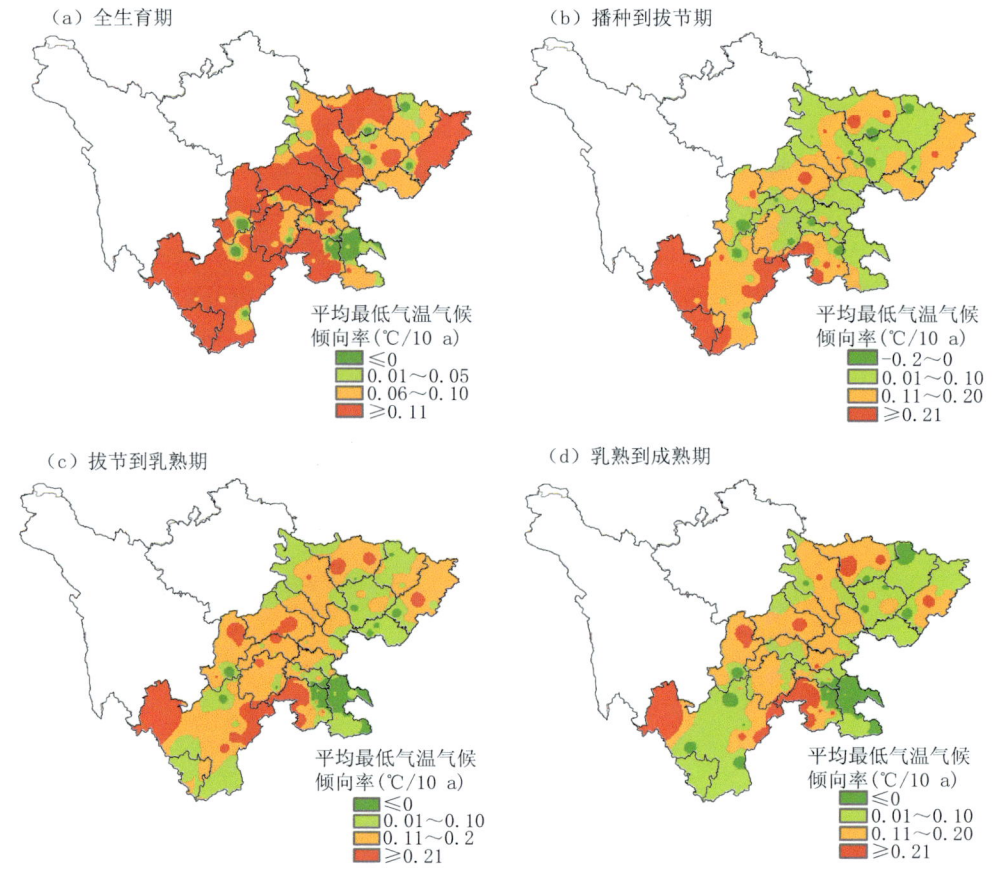

图 2.26　1961—2014 年玉米生育期平均最低气温变化趋势空间分布

2.2.1.4 气温日较差

1961—2014 年,四川省农区玉米全生育期平均日较差平均值为 9.3 ℃,川西南山地农区大都在 10~15 ℃,盆地 7~10 ℃(图 2.27a)。54 年间玉米全生育期平均日较差气候倾向率平均值为 -0.01 ℃/10 a;农区除川西南山地大部,盆地南部、中部、西部局部区域呈现降低趋势,其余为升高趋势(图 2.28a)。

从图 2.27b—d 可以看出,1961—2014 年玉米各生育期平均日较差在播种到拔节期、拔节到乳熟期、乳熟到成熟期分布特征都是川西南山地明显高于盆地。由于生育期长度及时段的差异,玉米各生育阶段的平均日较差不同;播种到拔节期的平均日较差区域平均值为 9.8 ℃;拔节到乳熟期平均日较差平均值为 8.7 ℃;乳熟到成熟期平均值为 9.0 ℃。比较玉米各生育阶段平均日较差的分布情况可知,播种到拔节期最大,拔节到乳熟期最小。

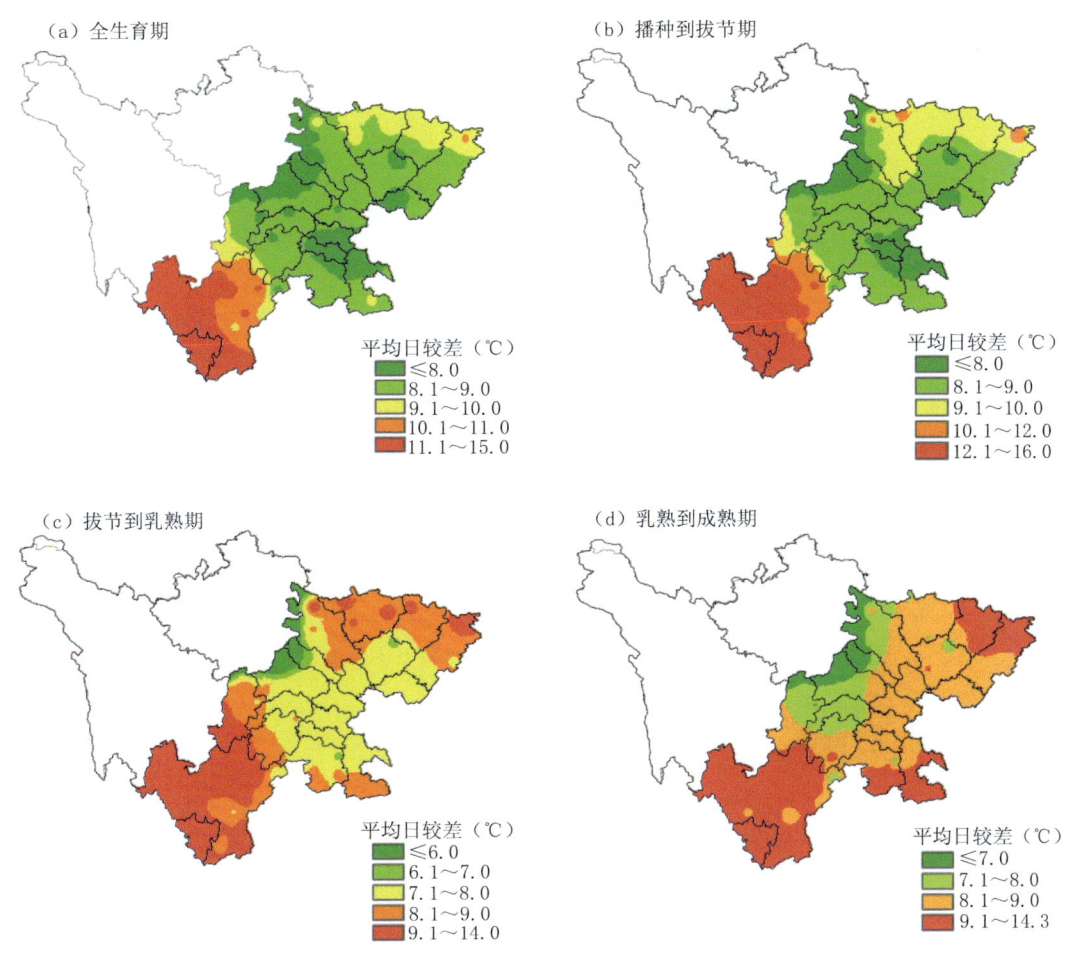

图 2.27　1961—2014 年玉米生育期气温日较差的空间分布

从图 2.28b—d 可以看出,54 年间玉米播种到拔节期平均日较差气候倾向率平均值为 0.03 ℃/10 a,负值主要出现在川西南山地大部、盆北及盆南局部;拔节到乳熟期平均日较差气候倾向率平均值为 -0.001 ℃/10 a,负值区主要出现在盆地中部、北部、西部局部区域及川西南山地西部部分区域;乳熟到成熟期平均日较差气候倾向率平均值为-0.02 ℃/10 a,正值主要为盆地北部及南部局部区域。

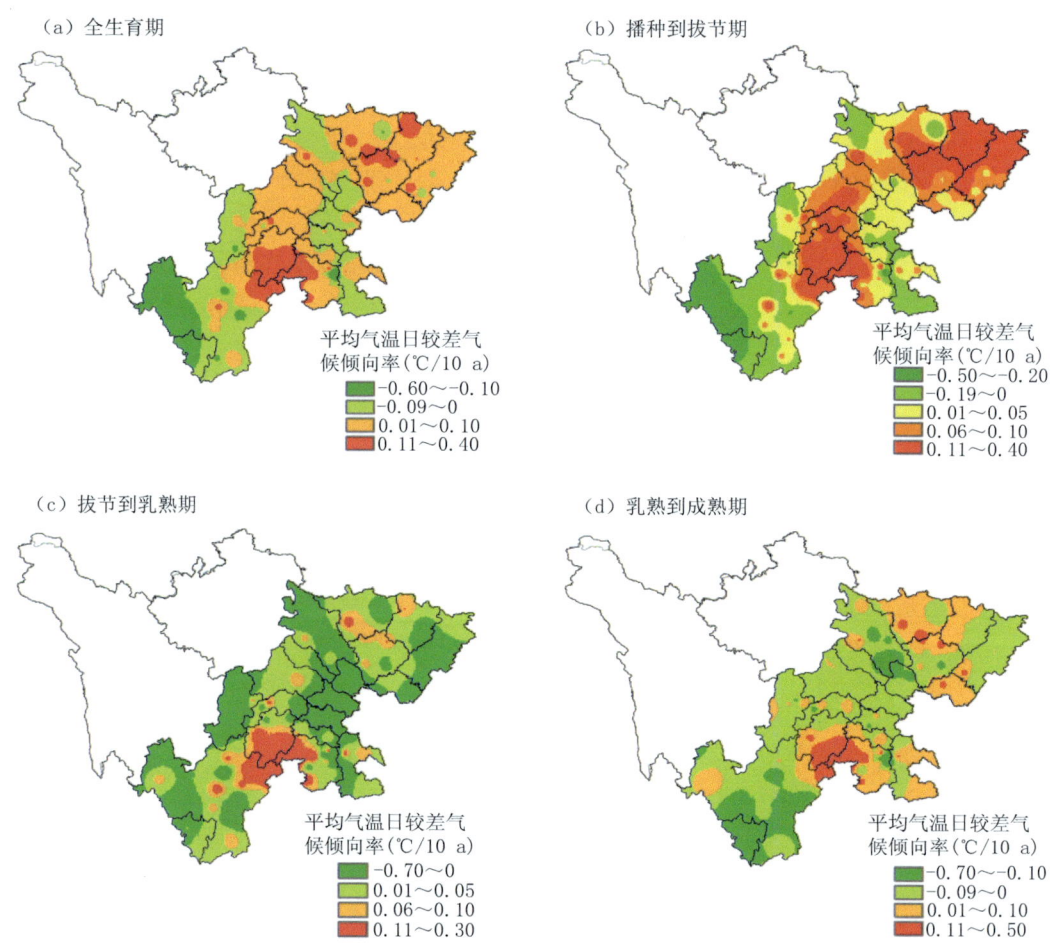

图 2.28　1961—2014 年玉米生育期气温日较差变化趋势空间分布

2.2.2　玉米生育期光资源的时空分布

1961—2014 年,四川省农区玉米全生育期总辐射量为 1418~2818 MJ/m², 平均值为 1982 MJ/m², 盆地呈现从西北到东南逐步减少的趋势;川西南山地农区总辐射量为 2100~2800 MJ/m², 呈现从南到北减少趋势(图 2.29a)。54 年间玉米全生育期总辐射量气候倾向率平均值为 -18 MJ/(m²·10 a), 农区大部呈减少趋势(图 2.30a)。

从图 2.29b—d 可以看出,1961—2014 年玉米各生育期总辐射量的分布在播种到拔节期、拔节到乳熟期呈现川西南山地多,盆地少的特点;乳熟到成熟期盆北及盆西部分区域值相对较多。由于生育期长度及时段的差异,玉米各生育阶段的总辐射量不同。播种到拔节期的总辐射量研究区域内平均值为 1039 MJ/m²;拔节到乳熟期总辐射量平均值为 570 MJ/m²;乳熟到成熟期平均值为 373 MJ/m²。比较玉米各生育阶段总辐射量的分布情况可知,播种到拔节期最多,乳熟到成熟期最少。

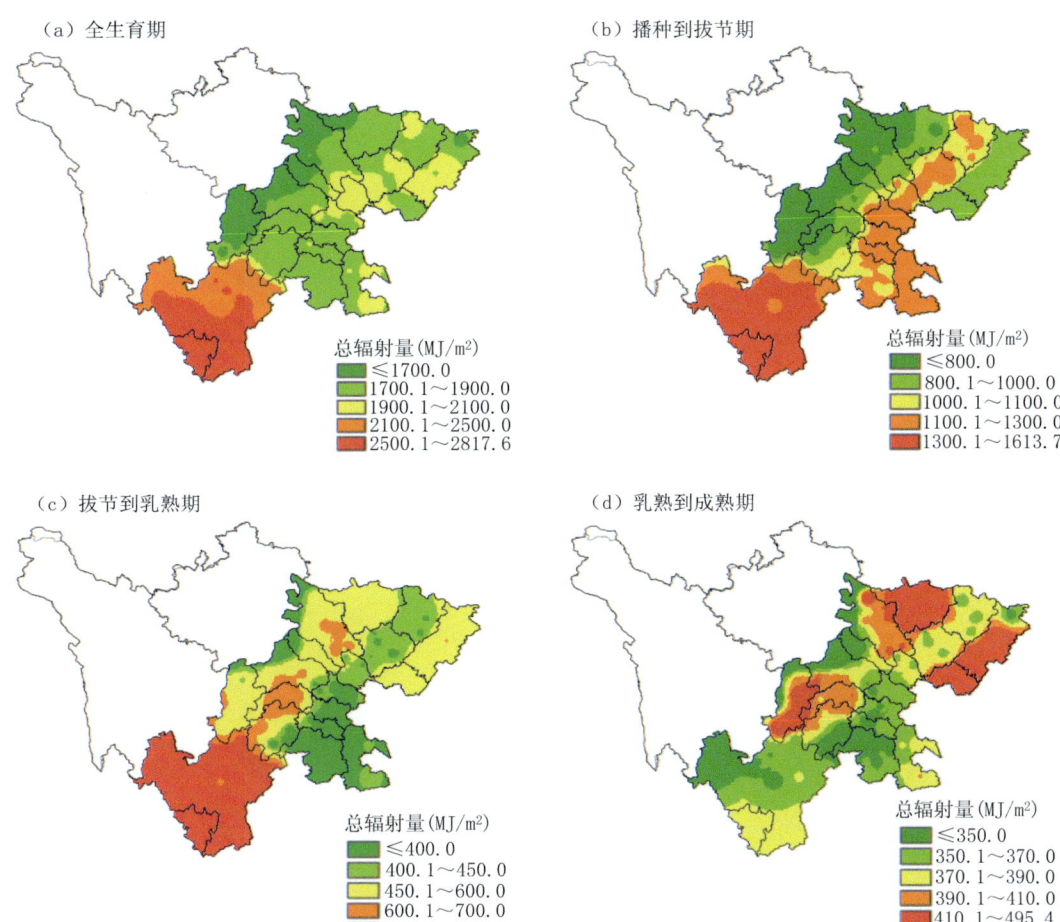

图 2.29 1961—2014 年玉米生育期总辐射量的空间分布

从图 2.30b—d 可以看出,54 年间玉米播种到拔节期总辐射量气候倾向率平均值为 －5 MJ/(m²·10 a),整体呈减少趋势,正值主要出现在川西南山地大部及盆中部分农区;拔节到乳熟期总辐射量气候倾向率平均值为－7 MJ/(m²·10 a),整体呈减少趋势;乳熟到成熟期总辐射量气候倾向率平均值为－6.4 MJ/(m²·10 a),整体呈减少趋势。

2.2.3 玉米生育期水资源的时空分布

2.2.3.1 降水量

1961—2014 年,四川省农区玉米全生育期总降水量平均值为 687 mm,呈现盆地西部最多、盆地中部及南部部分区域相对较少态势(图 2.31a)。54 年间玉米全生育期总降水量气候倾向率平均值为－4.6 mm/10 a,川西南山地及盆地东北大部区域呈现增多趋势(图 2.32a)。

从图 2.31b—d 可以看出,1961—2014 年玉米各生育期总降水量的分布在播种到拔节期盆西、盆南及盆北部分区域较多;拔节到乳熟期分布特征和播种到拔节期大体相反;乳熟到成熟期盆周沿山一带相对较多。由于生育期长度及时段的差异,玉米各生育阶段的总降

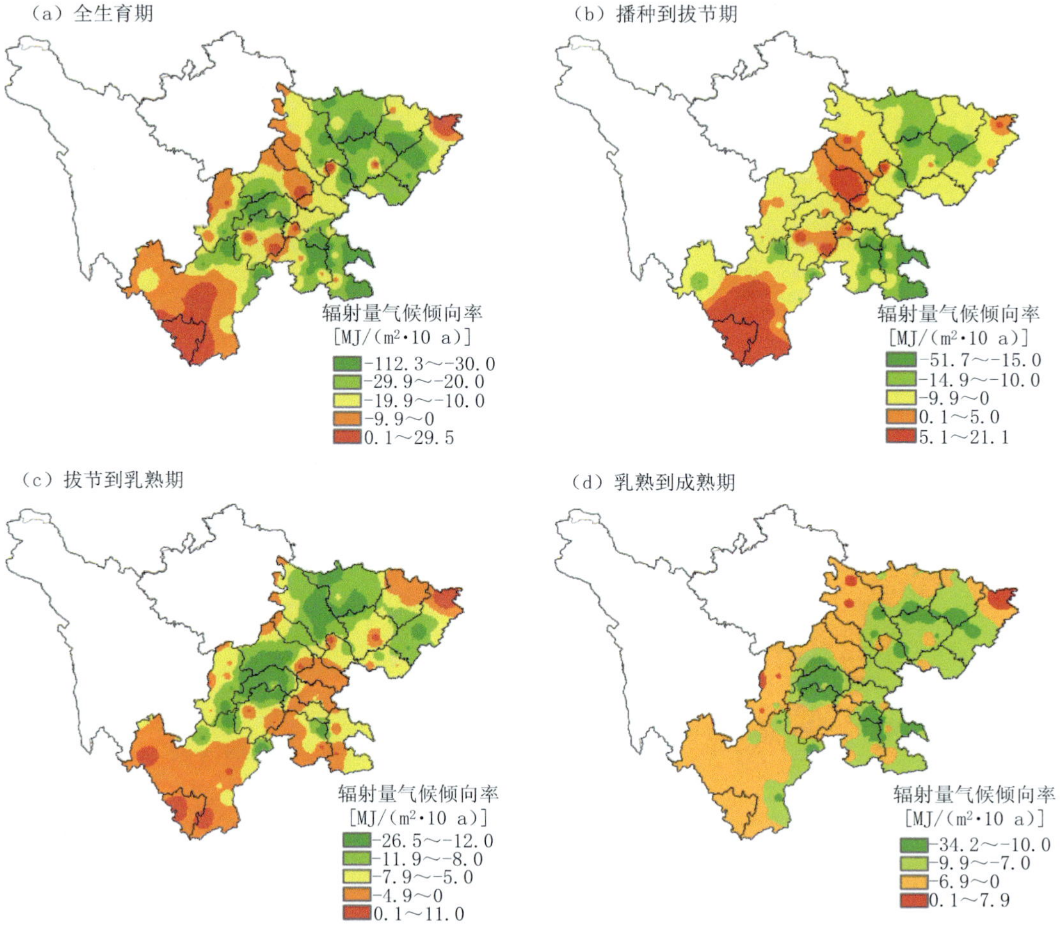

图 2.30 1961—2014 年玉米生育期总辐射量变化趋势空间分布

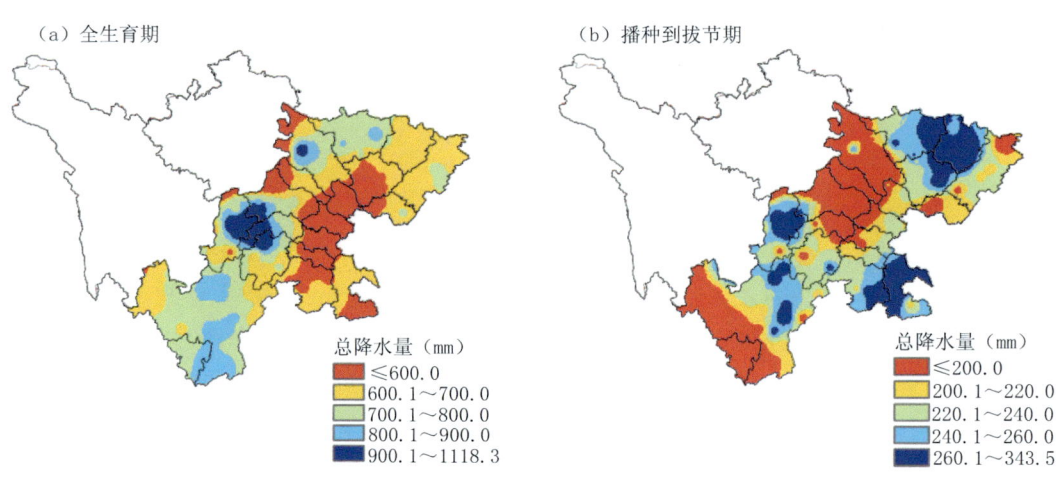

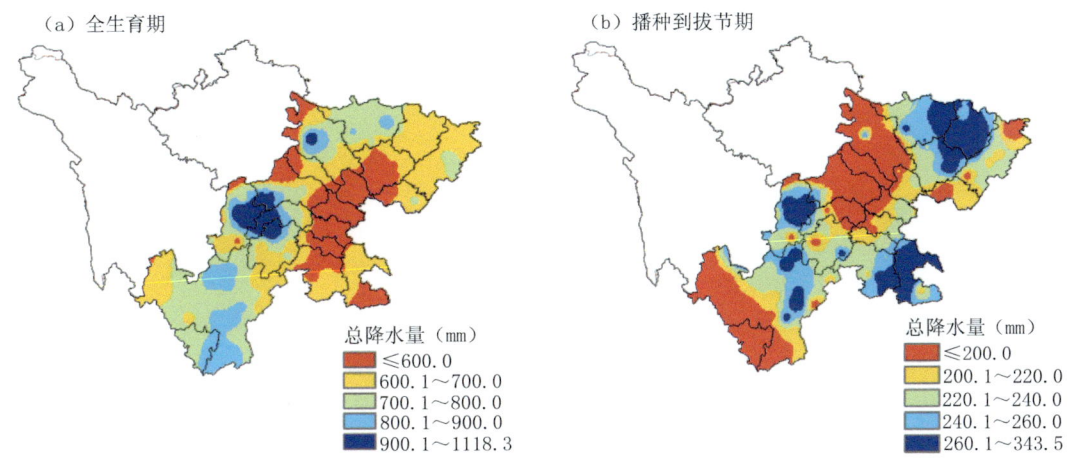

图 2.31 1961—2014 年玉米生育期降水量的空间分布

水量不同。播种到拔节期的总降水量区域平均值为 223 mm；拔节到乳熟期总降水量平均值为 299.7 mm；乳熟到成熟期平均值为 164 mm。比较玉米各生育阶段总降水量的分布情况可知，拔节到乳熟期最多，乳熟到成熟期最少。

从图 2.32b—d 可以看出，54 年间玉米播种到拔节期总降水量气候倾向率平均值为 0.5 mm，川西南山地农区大部呈现增多趋势，正值主要出现在盆南、盆北部分区域及川西南山地大部；拔节到乳熟期总降水量气候倾向率平均值为－3.8 mm/10 a，正值主要出现在川西南山地大部及盆东北部分区域；乳熟到成熟期总降水量气候倾向率平均值为－1.4 mm/10 a，正值主要分布在川西南山地部分区域及盆东北大部。由此可见，1961—2014 年研究区域内各生育阶段的总降水量总体偏少，在播种到拔节期呈增多趋势。

2.2.3.2 有效降水量

1961—2014 年，四川省农区玉米全生育期有效降水量为 268～548 mm，平均值为 414 mm，川西南山地农区和盆地西南部作物有效降水量最多，最少区域集中在盆地中部

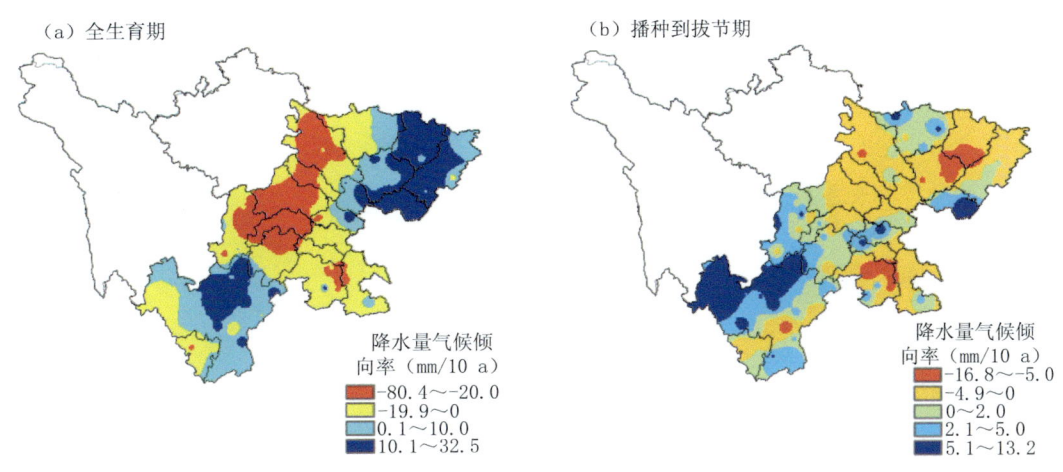

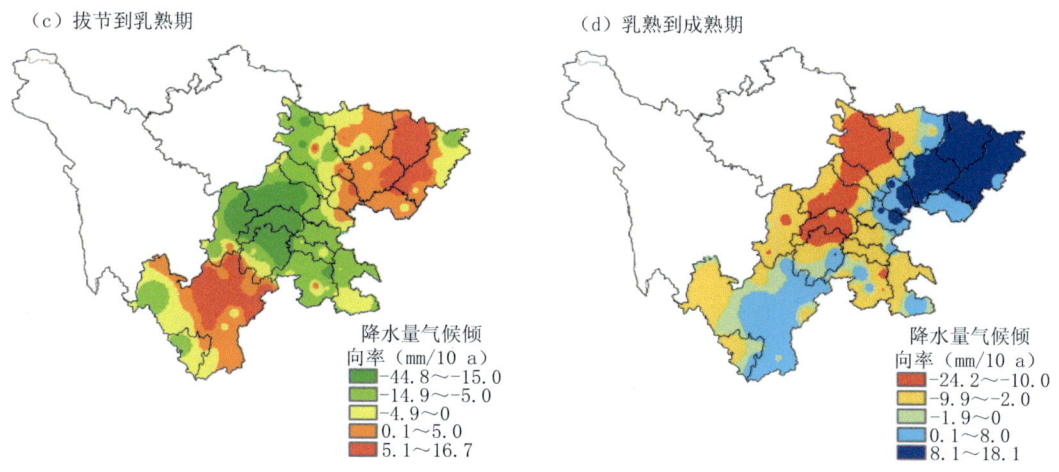

图 2.32　1961—2014 年玉米生育期降水量变化趋势空间分布

(图 2.33a)。54 年间玉米全生育期有效降水量气候倾向率平均值为－2.3 mm/10 a；川西南山地大部及盆地东北部局部区域为正值,其余大部是负值(图 2.34a)。

从图 2.33b—d 可以看出,1961—2014 年玉米各生育期有效降水量的分布在播种到拔节期较小值集中在盆中大部,较大值在川西南山地及盆地西南部区域；拔节到乳熟期作物有效降水量较小值区域主要集中在盆中及盆南部分区域,较大值区域集中在川西南山地大部及盆西南部分区域；乳熟到成熟期盆东局部农区值较小,较大值集中在盆地西南部及盆北局部。由于生育期长度及时段的差异,玉米各生育阶段的有效降水量不同。播种到拔节期的有效降水量研究区域内平均值为 169 mm；拔节到乳熟期有效降水量平均值为 181 mm；乳熟到成熟期平均值为 95 mm。比较玉米各生育阶段有效降水量的分布情况可知,乳熟到成熟期最少,拔节到乳熟期最多。

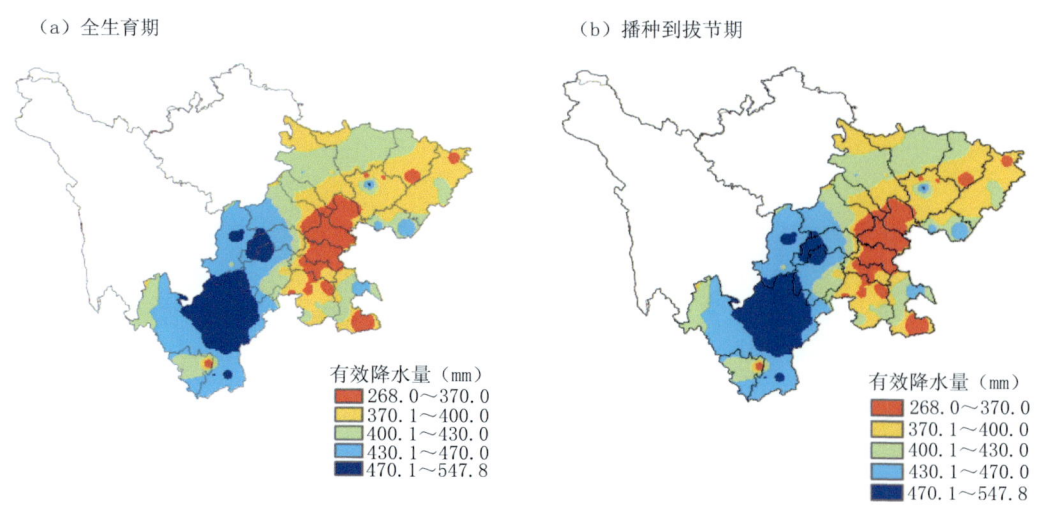

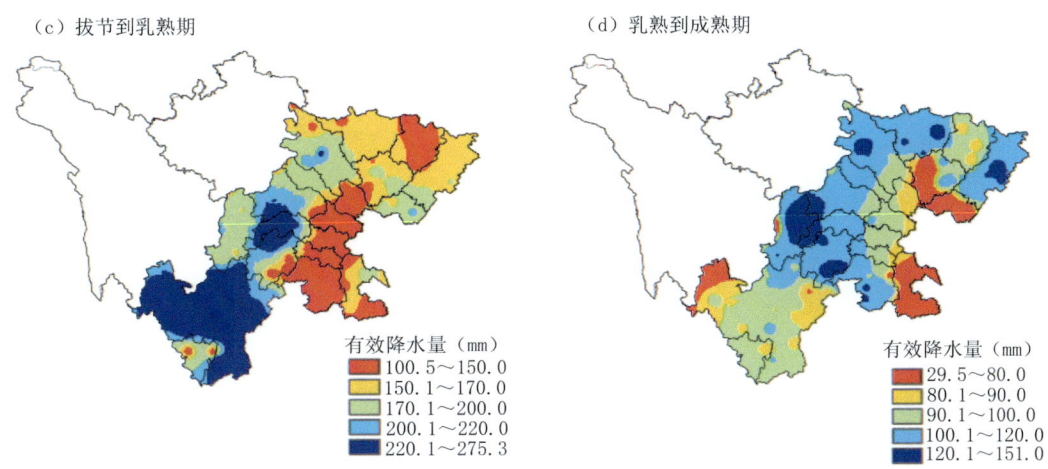

图 2.33　1961—2014 年玉米生育期有效降水量的空间分布

从图 2.34b—d 可以看出,54 年间玉米播种到拔节期有效降水量气候倾向率平均值为 0.7 mm,除盆西、盆南及盆北局部为负值外,其余大部为正值;拔节到乳熟期有效降水量气候倾向率平均值为 −3.3 mm/10 a,正值主要集中出现在盆地东北部及川西南山地东北部;乳熟到成熟期有效降水量气候倾向率平均值为 −1.4 mm/10 a,正值主要分布在盆北局部及川西南山地南部部分区域。由此可见,1961—2014 年研究区域内各生育阶段的有效降水量总体呈减少趋势。

2.2.3.3　参考作物蒸散量

1961—2014 年,四川省农区玉米全生育期参考蒸散量平均值为 549 mm,川西南山地农区作物参考蒸散量最多,最少区域集中在盆南及盆东局部区域(图 2.35a)。54 年间玉米全生育期参考蒸散量气候倾向率平均值为 −2.7 mm/10 a;盆地农区大部呈减少趋势;川西南山地除北部部分区域增加外,其余呈减少趋势(图 2.36a)。

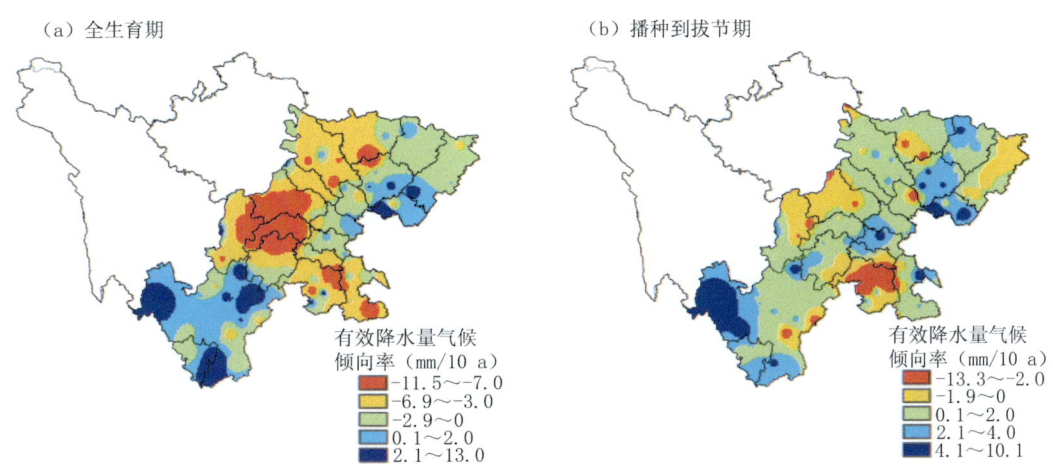

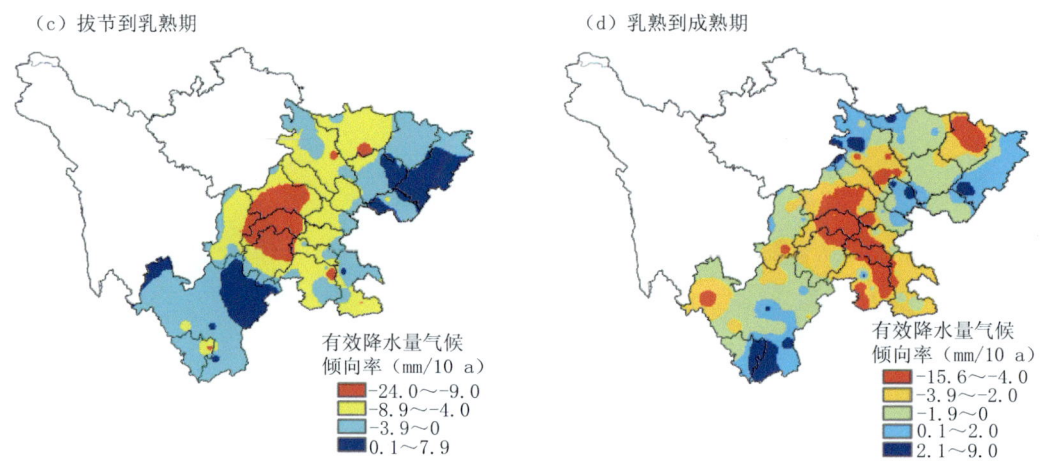

图 2.34　1961—2014 年玉米生育期有效降水量变化趋势空间分布

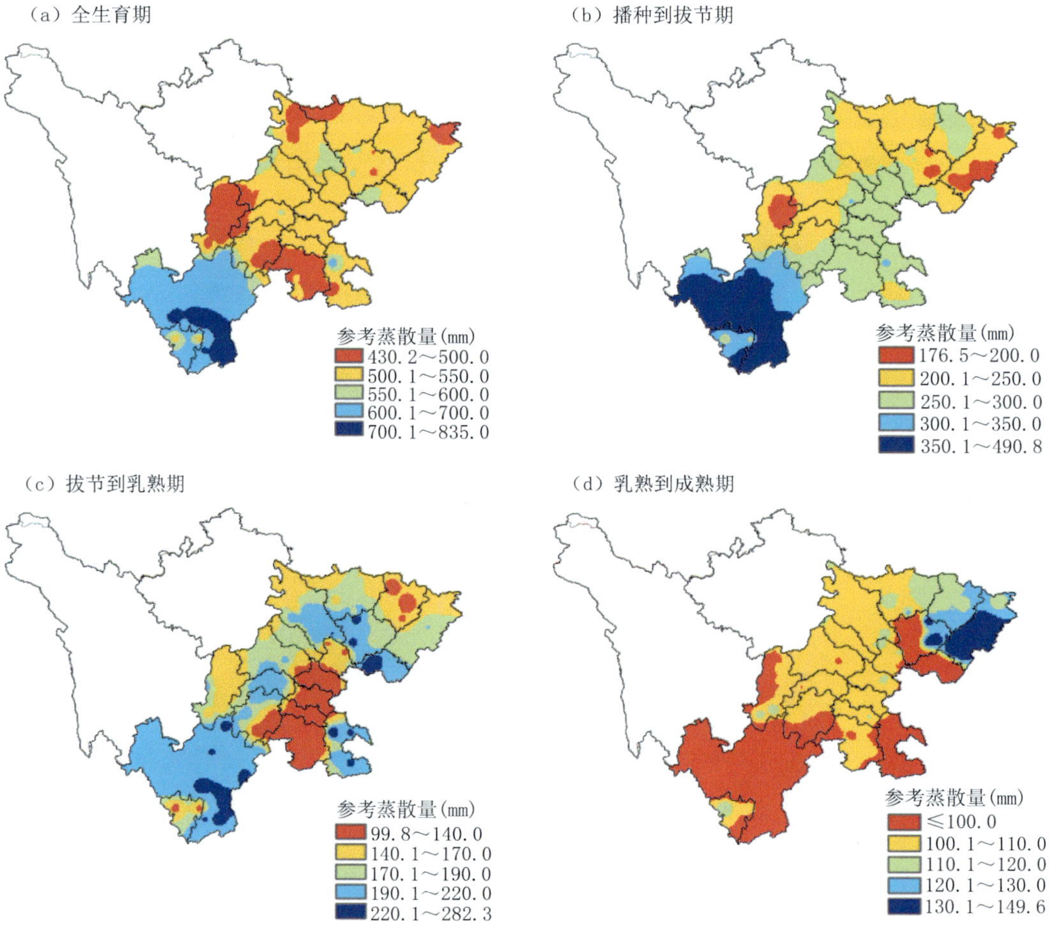

图 2.35　1961—2014 年玉米生育期参考作物蒸散量的空间分布

第 2 章 四川主要粮食作物生育期农业气候资源变化

从图 2.35b—d 可以看出,1961—2014 年玉米各生育期参考蒸散量的分布,在播种到拔节期盆地大部少于川西南山地农区;拔节到乳熟期作物参考蒸散量较少区域主要集中在盆中及盆南部分区域,较多区域集中在川西南山地农区大部、盆北、盆西南及盆东南部分区域;乳熟到成熟期川西南山地农区值较小,较大值集中在盆东北部分区域。由于生育期长度及时段的差异,玉米各生育阶段的参考蒸散量不同;播种到拔节期的参考蒸散量区域平均值为 274 mm;拔节到乳熟期参考蒸散量平均值为 179 mm;乳熟到成熟期平均值为 97 mm。比较玉米各生育阶段参考蒸散量的分布情况可知,播种到拔节期最多,乳熟到成熟期最少。

从图 2.36b—d 可以看出,54 年间玉米播种到拔节期参考蒸散量气候倾向率平均值为 -0.5 mm,农区除盆中大部、盆南部分区域及川西南山地北部为增加趋势外,其余区域减少趋势明显;拔节到乳熟期参考蒸散量气候倾向率平均值为 -1.2 mm/10 a,负值主要出现在盆地大部,正值出现在川西南山地北部区域;乳熟到成熟期参考蒸散量气候倾向率平均值为 -1.0 mm/10 a,农区除局部区域为正值外,其余大部为负值。由此可见,1961—2014 年研究区域内各生育阶段的参考蒸散量总体呈减少趋势。

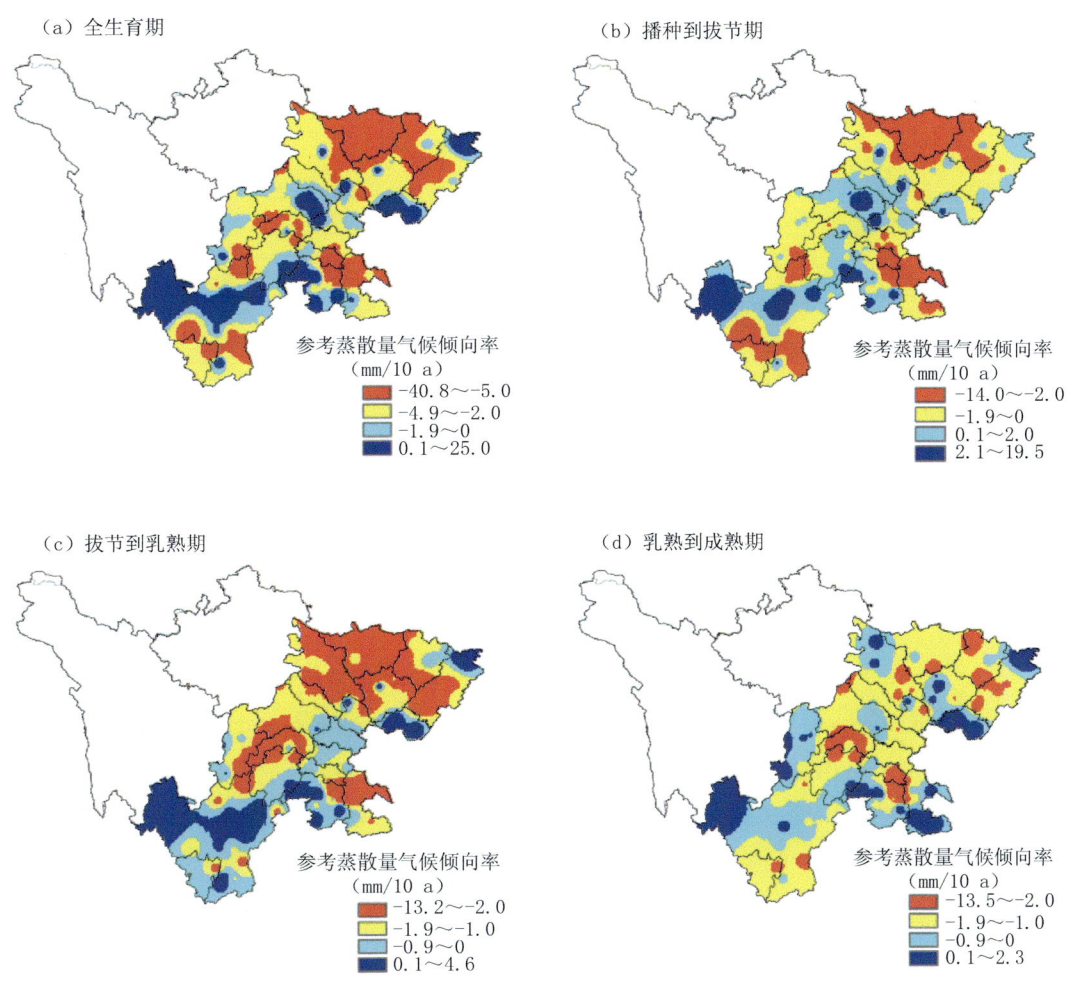

图 2.36 1961—2014 年玉米生育期参考作物蒸散量变化趋势空间分布

2.2.3.4 需水量

1961—2014年,四川省农区玉米全生育期需水量平均值为668 mm,川西南山地农区作物需水量最多,其次是盆西北及盆西南大部(图2.37a)。54年间玉米全生育期需水量气候倾向率平均值为－3.3 mm/10 a;盆地农区局部增多,其余大部减少趋势明显;川西南山地农区北部部分区域增多,其余大部减少(图2.38a)。

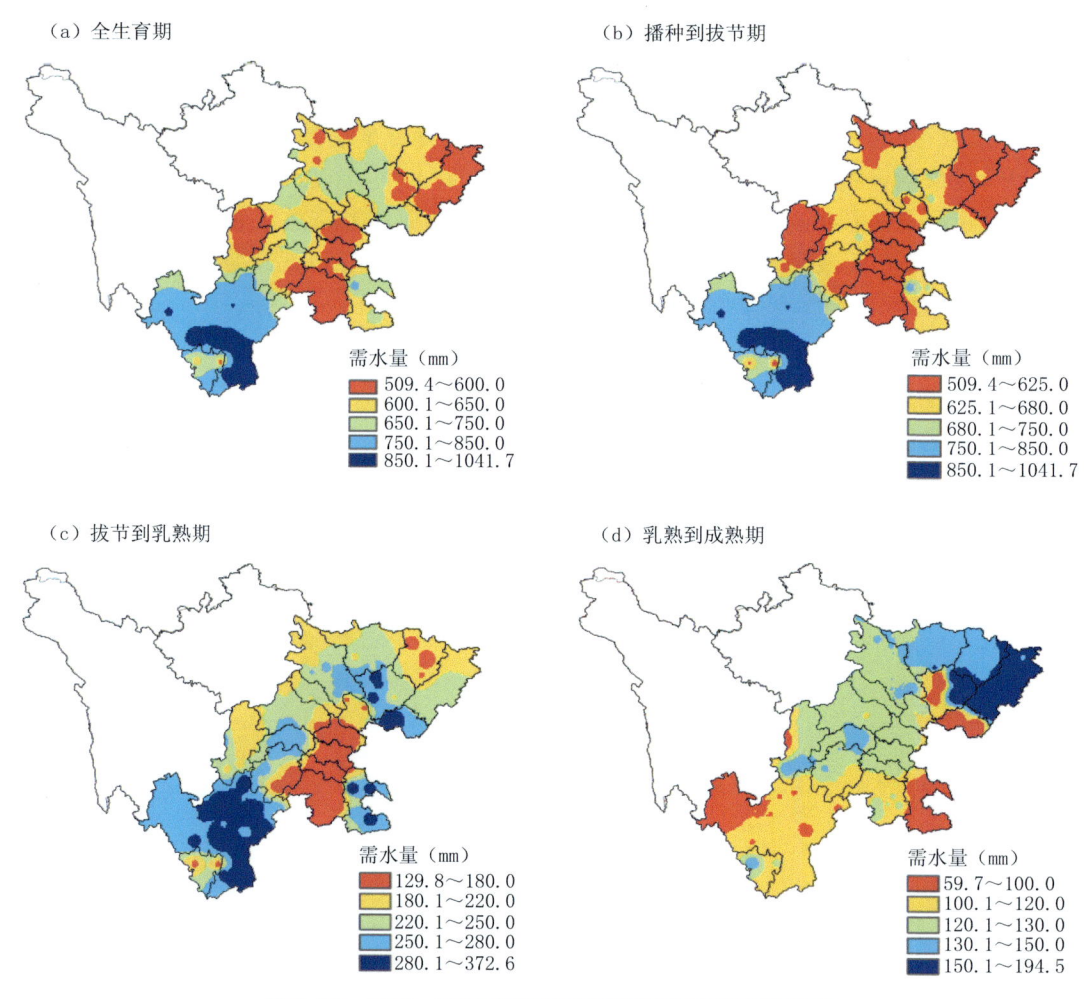

图2.37 1961—2014年玉米生育期需水量的空间分布

从图2.37b—d可以看出,1961—2014年玉米各生育期需水量的分布在播种到拔节期盆地大部少于川西南山地农区;拔节到乳熟期作物需水量较少区域主要集中在盆南大部,较多区域集中在川西南山地农区大部、盆东北及盆东南部分区域;乳熟到成熟期盆地需水量较多区域集中在盆东北,较少区域在盆东南及盆北的局部;川西南山地农区需水量整体较少。由于生育期长度及时段的差异,玉米各生育阶段的需水量不同;播种到拔节期的需水量区域平均值为317 mm;拔节到乳熟期需水量平均值为234 mm;乳熟到成熟期平均值为117 mm。比较玉米各生育阶段需水量的分布情况可知,播种到拔节期最多,乳熟到成熟期最少。

从图2.38b—d可以看出,54年间玉米播种到拔节期需水量气候倾向率,平均值为

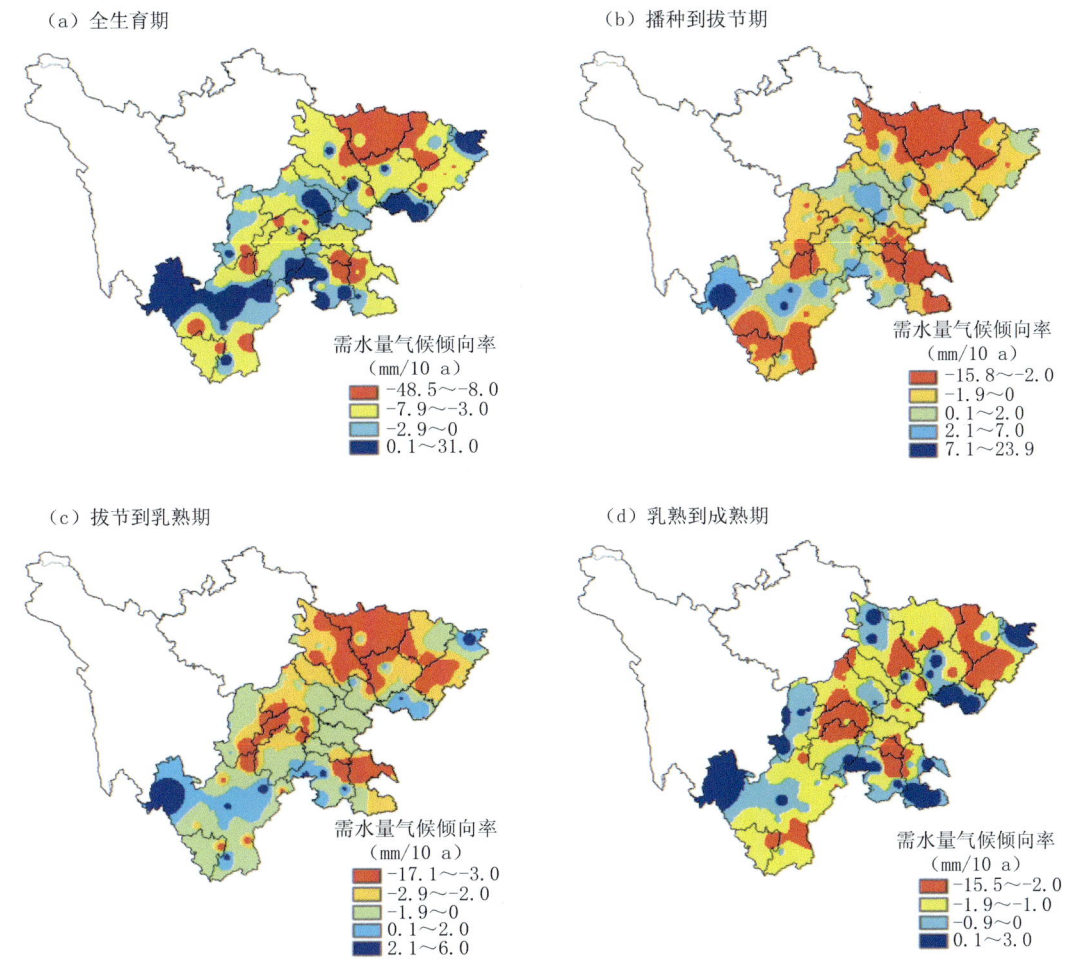

图 2.38 1961—2014 年玉米生育期需水量变化趋势空间分布

−0.5 mm,正值区分布在盆中、盆南及川西南山地北部区域;拔节到乳熟期需水量气候倾向率平均值为−1.6 mm/10 a,正值区域在川西南山地北部及盆地零星分布;乳熟到成熟期需水量气候倾向率平均值为−1.2 mm/10 a,正值主要分布在川西南山地西北部局部地区及盆地的零星区域。由此可见,1961—2014 年研究区域内各生育阶段的需水量总体呈减少趋势。

2.2.3.5 缺水率

1961—2014 年,四川省农区玉米全生育期缺水率平均值为 36.6%,缺水率最大区域集中在川西南山地大部及盆中老旱区(图 2.39a)。54 年间玉米全生育期缺水率气候倾向率平均值为 0.02%/10 a;农区除盆北、盆东及川西南山地大部区域为负值,其余大部是正值(图 2.40a)。

从图 2.39b—d 可以看出 1961—2014 年玉米各生育期缺水率的分布特征:在播种到拔节期分布特征与全生育期类似,较小值集中在盆西大部,较大值在川西南山地大部及盆中老旱区;拔节到乳熟期作物缺水率较小区域主要集中在盆西,较大值区域集中在盆东北及盆东

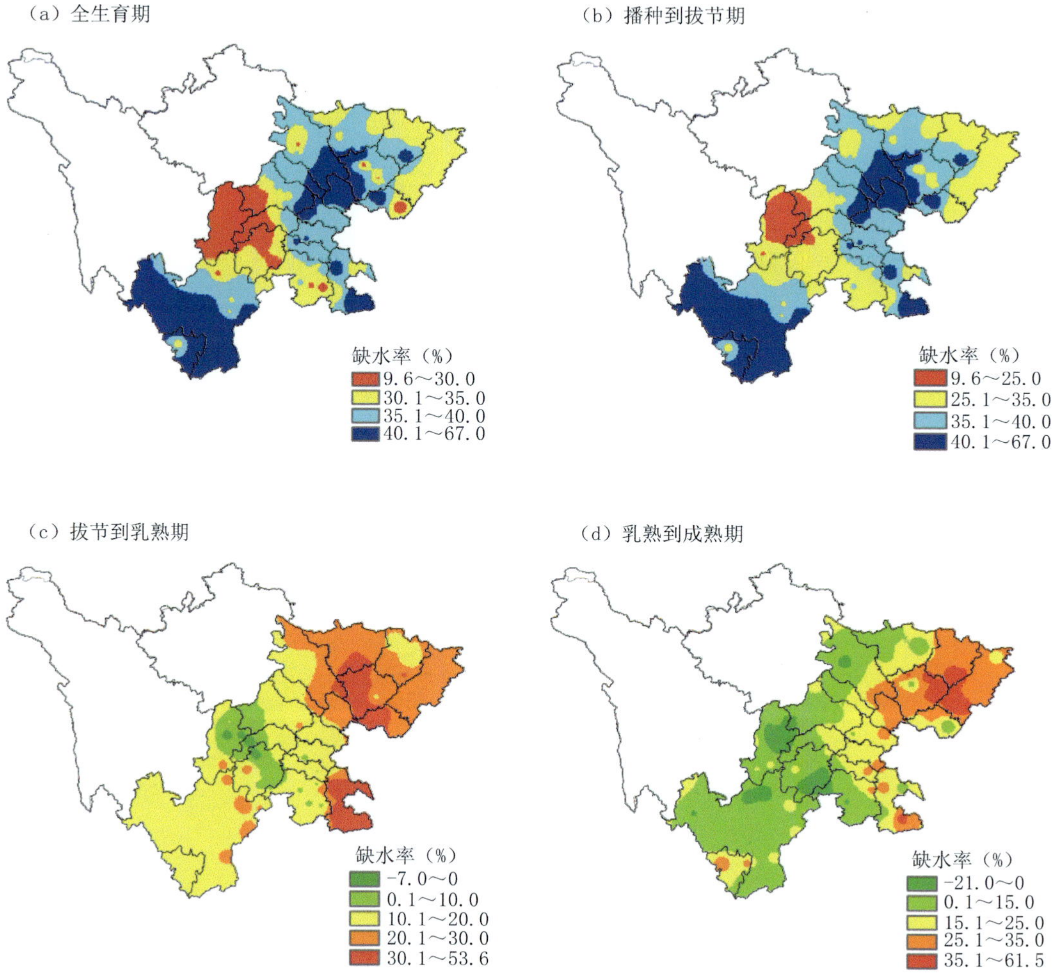

气候变化对四川农业的影响研究

图 2.39 1961—2014 年玉米生育期缺水率的空间分布

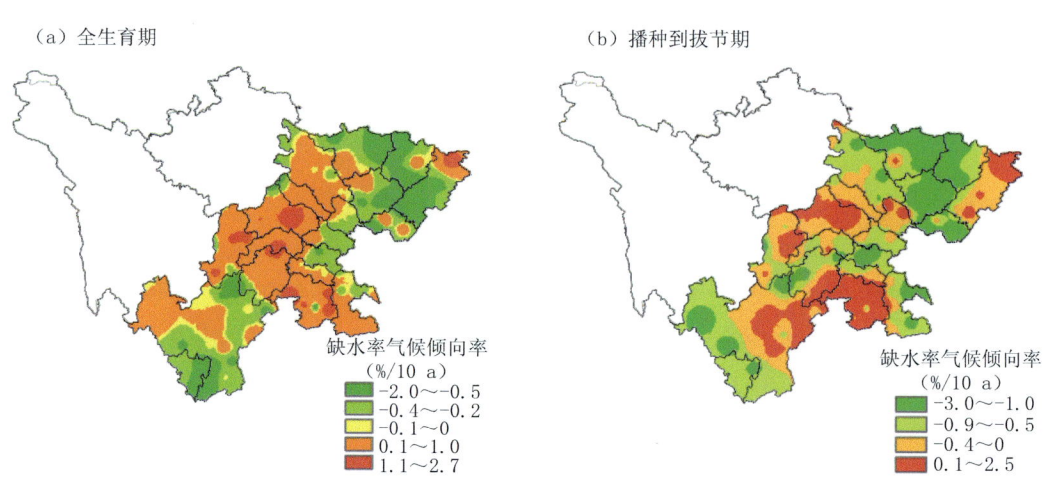

第 2 章 四川主要粮食作物生育期农业气候资源变化

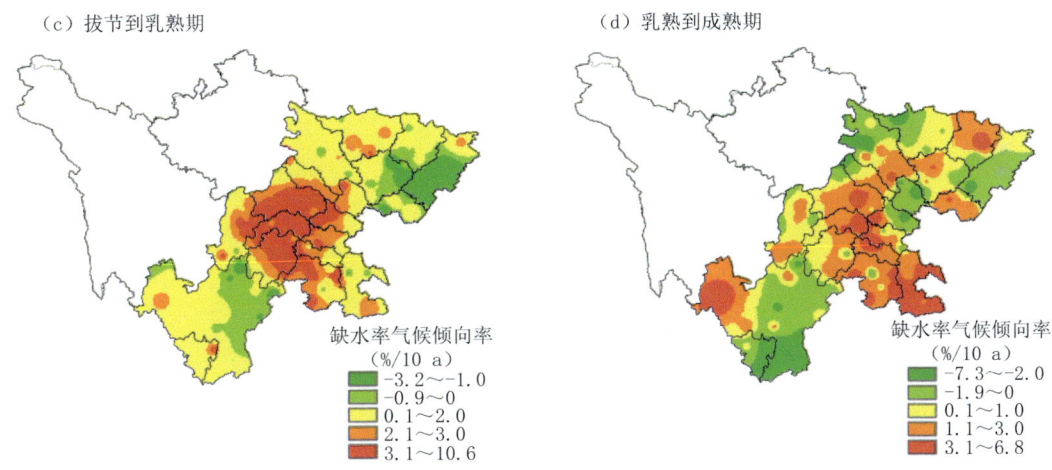

图 2.40　1961—2014 年玉米生育期缺水率变化趋势空间分布

南部分区域;乳熟到成熟期缺水率较大值在盆东北大部。由于生育期长度及时段的差异,玉米各生育阶段的缺水率不同;播种到拔节期的缺水率在区域平均值为 43%;拔节到乳熟期缺水率平均值为 20%;乳熟到成熟期为 −21%～62%,平均值为 16.8%。比较玉米各生育阶段缺水率的分布情况可知,播种到拔节期最大,乳熟到成熟期最小。

从图 2.40b—d 可以看出,54 年间玉米播种到拔节期缺水率气候倾向率,平均值为 −0.4%,除盆西、盆南及川西南山地东部部分区域为正值,其余为负值;拔节到乳熟期缺水率气候倾向率平均值为 1.1%/10 a,负值主要出现在盆地及川西南山地东北部部分区域;乳熟到成熟期缺水率气候倾向率平均值为 0.47%/10 a,正值主要分布在盆地南部、中部及川西南山地西部部分区域。

2.3　冬小麦

2.3.1　冬小麦生育期热量资源的时空分布

2.3.1.1　平均气温

1961—2014 年,四川省农区小麦全生育期平均气温平均值为 10.4 ℃,盆地和川西南山地农区分别呈现由南至北逐渐降低的分布特点(图 2.41 a)。54 年间小麦全生育期平均气温气候倾向率平均值为 0.17 ℃/10 a;盆中及盆南局部区域全生育期平均气温呈降低趋势,其余地区均呈升高的趋势(图 2.42a)。

从图 2.41b—d 可以看出,1961—2014 年小麦播种到拔节期平均气温的分布和全生育期类似,总体呈现南高、北低的分布特点;拔节到乳熟期分布特征为川西南山地南高、北低,盆地南北高、中间低;乳熟到成熟期川西南山地南高、北低,盆地大部在 15～20 ℃。由于生育期长度的差异,小麦各生育阶段的平均气温不同。播种到拔节期的平均气温区域平均值为 8.3 ℃;拔节到乳熟期平均气温平均值为 9.1 ℃;乳熟到成熟期平均值为 15.7 ℃。比较小麦各生育阶段平均气温的分布情况可知,乳熟到成熟期最高,播种到拔节期最低。

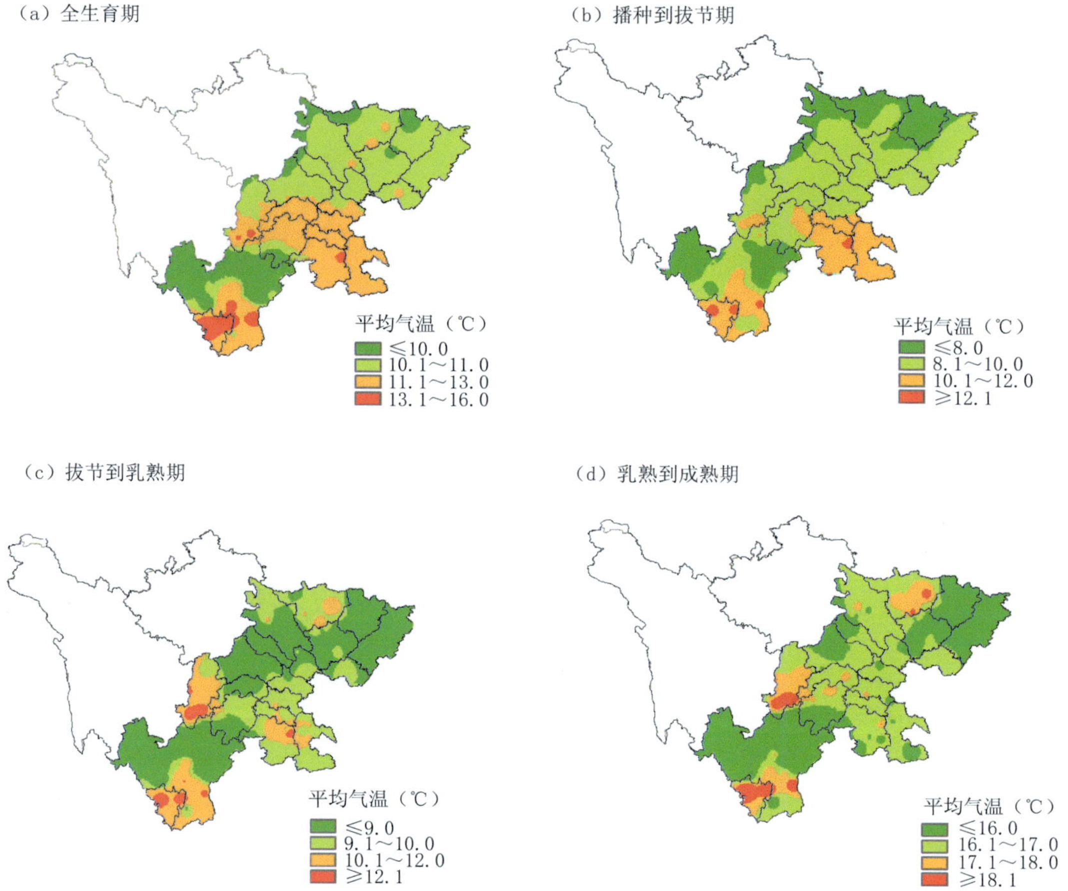

(a)全生育期　　　　　　　　　　　(b)播种到拔节期

(c)拔节到乳熟期　　　　　　　　　(d)乳熟到成熟期

图 2.41　1961—2014 年小麦生育期平均气温的空间分布

从图 2.42b—d 可以看出,54 年间小麦播种到拔节期平均气温气候倾向率平均值为 0.15 ℃/10 a,整体呈升高趋势,负值主要出现在盆东北及盆中部分区域;拔节到乳熟期平均气温气候倾向率平均值为 0.24 ℃/10 a,负值主要出现在盆南局部;乳熟到成熟期平均气温

(a)全生育期　　　　　　　　　　　(b)播种到拔节期

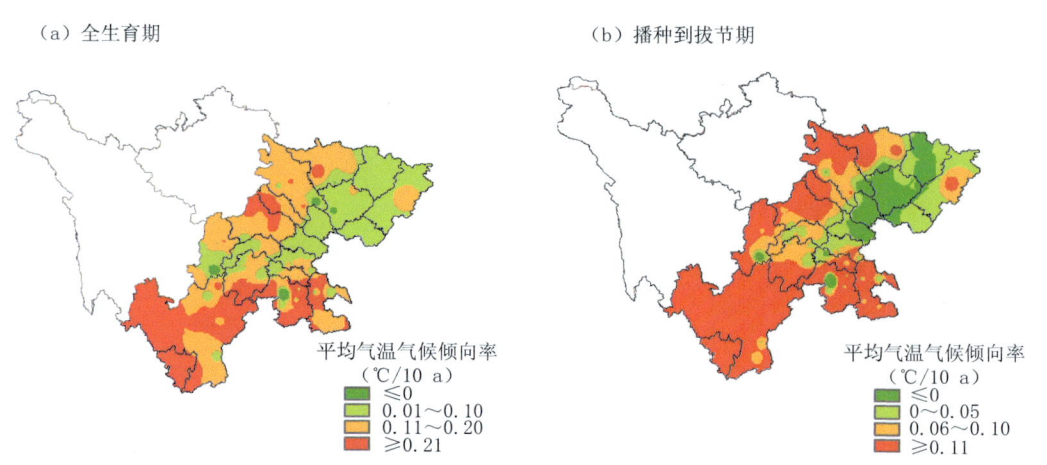

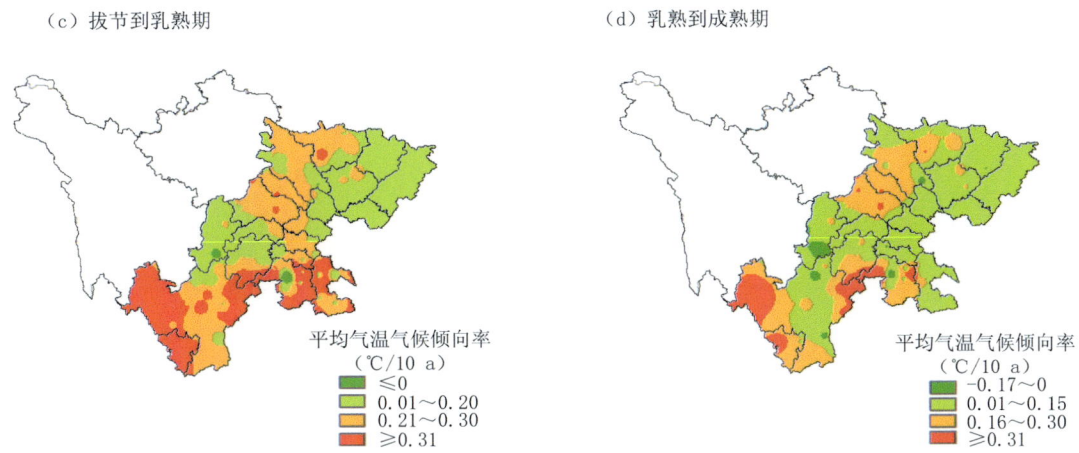

图 2.42　1961—2014 年小麦生育期平均气温变化趋势空间分布

气候倾向率平均值 0.14 ℃/10 a,负值主要出现在盆南局部。由此可见,1961—2014 年研究区域内各生育阶段的平均气温总体均呈升高的趋势,在拔节到乳熟期升高速率最快。

2.3.1.2　平均最高气温

1961—2014 年,四川省农区小麦全生育期平均最高气温平均值为 15.5 ℃,川西南山地农区呈现由南至北逐渐降低的分布特点,盆地大部在 14～16 ℃(图 2.43a)。54 年间小麦全生育期平均最高气温气候倾向率平均值为 0.20 ℃/10 a;盆中及盆南局部区域全生育期平均最高气温呈下降趋势,其余地区均呈升高趋势(图 2.44a)。

从图 2.43b—d 可以看出,1961—2014 年小麦各生育期平均最高气温在川西南山地地区总体呈现南高北低的分布特点;在盆地农区播种到拔节期分布特征是南部和中部相对较高;拔节到乳熟期分布特征是盆地北部及西部相对较高;乳熟到成熟期呈由西北向东南降低趋势。由于生育期长度及时段的差异,小麦各生育阶段的平均最高气温不同。播种到拔节期的平均最高气温平均值为 13.0 ℃;拔节到乳熟期平均最高气温平均值为 14.2 ℃;乳熟到成熟期平均值为 21.6 ℃。比较小麦各生育阶段平均最高气温的分布情况可知,乳熟到成熟期最高,播种到拔节期最低。

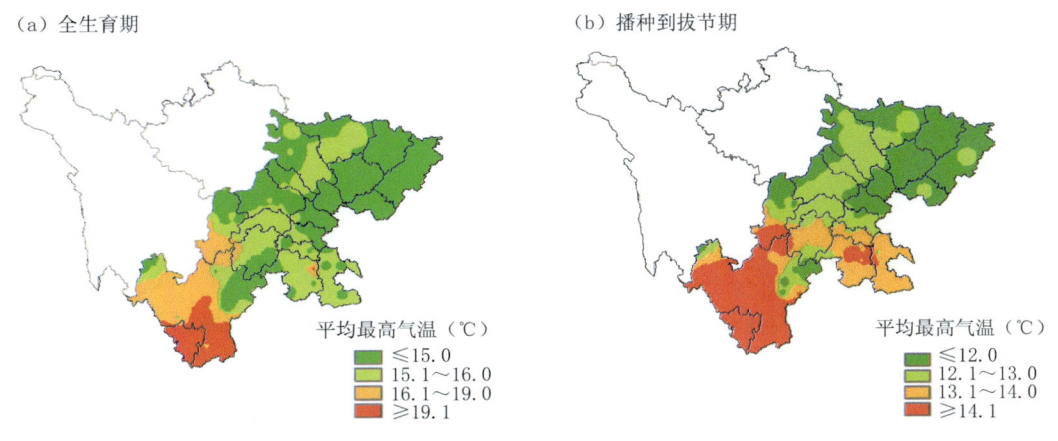

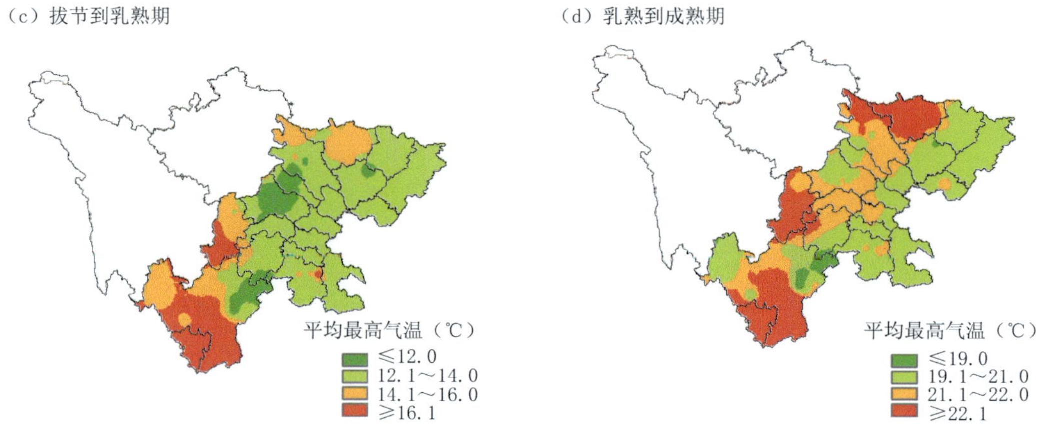

(c)拔节到乳熟期　　　　　　　　　　　　(d)乳熟到成熟期

平均最高气温(℃)
≤12.0
12.1～14.0
14.1～16.0
≥16.1

平均最高气温(℃)
≤19.0
19.1～21.0
21.1～22.0
≥22.1

图 2.43　1961—2014 年小麦生育期平均最高气温的空间分布

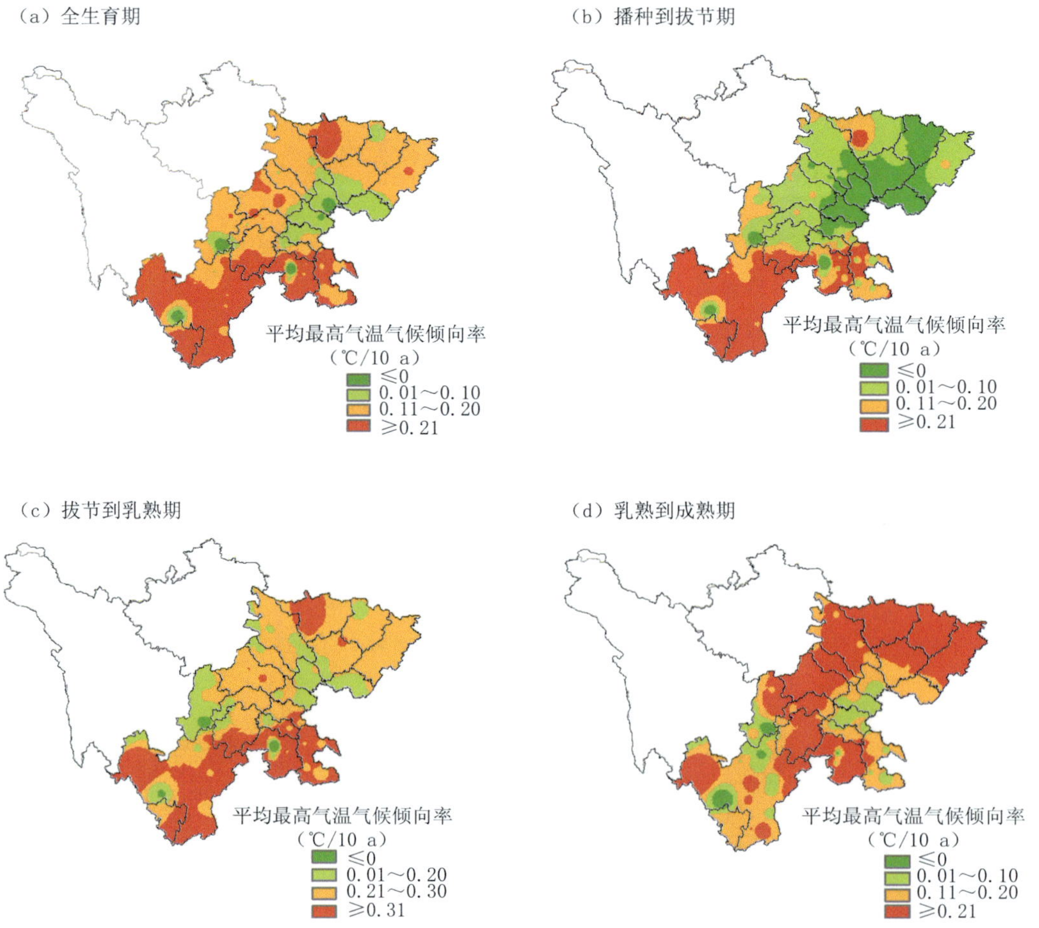

(a)全生育期　　　　　　　　　　　　　(b)播种到拔节期

平均最高气温气候倾向率
(℃/10 a)
≤0
0.01～0.10
0.11～0.20
≥0.21

平均最高气温气候倾向率
(℃/10 a)
≤0
0.01～0.10
0.11～0.20
≥0.21

(c)拔节到乳熟期　　　　　　　　　　　　(d)乳熟到成熟期

平均最高气温气候倾向率
(℃/10 a)
≤0
0.01～0.20
0.21～0.30
≥0.31

平均最高气温气候倾向率
(℃/10 a)
≤0
0.01～0.10
0.11～0.20
≥0.21

图 2.44　1961—2014 年小麦生育期平均最高气温变化趋势空间分布

从图 2.44b—d 可以看出,54 年间小麦播种到拔节期平均最高气温气候倾向率平均值为 0.14 ℃/10 a,整体呈升高趋势,负值主要出现在盆北及盆中部分区域;拔节到乳熟期平均最高气温气候倾向率平均值为 0.27 ℃/10 a,负值主要出现在盆南局部;乳熟到成熟期平均最高气温气候倾向率平均值为 0.20 ℃/10 a,负值主要出现在盆西局部。由此可见,1961—2014 年研究区域内各生育阶段的平均最高气温总体均呈升高的趋势,在拔节—乳熟期升高速率最快。

2.3.1.3 平均最低气温

1961—2014 年,四川省农区小麦全生育期平均最低气温平均值为 6.6 ℃,川西南山地农区和盆地呈现由南至北逐渐降低的分布特点(图 2.45a)。54 年间小麦全生育期平均最低气温气候倾向率平均值为 0.23 ℃/10 a;盆南局部区域全生育期平均最低气温呈降低趋势,其余地区均呈升高趋势(图 2.46a)。

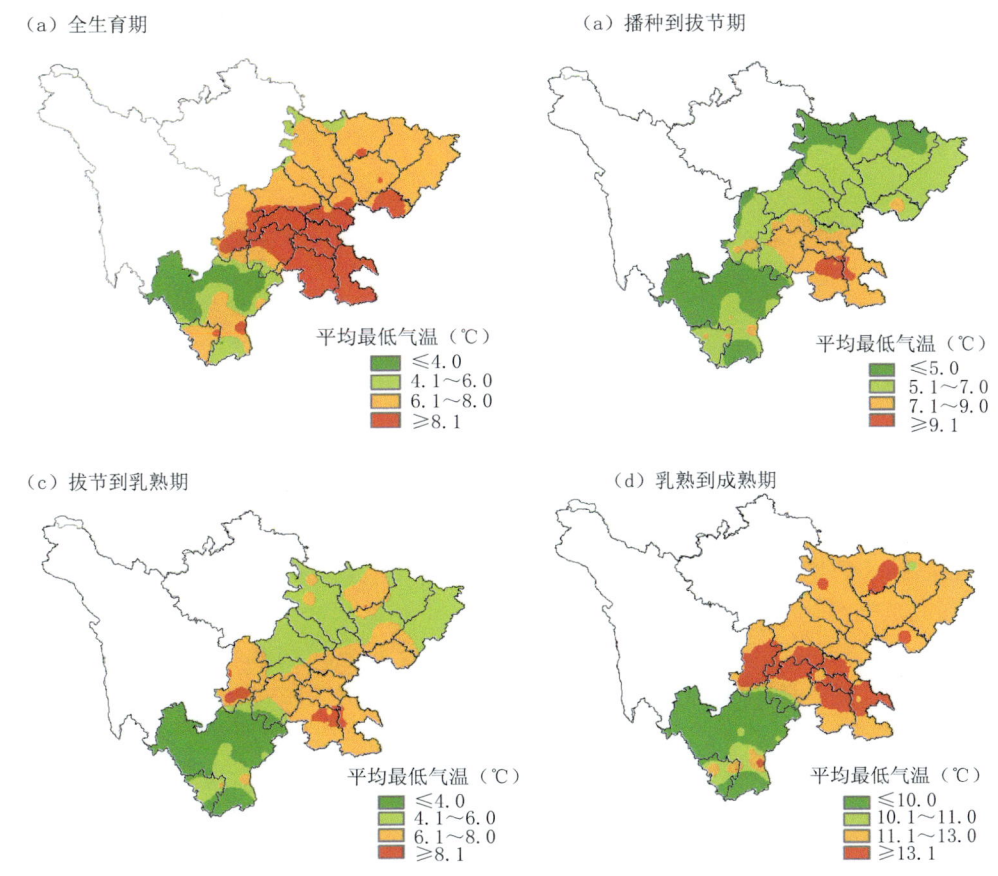

图 2.45　1961—2014 年小麦生育期平均最低气温的空间分布

从图 2.45b—d 可以看出,1961—2014 年小麦各生育期平均最低气温分布在川西南山地总体呈现南高北低的特点;在盆地农区播种到拔节期分布特征为由南至北逐步降低;拔节到乳熟期分布特征为盆地北部部分区域及南部大部值相对较高;乳熟到成熟期盆地南部部分区域值相对较高。由于生育期长度及时段的差异,小麦各生育阶段的平均最低气温不同。播种到拔节期的平均最低气温区域平均值为 5.0 ℃;拔节到乳熟期平均最低气温平均值为

■ 气候变化对四川农业的影响研究 ■

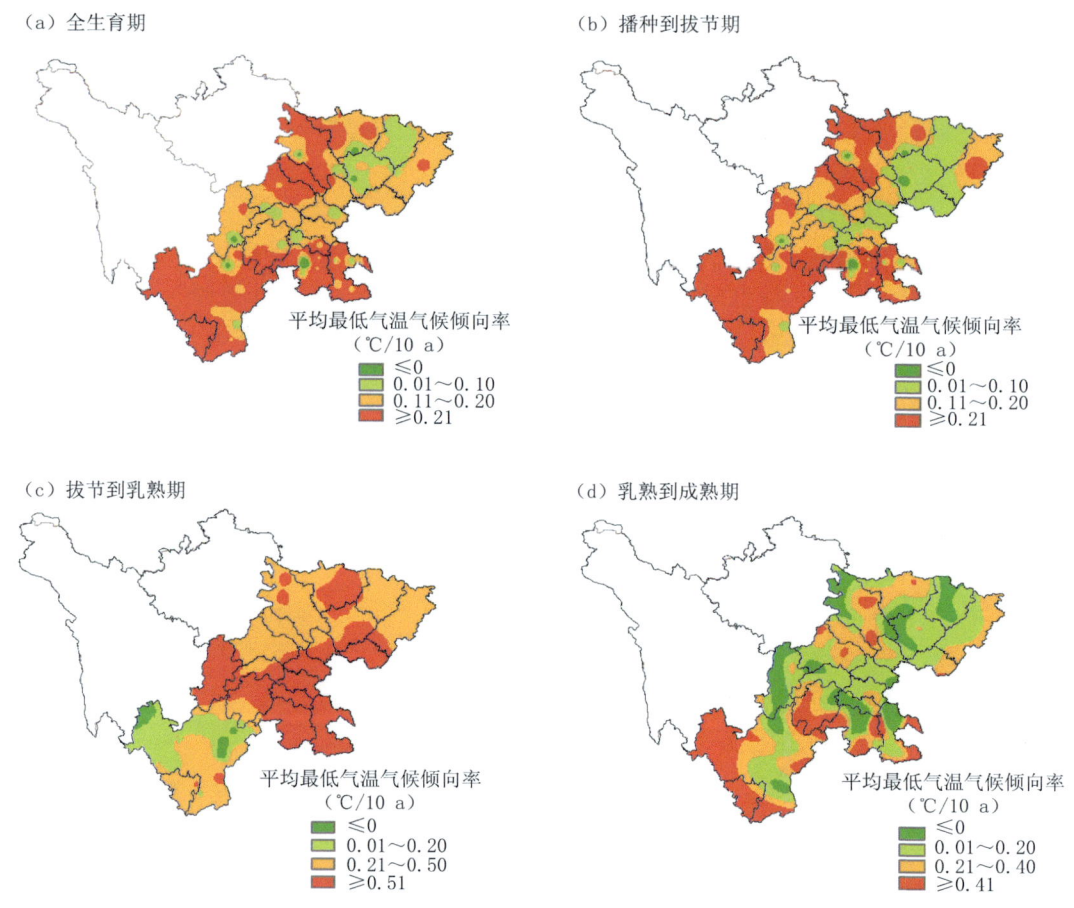

图 2.46　1961—2014 年小麦生育期平均最低气温变化趋势空间分布

5.2 ℃;乳熟到成熟期平均值为 11.3 ℃。比较小麦各生育阶段平均最低气温的分布情况可知,乳熟到成熟期最高,播种到拔节期最低。

从图 2.46b—d 可以看出,54 年间小麦播种到拔节期平均最低气温气候倾向率平均值为 0.22 ℃/10 a,整体呈升高趋势,负值主要出现在盆北局部区域;拔节到乳熟期平均最低气温气候倾向率平均值为 0.29 ℃/10 a,负值主要出现在川西南山地北部;乳熟到成熟期平均最低气温气候倾向率平均值为 0.18 ℃/10 a,负值主要零散分布在盆地。由此可见,1961—2014 年研究区域内各生育阶段的平均最低气温总体均呈升高的趋势,在拔节到乳熟期升高速率最快。

2.3.1.4　气温日较差

1961—2014 年,四川省农区小麦全生育期平均气温日较差平均值为 8.9 ℃,川西南山地农区大都在 11~18 ℃,盆地 5~9 ℃(图 2.47a)。54 年间小麦全生育期平均气温日较差气候倾向率平均值为 −0.04 ℃/10 a;盆南及盆北局部区域全生育期平均气温日较差呈上升趋势,其余地区均呈下降的趋势;川西南山地农区东部及南部部分区域呈现上升趋势,其余为下降趋势(图 2.48a)。

从图 2.47b—d 可以看出,1961—2014 年小麦各生育期平均气温日较差的分布在川西

第 2 章 四川主要粮食作物生育期农业气候资源变化

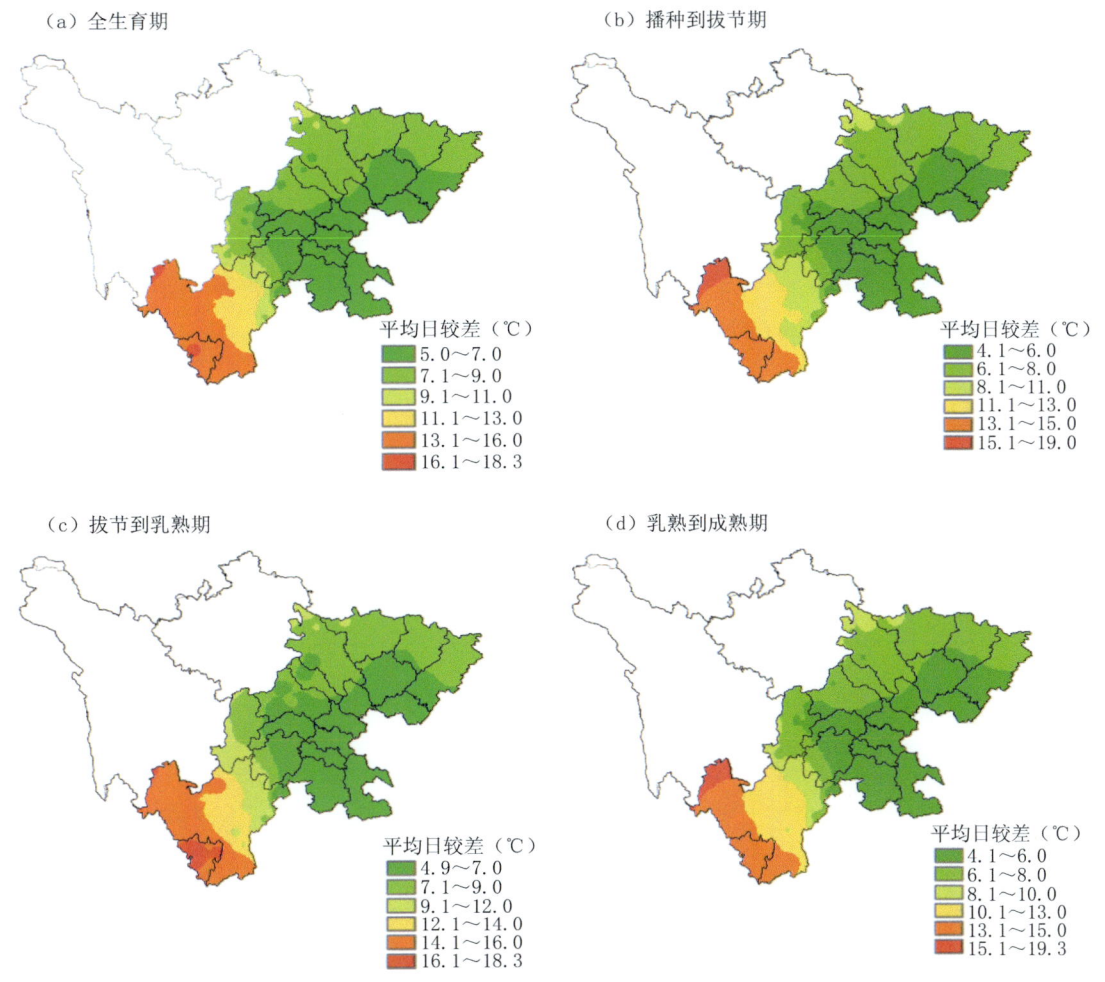

图 2.47 1961—2014 年小麦生育期气温日较差的空间分布

南山地呈现从西南到东北逐步减小趋势;在盆地农区播种到拔节期、拔节到乳熟期、乳熟到成熟期分布特征都是由南至北逐步降低。由于生育期长度及时段的差异,小麦各生育阶段的平均气温日较差不同;播种到拔节期的平均日较差区域平均值为 8.0 ℃;拔节到乳熟期平均气温日较差平均值为 9.0 ℃;乳熟到成熟期平均值为 10.3 ℃。比较小麦各生育阶段平均气温日较差的分布情况可知,乳熟到成熟期最大,播种到拔节期最小。

从图 2.48b—d 可以看出,54 年间小麦播种到拔节期平均气温日较差气候倾向率平均值为 -0.08 ℃/10 a,整体呈降低趋势,负值主要出现在盆地大部及川西南山地西部及南部部分区域;拔节到乳熟期平均日较差气候倾向率平均值为 -0.02 ℃/10 a,正值区主要出现在盆北及盆南局部;乳熟到成熟期平均气温日较差气候倾向率平均值为 0.03 ℃/10 a,负值主要为盆地南部、中部部分区域及川西南山地大部。

2.3.2 冬小麦生育期光资源的时空分布

1961—2014 年,四川省农区小麦全生育期总辐射量为 1650～3600 MJ/m²,平均值为

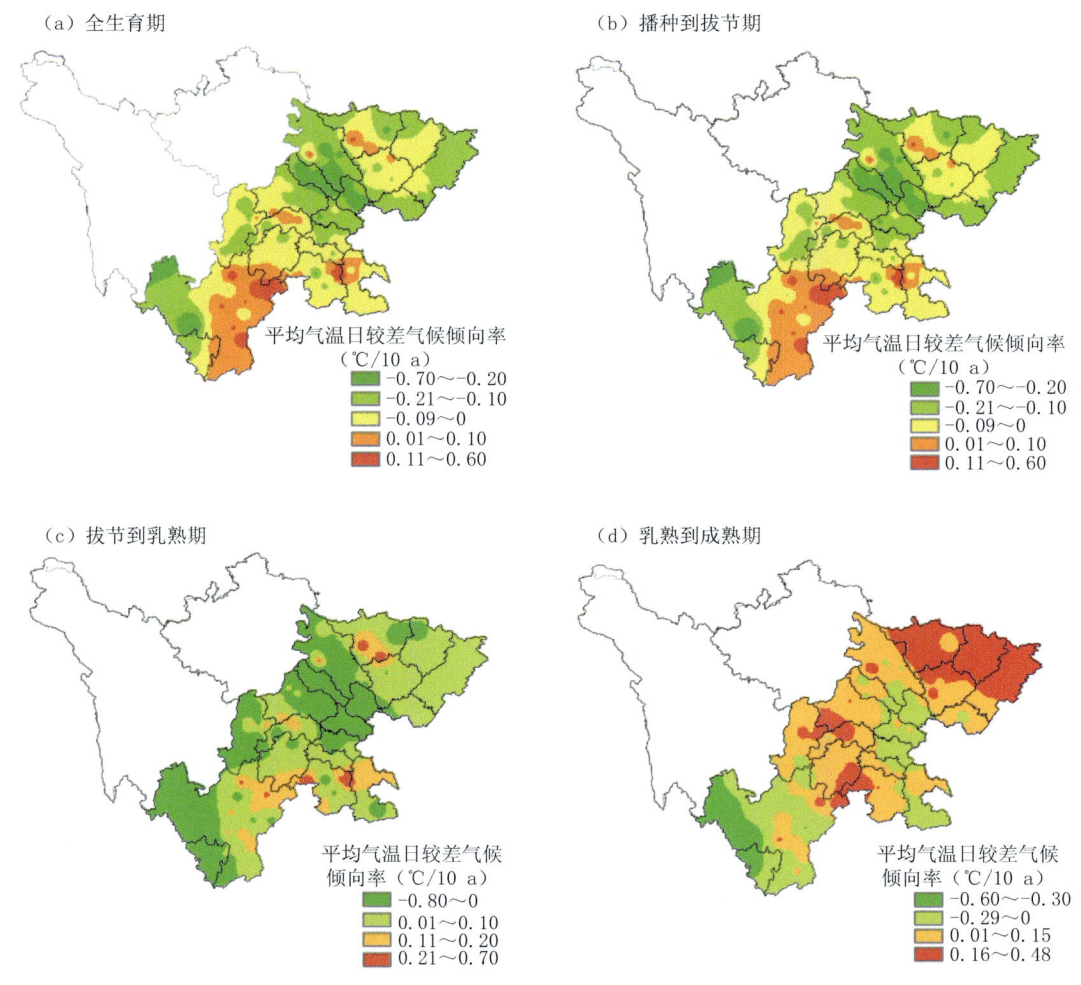

图 2.48 1961—2014 年小麦生育期气温日较差变化趋势空间分布

2185 MJ/m², 盆地呈现从西北到东南逐步减少的趋势; 川西南山地农区总辐射量为 2300~3600 MJ/m², 呈现从西南到东北逐步减少趋势(图 2.49a)。54 年间小麦全生育期总辐射量气候倾向率平均值为－12.9 MJ/(m²·10 a); 盆地农区大部减少; 川西南山地大部增多(图 2.50a)。

从图 2.49b—d 可以看出,1961—2014 年小麦各生育期总辐射量的分布呈现川西南山地多、盆地少的特点; 播种到拔节期盆西、盆北部分区域及川西南山地大部较多; 拔节到乳熟期川西南山地大部较多; 乳熟到成熟期川西南山地大部相对较多, 其次是盆地北部及西部部分区域。由于生育期长度及时段的差异, 小麦各生育阶段的总辐射量不同。播种到拔节期的总辐射量区域平均值为 1074 MJ/m²; 拔节到乳熟期总辐射量平均值为 462 MJ/m²; 乳熟到成熟期平均值为 649 MJ/m²。比较小麦各生育阶段总辐射量的分布情况可知, 播种到拔节期最多, 拔节到乳熟期最少。

从图 2.50b—d 可以看出,54 年间小麦播种到拔节期总辐射量气候倾向率平均值为－9 MJ/(m²·10 a), 整体呈降低趋势, 正值主要出现在川西南山地大部农区; 拔节到乳熟期

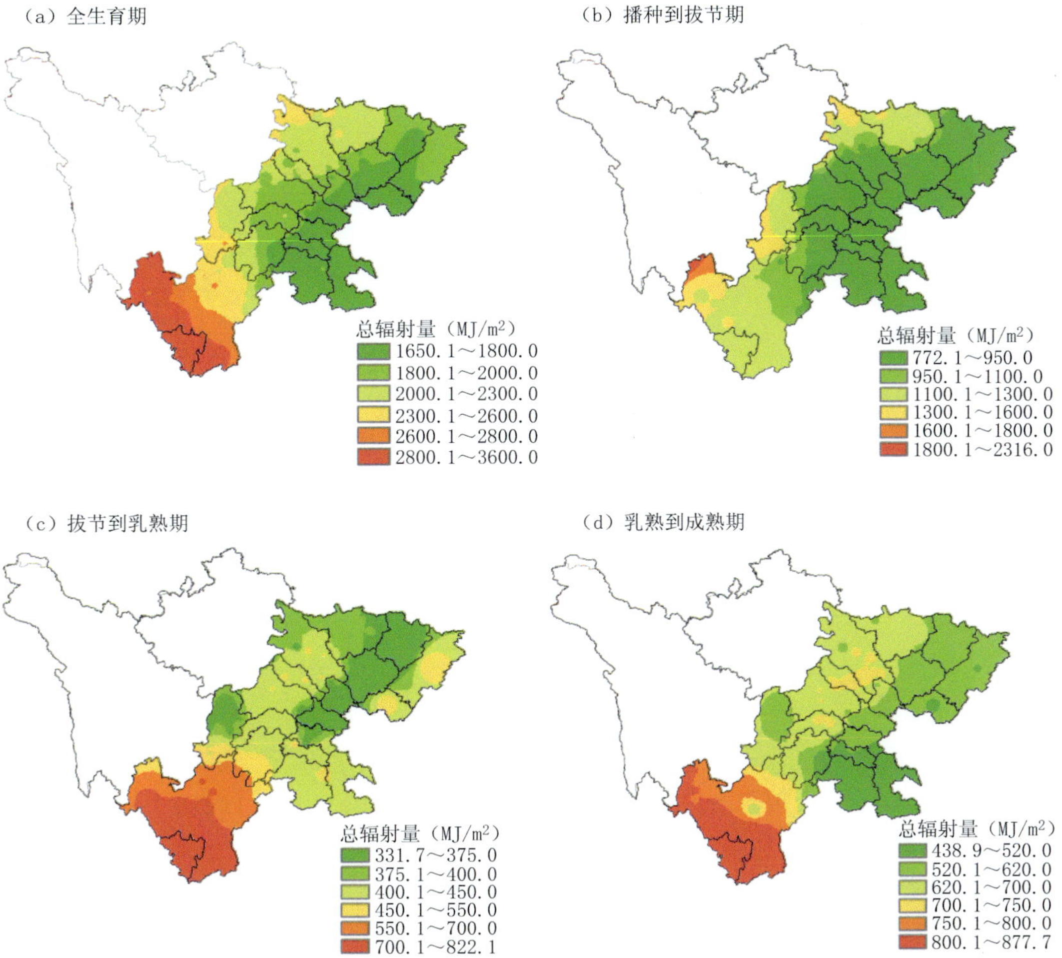

■ 第 2 章 四川主要粮食作物生育期农业气候资源变化 ■

图 2.49 1961—2014 年小麦生育期总辐射量的空间分布

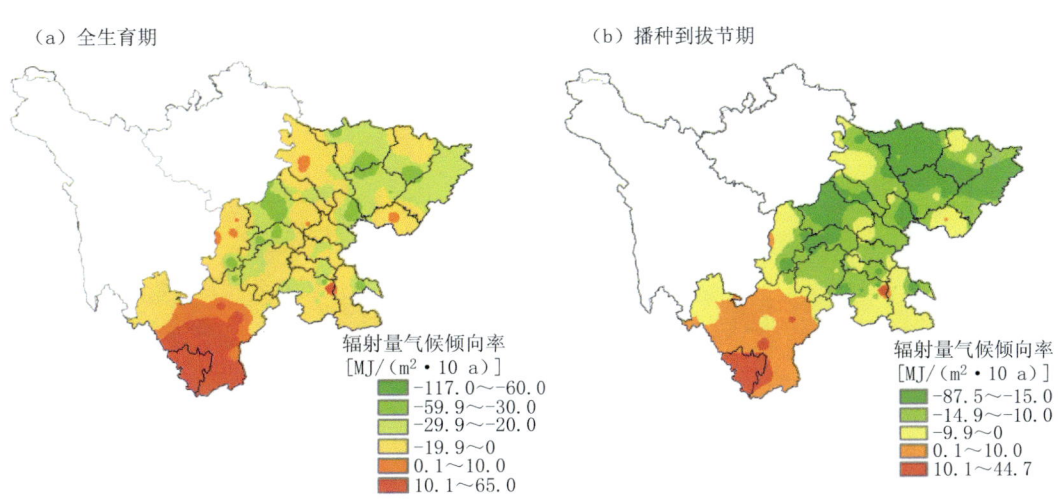

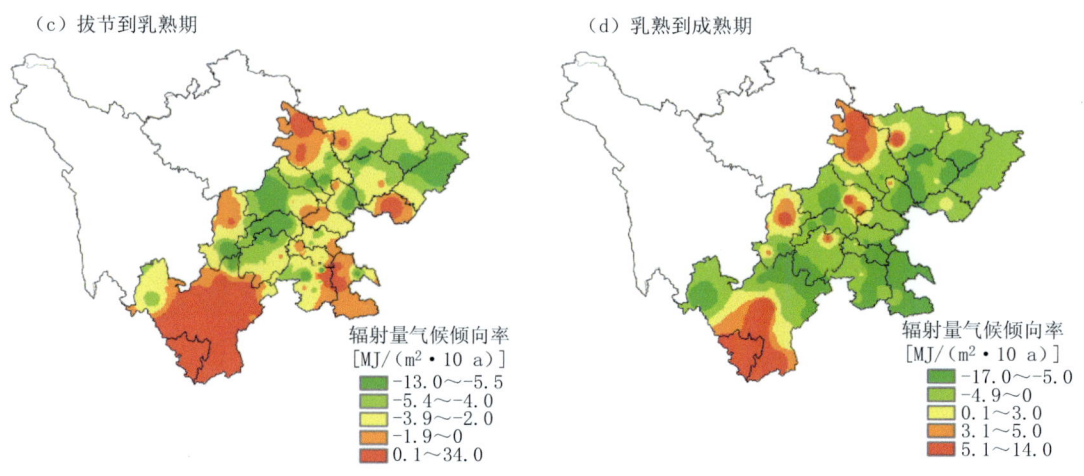

图 2.50　1961—2014 年小麦生育期总辐射量变化趋势空间分布

总辐射量气候倾向率平均值为 -2 MJ/(m²·10 a)，负值主要出现在盆地大部及川西南山地北部局部区域；乳熟到成熟期总辐射量气候倾向率平均值 -2.0 MJ/(m²·10 a)。

2.3.3　冬小麦生育期水资源的时空分布

2.3.3.1　降水量

1961—2014 年，四川省农区小麦全生育期总降水量平均值为 160 mm，盆地呈现从周边到中间逐步减少的趋势；川西南山地农区降水总量在 30～120 mm 之间（图 2.51 a）。54 年间小麦全生育期总降水量气候倾向率平均值为 0.25 mm/10 a；盆地农区除盆北大部、盆中部分区域及盆南局部呈减少趋势外，其余呈增多趋势（图 2.52a）。

从图 2.51b—d 可以看出，1961—2014 年小麦各生育期总降水量的分布在盆地呈现周边多、中间少的特点；播种到拔节期盆西、盆南及盆北部分区域偏多；拔节到乳熟期分布特征和播种到拔节期相似；乳熟到成熟期盆地西部部分区域相对较多。由于生育期长度及时段

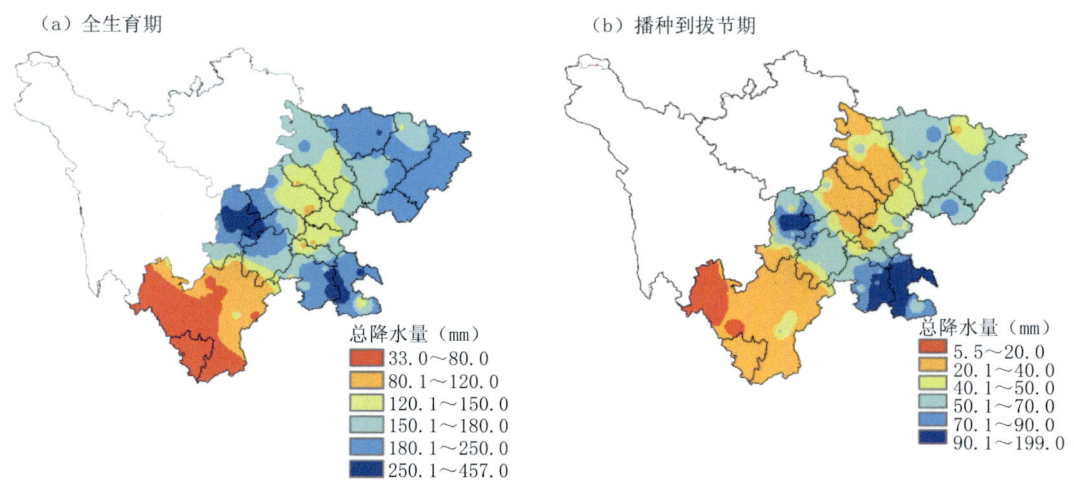

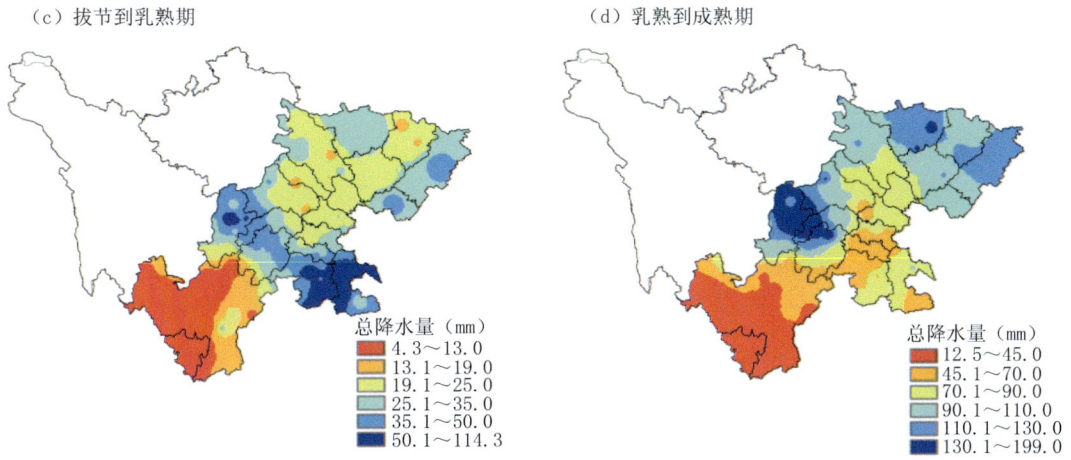

图 2.51 1961—2014 年小麦生育期降水量的空间分布

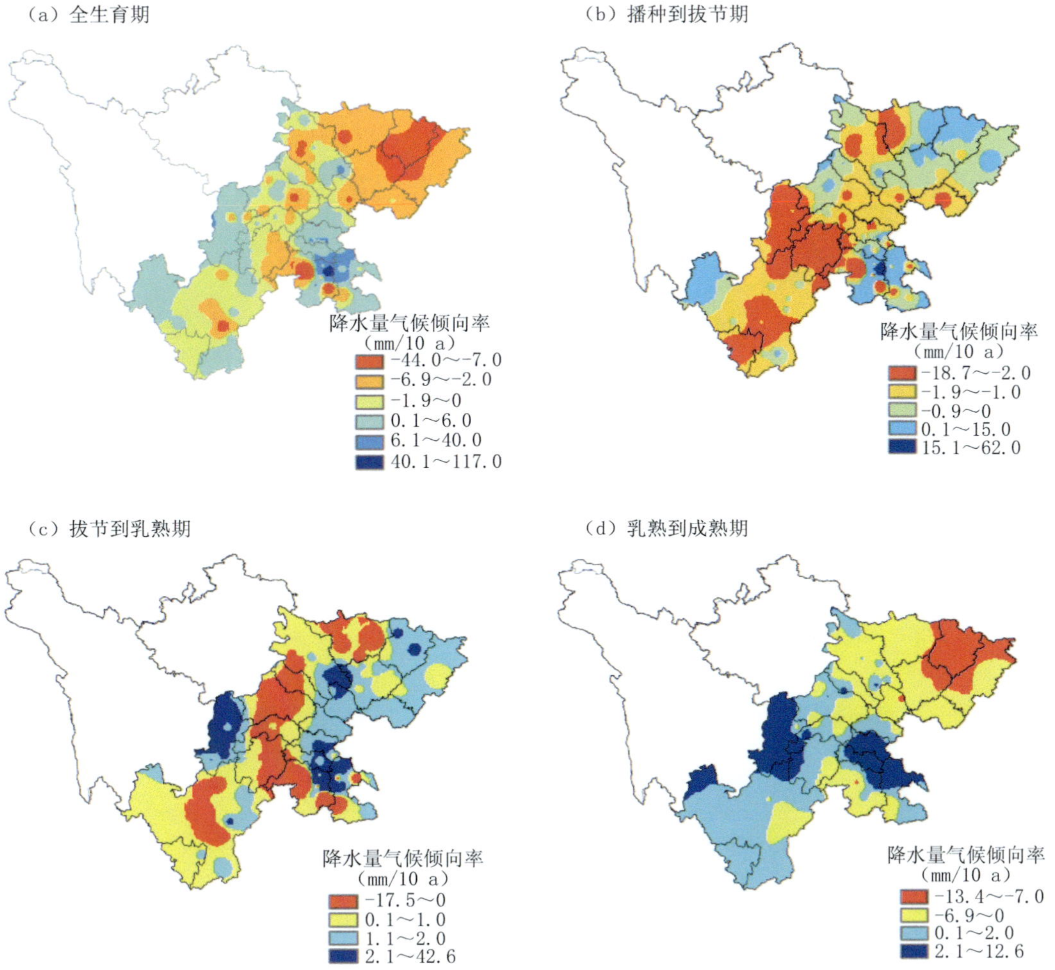

图 2.52 1961—2014 年小麦生育期降水量变化趋势空间分布

的差异,小麦各生育阶段的总降水量不同,播种到拔节期的总降水量区域平均值为 48 mm;拔节到乳熟期总降水量平均值为 27.3 mm;乳熟到成熟期平均值为 84.2 mm。比较小麦各生育阶段总降水量的分布情况可知,乳熟到成熟期最多,拔节到乳熟期最少。

从图 2.52b—d 可以看出,54 年间小麦播种到拔节期总降水量气候倾向率平均值为 −0.7 mm/10 a,整体呈降低趋势,正值主要出现在盆南及盆北部分区域;拔节到乳熟期总降水量气候倾向率平均值为 1.0 mm/10 a,负值主要出现在川西南山地大部、盆西及盆北部分区域;乳熟到成熟期总降水量气候倾向率的平均值为 −0.04 mm/10 a,负值主要分布在盆北及盆中大部。

2.3.3.2 有效降水量

1961—2014 年,四川省农区小麦全生育期有效降水量平均值为 136.0 mm,川西南山地农区作物有效降水量最少,最多区域集中在盆南及盆西大部(图 2.53a)。54 年间小麦全生育期有效降水量气候倾向率平均值为 0.7 mm/10 a;农区除盆南、盆西及川西南山地北部部分区域为正值外,其余大部是负值(图 2.54a)。

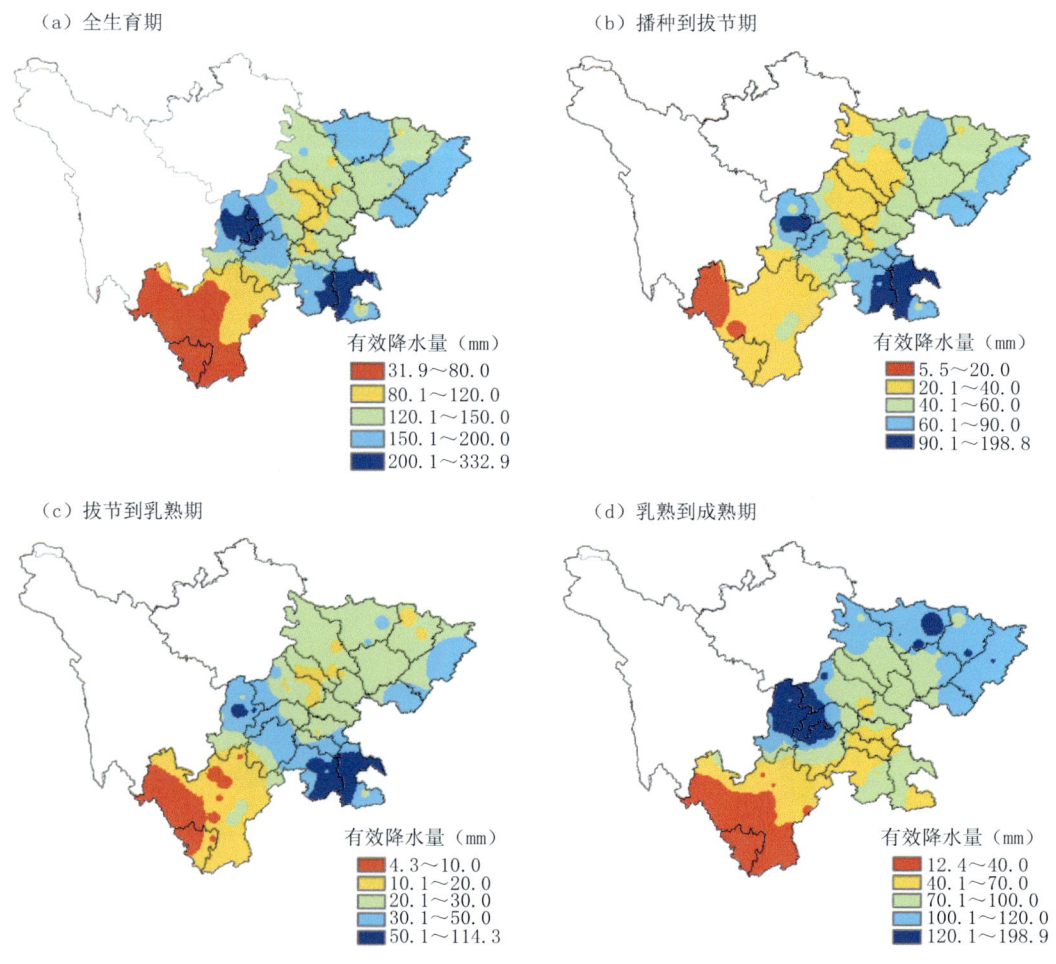

图 2.53 1961—2014 年小麦生育期有效降水量的空间分布

第2章 四川主要粮食作物生育期农业气候资源变化

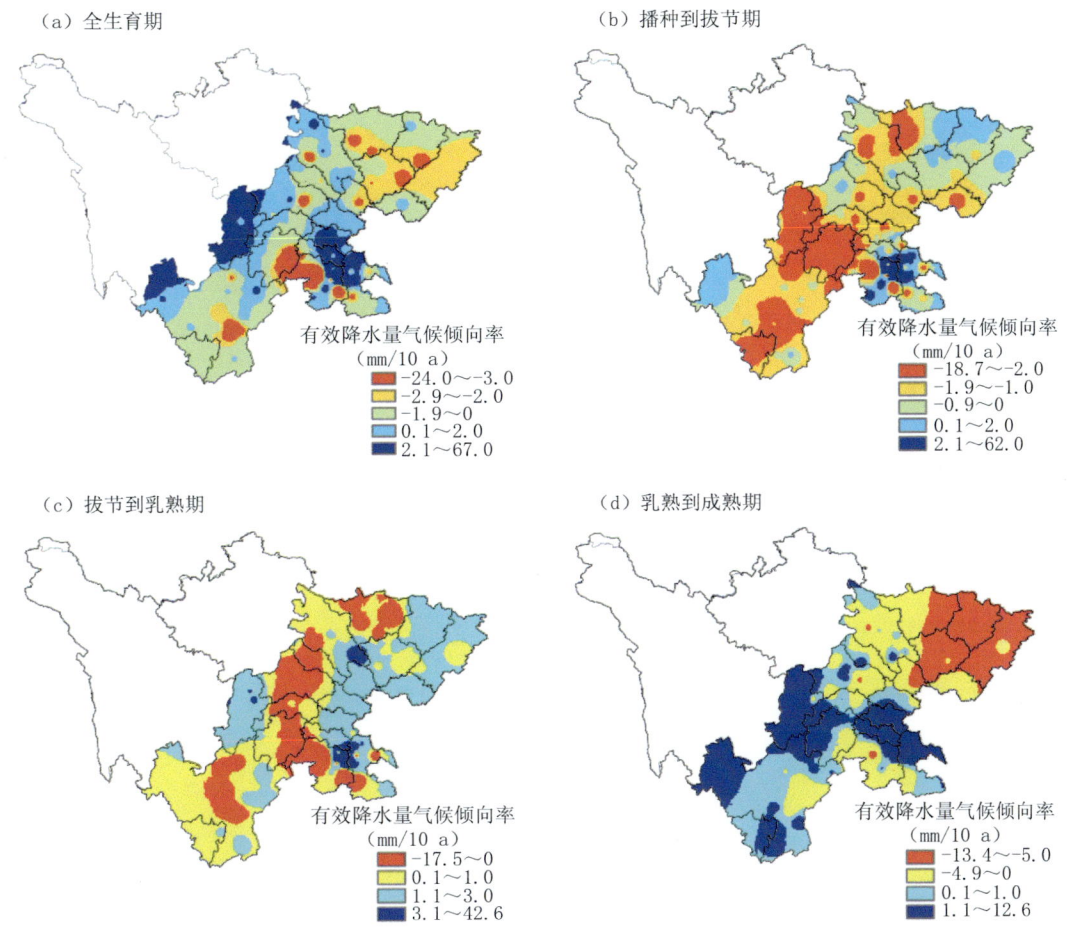

图 2.54　1961—2014 年小麦生育期有效降水量变化趋势空间分布

从图 2.53b—d 可以看出,1961—2014 年小麦各生育期有效降水量的分布在播种到拔节期较小值集中在盆地中部、北部局部区域及川西南山地大部,较大值在盆地南部及西部部分区域;拔节到乳熟期作物有效降水量较小区域主要集中在川西南山地大部,较大值区域集中在盆南;乳熟到成熟期川西南山地农区值较小,较大值集中在盆西大部及盆北局部。由于生育期长度及时段的差异,小麦各生育阶段的有效降水量不同。播种到拔节期的有效降水量区域平均值为 48 mm;拔节到乳熟期有效降水量平均值为 27 mm;乳熟到成熟期平均值为 84 mm。比较小麦各生育阶段有效降水量的分布情况可知,乳熟到成熟期最多,拔节到乳熟期最少。

从图 2.54b—d 可以看出,54 年间小麦播种到拔节期有效降水量气候倾向率平均值为 −0.7 mm/10 a,农区除盆南、盆北及川西南山地北部部分区域为正值,其余为负值;拔节到乳熟期有效降水量气候倾向率在平均值为 1.0 mm/10 a,负值主要出现在川西南山地大部、盆地北部、西部及南部部分区域;乳熟到成熟期有效降水量气候倾向率平均值为 −0.04 mm/10 a,正值主要分布在盆地西部、南部及川西南山地大部区域。

63

2.3.3.3 参考作物蒸散量

1961—2014年,四川省农区小麦全生育期参考蒸散量平均值为474.0 mm,川西南山地农区作物参考蒸散量最多,最少区域集中在盆南及盆东大部(图2.55a)。54年间小麦全生育期参考蒸散量气候倾向率平均值为0.2 mm/10 a;盆地农区大部呈减少趋势;川西南山地大部增多趋势明显(图2.56a)。

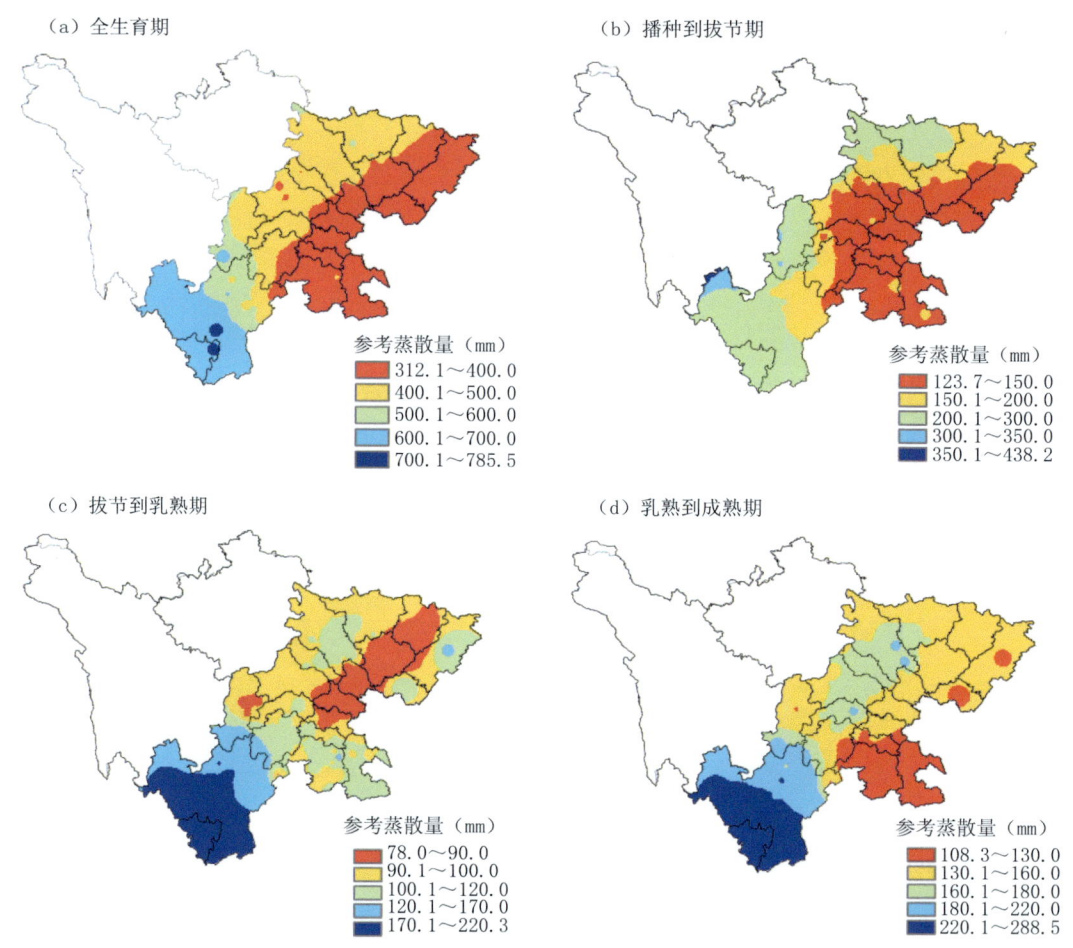

图2.55　1961—2014年小麦生育期参考作物蒸散量的空间分布

从图2.55b—d可以看出,1961—2014年小麦各生育期参考蒸散量的分布在播种到拔节期盆地大部少于川西南山地农区;拔节到乳熟期作物参考蒸散量较小区域主要集中在盆地东北及盆中局部,较大区域集中在川西南山地农区;乳熟到成熟期川西南山地农区值较大,较小值集中在盆南大部。由于生育期长度及时段的差异,小麦各生育阶段的参考蒸散量不同。播种到拔节期的参考蒸散量区域平均值为198.0 mm;拔节到乳熟期参考蒸散量平均值为112.0 mm;乳熟到成熟期平均值为164.0 mm。比较小麦各生育阶段参考蒸散量的分布情况可知,播种到拔节期最大,拔节到乳熟期最小。

从图2.56b—d可以看出,54年间小麦播种到拔节期参考蒸散量气候倾向率平均值为-0.3 mm/10 a,盆地农区大部呈下降趋势,正值区域主要集中在川西南山地农区;拔节到乳

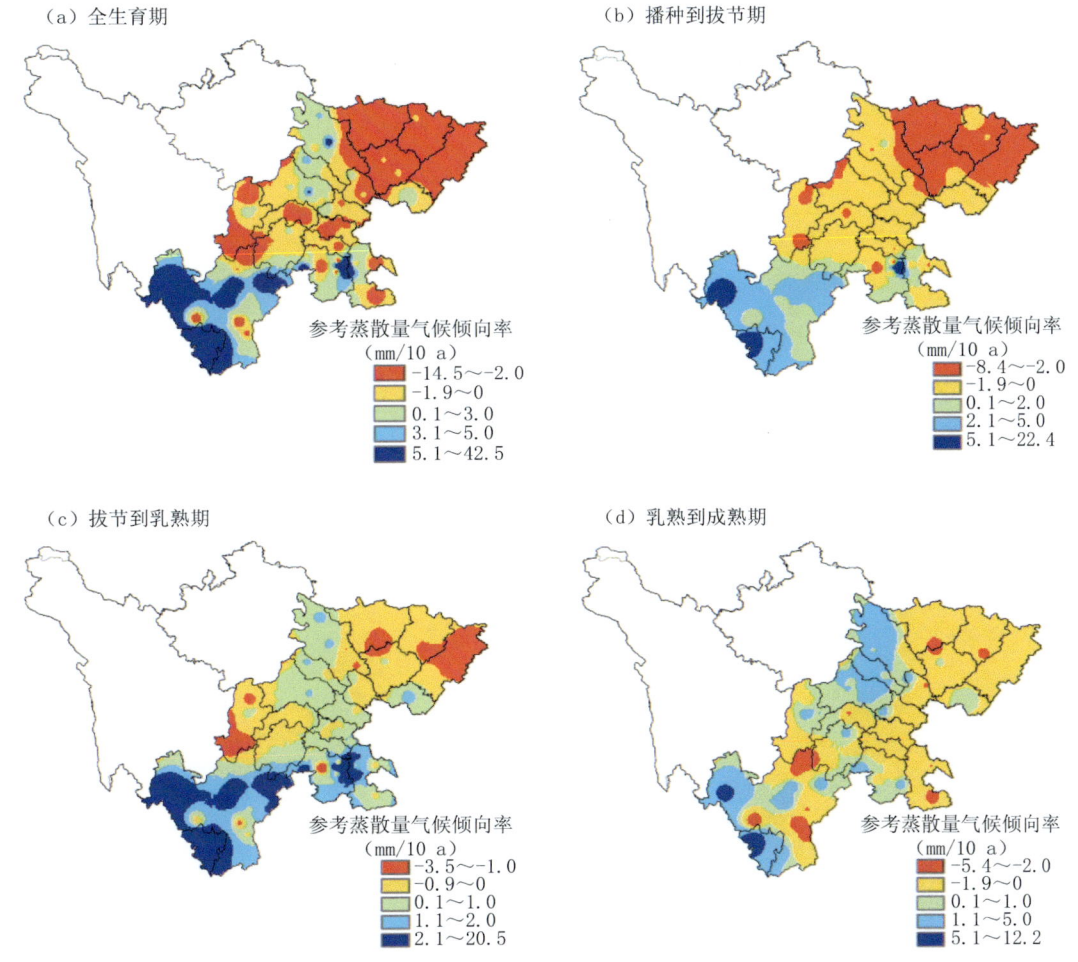

图 2.56 1961—2014 年小麦生育期参考作物蒸散量变化趋势空间分布

熟期参考蒸散量气候倾向率平均值为 0.5 mm/10 a,负值主要出现在盆地大部,正值出现在川西南山地农区大部;乳熟到成熟期参考蒸散量气候倾向率在平均值-0.01 mm/10 a,正值主要分布在盆地西部、北部及川西南山地部分区域。

2.3.3.4 需水量

1961—2014 年,四川省农区小麦全生育期需水量平均值为 586 mm,川西南山地农区作物需水量最多,其次是盆西北及盆西南大部(图 2.57a)。54 年间小麦全生育期需水量气候倾向率平均值为 0.3 mm/10 a;盆地农区除盆北、盆西及盆南部分区域呈增加趋势外,其余呈减少趋势;川西南山地大部增多趋势明显(图 2.58a)。

从图 2.57b—d 可以看出,1961—2014 年小麦各生育期需水量的分布,在播种到拔节期,盆地大部少于川西南山地农区;拔节到乳熟期作物需水量较小区域主要集中在盆东北及盆中局部,较大区域集中在川西南山地农区;乳熟到成熟期盆地自东向西逐步增加,川西南山地自南向北逐步减小。由于生育期长度及时段的差异,小麦各生育阶段的需水量不同;播种到拔节期的需水量区域平均值为 278.0 mm;拔节到乳熟期需水量平均值为 139.0 mm;

乳熟到成熟期平均值为 168.0 mm。比较小麦各生育阶段需水量的分布情况可知，播种到拔节期需水量最大，拔节到乳熟期需水量最小。

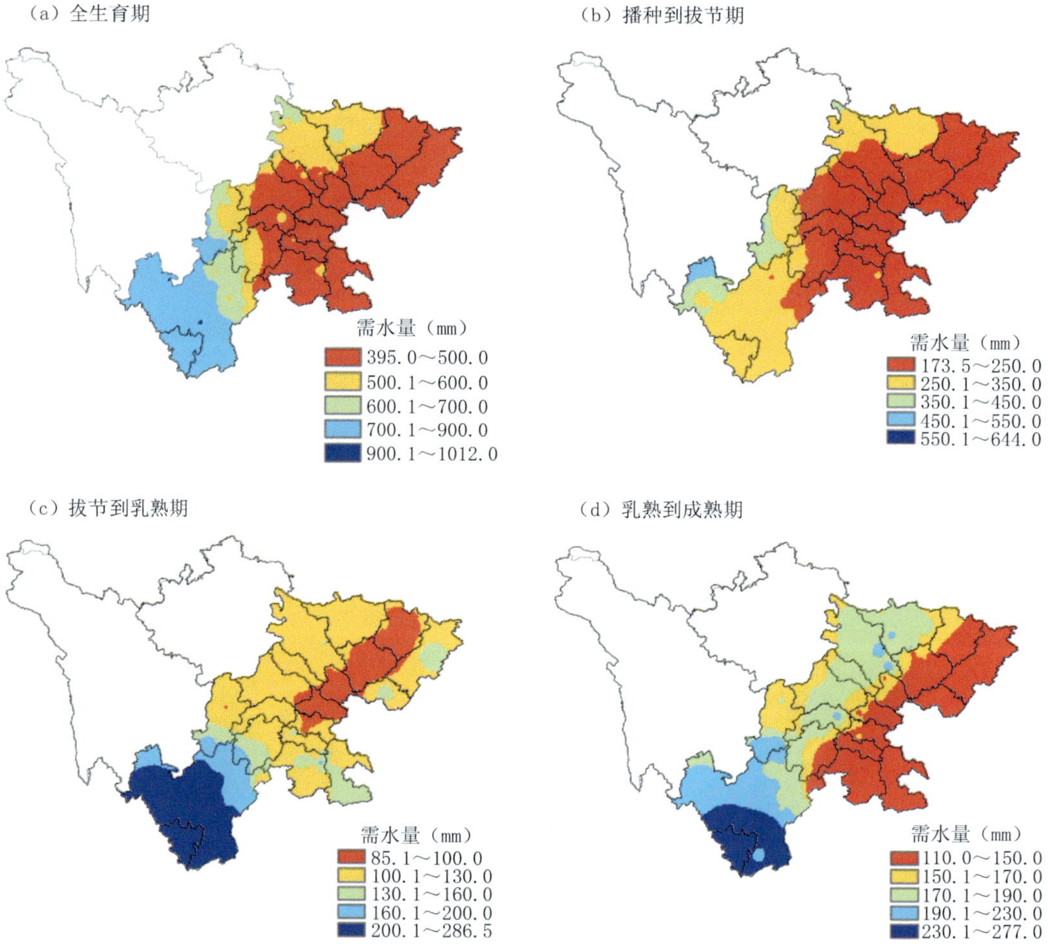

图 2.57　1961—2014 年小麦生育期需水量的空间分布

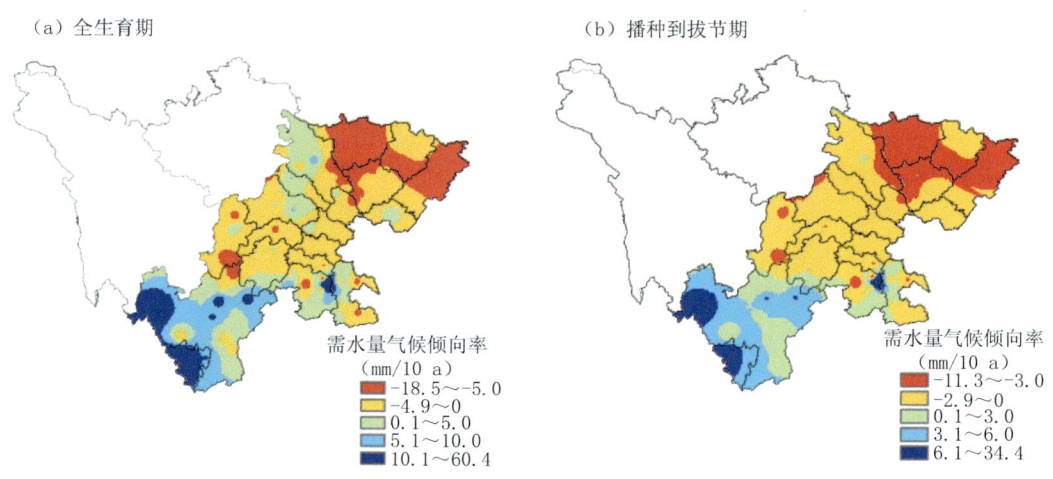

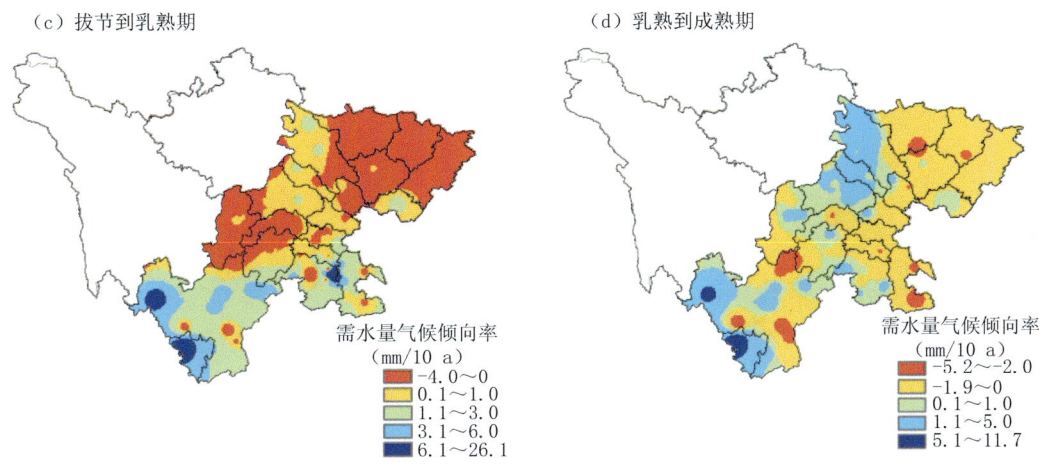

图 2.58　1961—2014 年小麦生育期需水量变化趋势空间分布

从图 2.58b—d 可以看出,54 年间小麦播种到拔节期需水量气候倾向率平均值为 −0.3 mm,盆地农区大部呈下降趋势,正值区域主要集中在川西南山地农区;拔节到乳熟期需水量气候倾向率平均值为 0.6 mm/10 a,负值主要出现在盆地大部,正值出现在川西南山地农区大部;乳熟到成熟期需水量气候倾向率平均值 −0.005 mm/10 a,正值主要分布在盆地西部、北部及川西南山地部分区域。

2.3.3.5　缺水量

1961—2014 年,四川省农区小麦全生育期缺水量平均值为 426.0 mm,川西南山地农区作物缺水量多于盆地(图 2.59a)。54 年间小麦全生育期缺水量气候倾向率平均值为 0.09 mm/10 a;农区除盆北、盆西及盆南部分区域为负值外,其余大部是正值(图 2.60a)。

从图 2.59b—d 可以看出,1961—2014 年小麦各生育期缺水量分布,在播种到拔节期较小值集中在盆地大部,较大值在川西南山地北部局部区域;拔节到乳熟期作物缺水量较小区域主要集中在盆北、盆中及盆南局部,较大值区域集中在川西南山地;乳熟到成熟期川西南山地农区值较大,较小值集中在盆东北及盆西部分区域。由于生育期长度及时段的差异,小

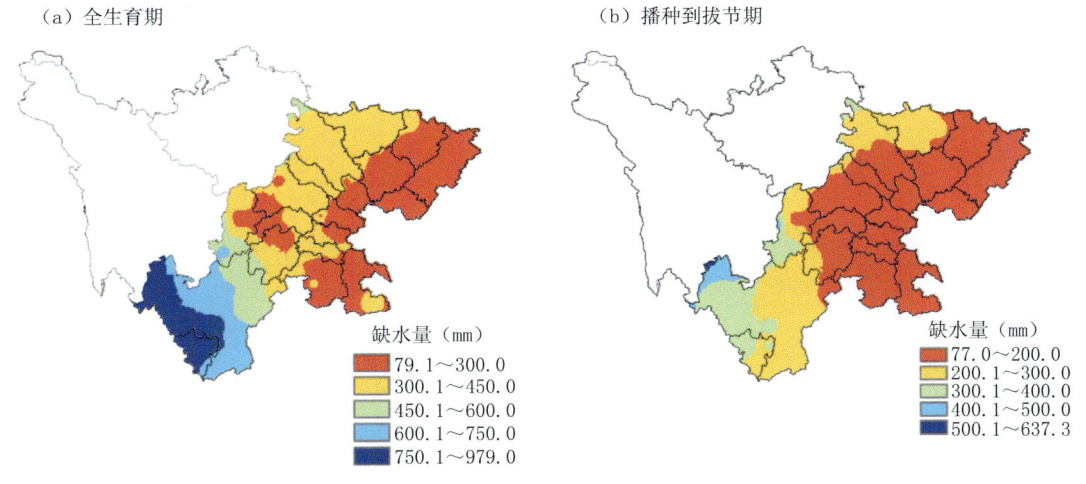

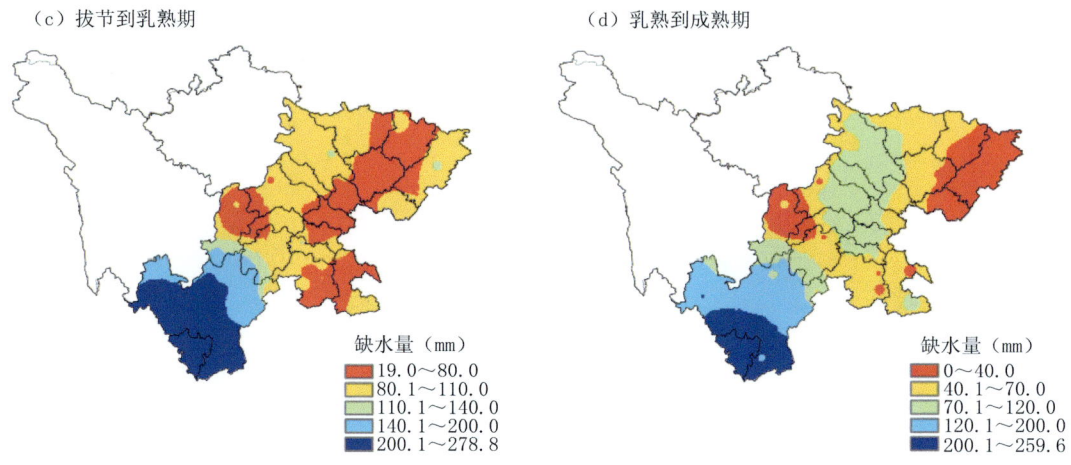

图 2.59 1961—2014 年小麦生育期缺水量的空间分布

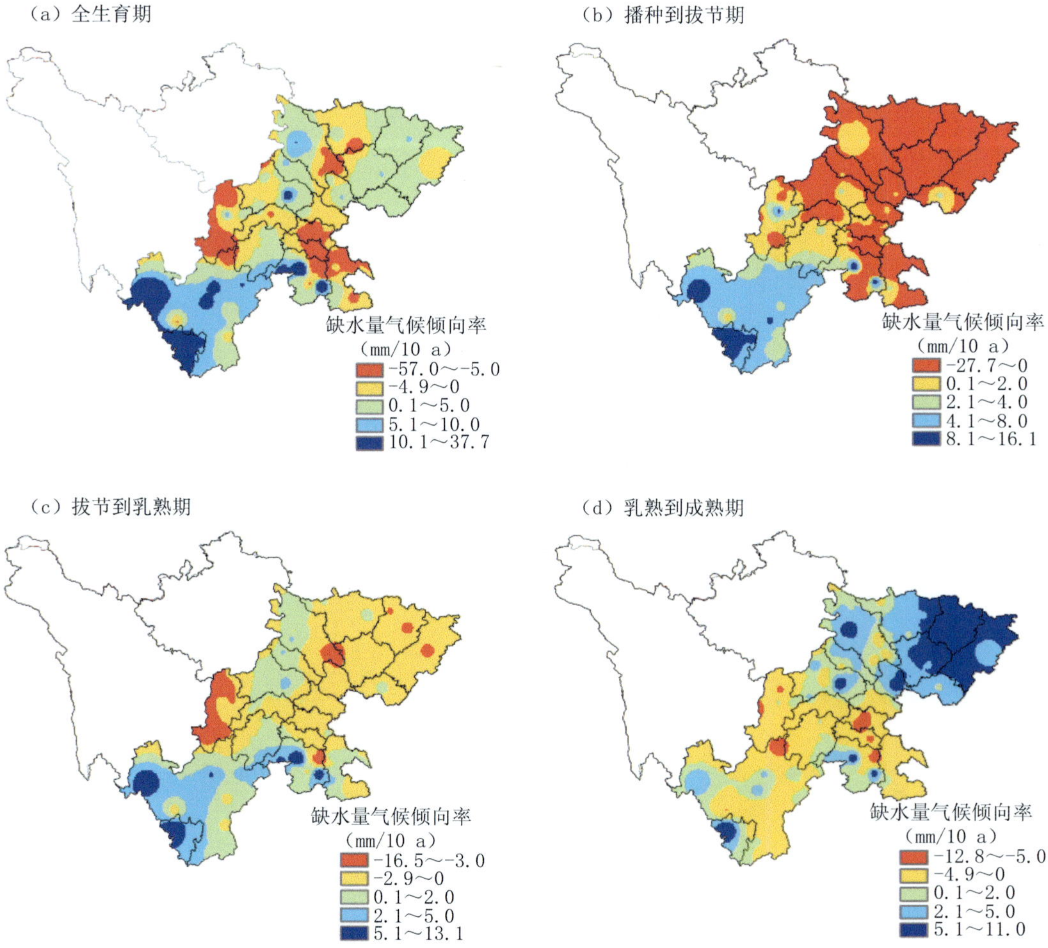

图 2.60 1961—2014 年小麦生育期缺水量变化趋势空间分布

麦各生育阶段的缺水量不同;播种到拔节期的缺水量区域平均值为230 mm;拔节到乳熟期缺水量平均值为112 mm;乳熟到成熟期平均值为84 mm。比较小麦各生育阶段缺水量的分布情况可知,播种到拔节期缺水量最大,乳熟到成熟期缺水量最小。

从图2.60b—d可以看出,54年间小麦播种到拔节期缺水量气候倾向率平均值为0.5 mm,农区除盆西、盆南及川西南山地大部为正值外,其余为负值;拔节到乳熟期缺水量气候倾向率平均值为－0.4 mm/10 a,负值主要出现在盆地大部区域;乳熟到成熟期缺水量气候倾向率平均值为0.03 mm/10 a,正值主要分布在盆地北部、中部及川西南山地西部及北部部分区域。

第3章

气候变化对四川主要粮食产量的影响

随着全球变化研究的深入,气候变暖对于粮食安全的影响成为倍受关注的问题。全球气温显著上升的时期也正是人类生产技术水平大幅度提高的时期,农业技术的发展可能掩盖了气候变化对于农业的一些影响。因此,在对气候变化和粮食作物产量关系的实证研究中,需要解决的关键问题是如何正确地计算出气候产量,同时还要考虑技术、管理因素对作物产量的影响(杨修等,2004;Zhang 等,2012;陈超等,2016,2017;Chao 等,2017)。

3.1 水稻

3.1.1 水稻全生育期气候因子的变化趋势

1981—2012 年水稻全生育期内各气候因子的变化趋势如图 3.1 所示,水稻从移栽到成熟期,平均气温在研究区域大部分呈上升趋势,变化幅度为 $-0.14\sim0.87$ ℃/10 a,主要集中在 $0.1\sim0.4$ ℃/10 a 范围内,其中凉山、宜宾等地区的上升速率最快(图 3.1a),气温日较差绝大部分也呈升高的趋势(图 3.1b)。平均气温和日较差升温的区域分别占水稻种植总面积的 97.6% 和 97.8%,而显著上升的面积分别占种植总面积的 72.4% 和 48.5%(图 3.1a 和图 3.1b)。降水量在 94.8% 的面积上呈减少的趋势,仅在盆南、盆东北和凉山州的部分地区呈增多趋势,而发生显著变化的区域较小,仅占总播种面积的 18.9%(图 3.1c)。辐射量在 70.1% 的面积上呈减小趋势,在各个种植区均有分布,显著减少的面积仅占总种植面积的 17.5%(图 3.1d)。可见,水稻全生育期内各气候因子均发生了变化,温度升高趋势明显,但水稻面临高温热害的风险也将增大;降水量和辐射量大面积呈较少的变化趋势,说明导致水稻生产干旱和寡照的风险增加。

3.1.2 单一气候因子变化对水稻产量的影响

1981—2012 年水稻生育期内,气候因子对水稻产量的影响有正有负,存在空间差异。

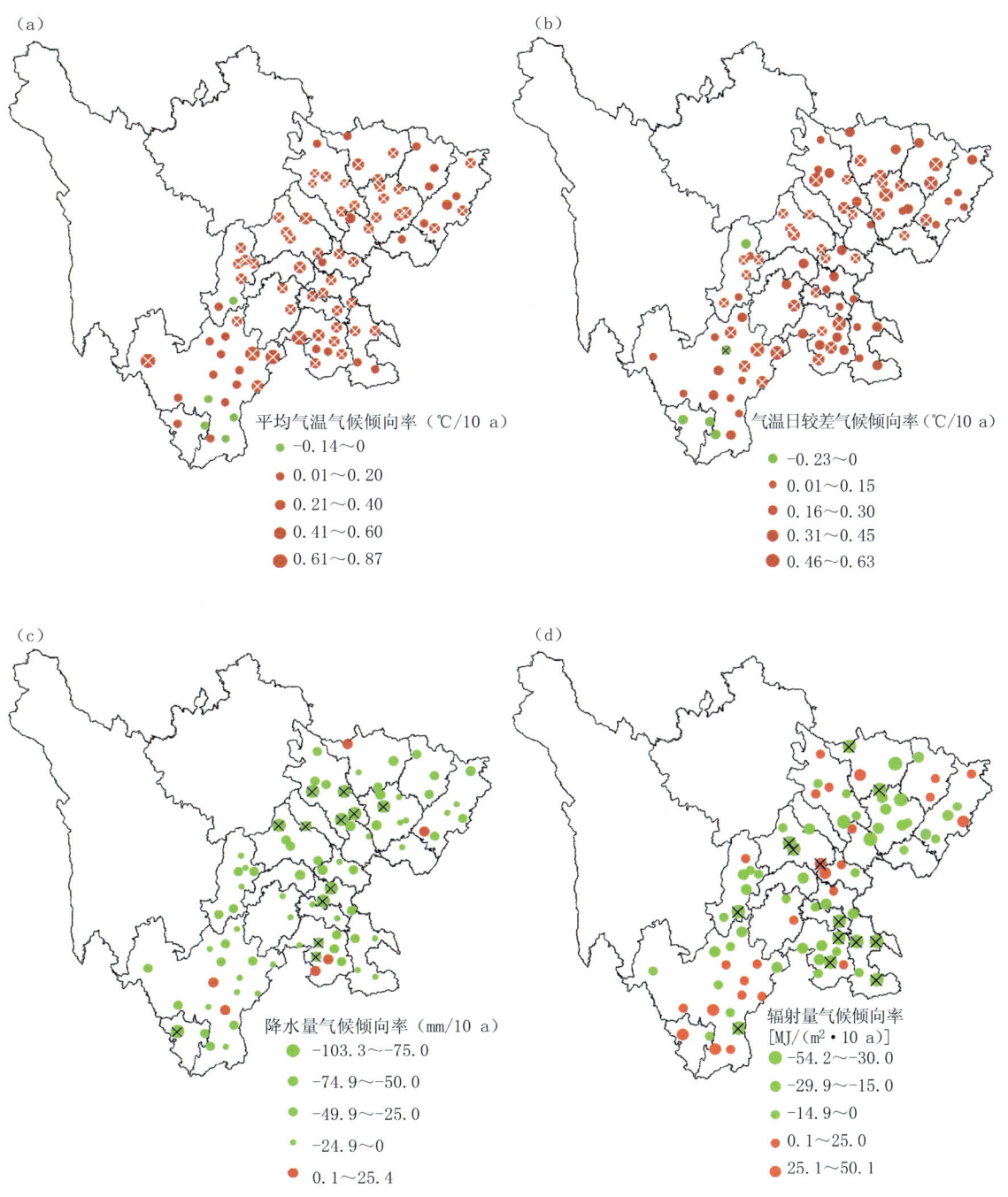

图 3.1 1981—2012 年水稻全生育期各气候因子的气候倾向率
(×表示通过 α=0.05 的显著性检验)

本文着重分析日较差上升 1 ℃、气温上升 1 ℃、降水量下降 100 mm 及辐射量下降 100 MJ/m² 时对产量的影响。文中所列区域均为通过显著检验($P<0.05$)的区域。

由图 3.2 可以看出,1981—2012 年不同生育期平均气温升高 1 ℃对水稻产量的影响区域不同,全生育期对产量影响显著的区域占总种植面积7.05%,产量的变化幅度在-6.82%~5.74%,其中以负效应为主,占总种植面积的6.95%,主要集中在自贡、内江、南充、凉山等水稻种植区;在移栽到孕穗期,对产量影响显著的区域占总种植面积的6.22%,产量变化幅度在-10.12%~-1.77%,对水稻产量的影响均呈负效应,主要集中在川西南山地种植区、盆中浅丘水稻种植区;在孕穗到开花期,对产量影响显著的区域占总种植面积的9.95%,产量的变化在1.45%~10.06%,对水稻产量的影响均为正效应;在开花到成熟期,对产量影响显著的区域占总种植面积的7.67%,产量的变化在1.32%~12.98%,且对水稻产量的影响均为正效应。可见,研究区域内平均气温升高对水稻产量影响的面积在孕穗到开花期最大,移栽到孕穗期最小,且在移栽到孕穗期温度升高对产量影响均为负效应,孕穗到开花期、开花到成熟期均为正效应。

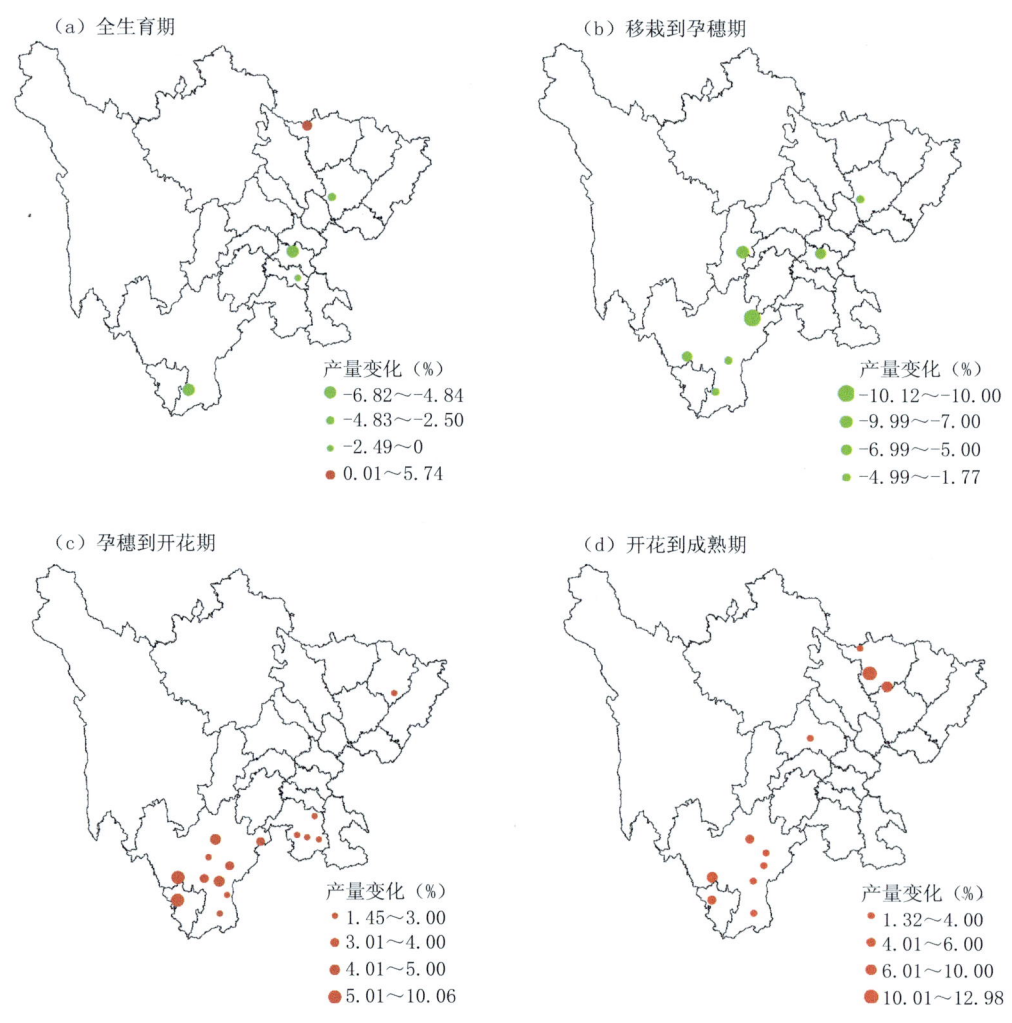

图 3.2　1981—2012 年平均气温上升 1 ℃对水稻产量的影响

由图3.3可以看出,1981—2012年不同生育期日较差升高1℃对水稻产量的影响区域不同,在全生育期,对产量影响显著的区域占总种植面积4.17%,产量的变化在-2.01%~

4.46%,呈负效应的区域占总种植面积的 2.54%,主要集中在自贡地区;在移栽到孕穗期,对产量影响显著的区域占总种植面积 10.83%,产量的变化在-4.56%～4.16%,大部分呈负效应,占总种植面积的 10.52%,主要集中在自贡、内江、南充、凉山;在孕穗到开花期,对产量影响显著的区域占总种植面积 7.65%,产量的变化在-6.54%～5.45%,负效应所占比例略小于正效应,呈负效应的区域占总种植面积的 4.07%,主要集中在泸州、绵阳;在开花到成熟期,对产量影响显著的区域占总种植面积 2.28%,产量的变化在-3.34%～4.34%,呈负效应的区域占总种植面积的 0.31%,主要集中在攀枝花。可见,研究区域内平均气温日较差升高对水稻产量影响的面积在移栽到孕穗期最大,而在开花到成熟期最小,且在移栽到孕穗、孕穗到开花期,日较差升高对产量影响均以负效应为主,说明造成减产的原因可能与最高气温升高导致水稻遭受高温热害风险增大相关。

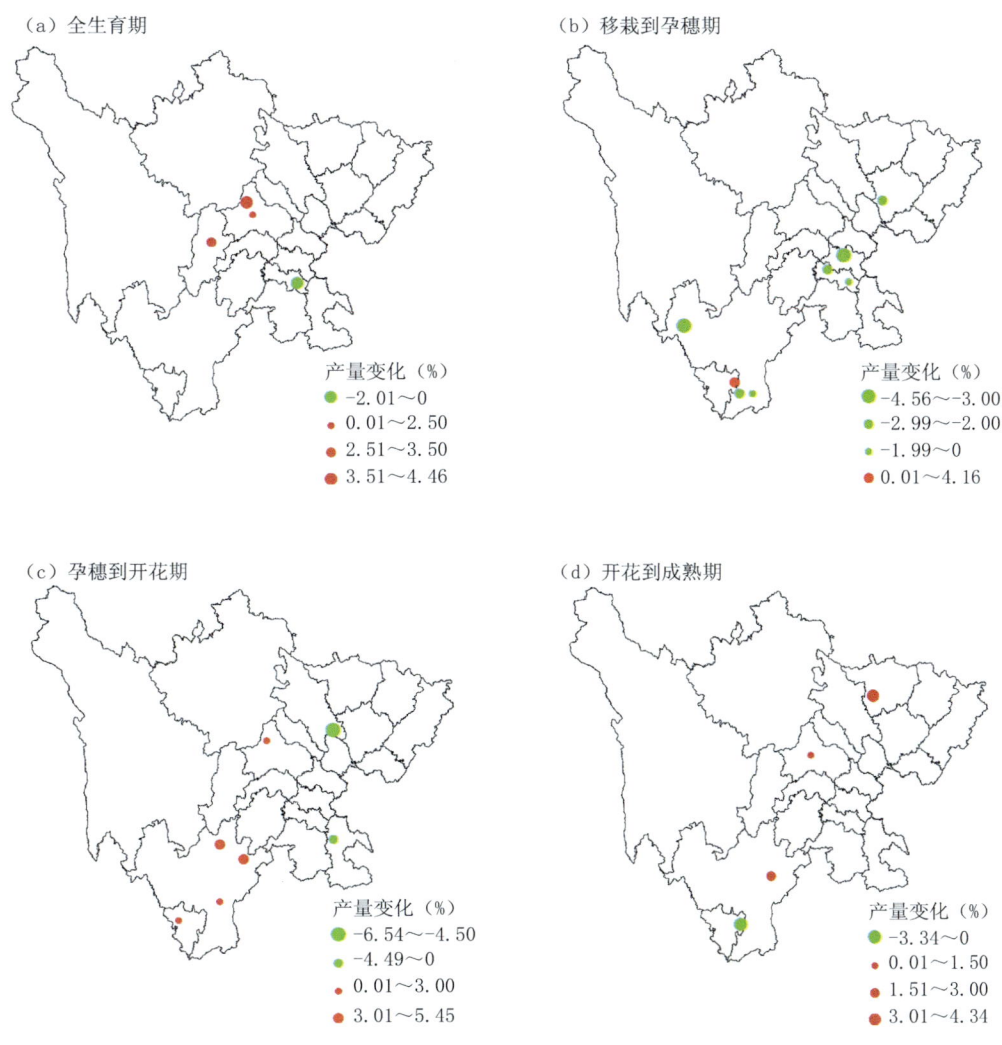

图 3.3 1981—2012 年平均日较差上升 1 ℃对水稻产量的影响

由图 3.4 可以看出,1981—2012 年不同生育期降水量下降 100 mm 对水稻产量的影响区域不同,在全生育期,对产量影响显著的区域占总种植面积的 2.25%,产量的变化在 -3.57%~4.75%,正效应所占比例略大于负效应,呈负效应的区域占总种植面积的 0.55%,主要集中在宜宾、雅安的部分地区;在移栽到孕穗期,对产量影响显著的区域占总种植面积的 7.20%,产量的变化在 -10.61%~5.44%,正效应比例大于负效应,呈负效应的区域占总种植面积的 2.49%,主要集中在资阳、绵阳、乐山、雅安、凉山的部分地区;在孕穗到开花期,对产量影响显著的区域占总种植面积 6.60%,产量的变化在 -14.51%~19.02%,负效应比例略大于正效应,呈负效应的区域占总种植面积的 4.27%,主要集中在泸州、绵阳;在开花到成熟期,对产量影响显著的区域占总种植面积 8.24%,产量的变化在 -2.32%~12.24%,大部分呈正效应,呈负效应的区域占总种植面积的 0.34%,主要集中在攀枝花。可见,研究区域内降水量下降 100 mm 对水稻产量影响的面积在开花到成熟期最大,全生育期最小,而各生育期降水对水稻产量的影响效应均有正有负。

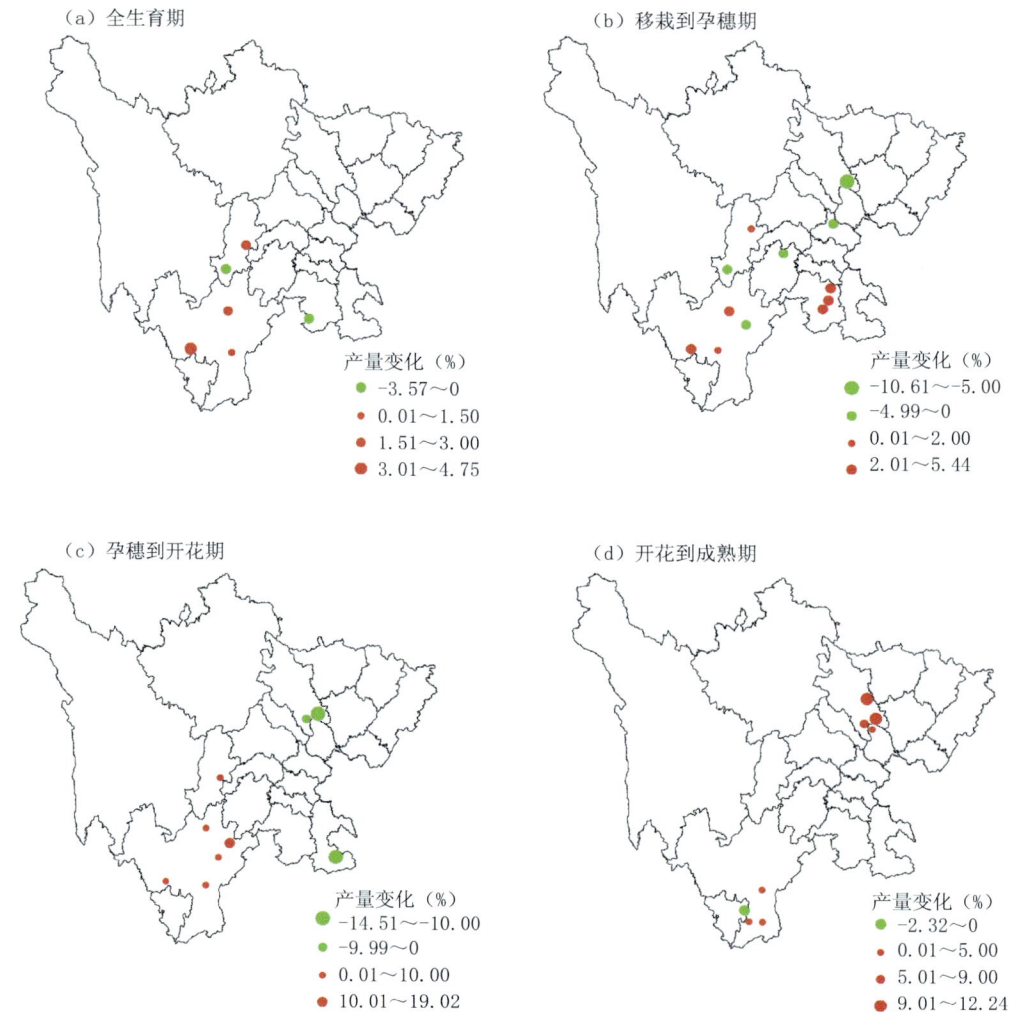

图 3.4 1981—2012 年降水量减少 100 mm 对水稻产量的影响

由图 3.5 可以看出，1981—2012 年水稻产量不同生育期辐射量下降 100 MJ/m² 对水稻产量的影响区域不同，全生育期对产量影响显著的区域占总种植面积 6.99%，产量的变化在 −7.51%～1.09%，负效应比例略大于正效应，呈负效应的区域占总种植面积的 4.27%，主要集中在巴中、成都、凉山；在移栽到孕穗期，对产量影响显著的区域占总种植面积 6.99%，产量的变化在 −2.64%～6.32%，其中以正效应为主，呈负效应的区域占总种植面积的 0.44%，主要集中在凉山的部分地区；在孕穗到开花期，对产量影响显著的区域占总种植面积 9.74%，产量的变化在 −14.06%～21.27%，正效应略大于负效应，呈负效应的区域占总种植面积的 4.13%，主要集中在巴中、凉山地区；在开花到成熟期，对产量影响显著的区域占总种植面积 8.89%，产量的变化在 −14.5%～8.0%，绝大部分以负效应为主，呈负效应的区域占总种植面积的 6.90%，主要集中在资阳、巴中、成都和凉山的部分地区。可见，研究区域内辐射量下降 100 MJ/m² 对水稻产量影响的面积在孕穗到开花期最大，全生育期和移栽到孕穗期最小，而呈负效应的区域在开花到成熟期最大，移栽到孕穗期最小。

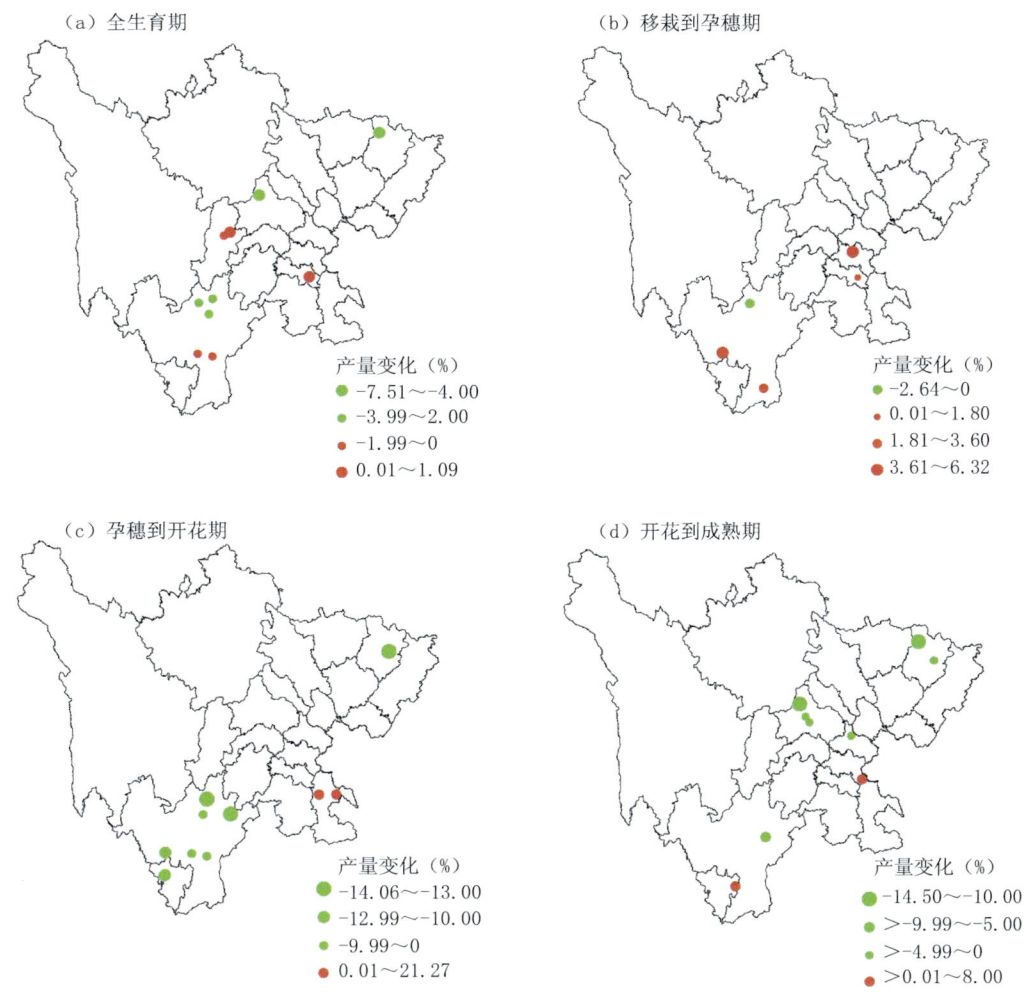

图 3.5　1981—2012 年辐射量减少 100 MJ/m² 对水稻产量的影响

综上所述,水稻产量对不同生育阶段气候因子的响应差异较大。全生育期内,日平均温度对水稻产量的影响面积最大,辐射次之,降水量最小。从各个生育阶段来看,研究区域内日较差升高 1 ℃对移栽到孕穗期水稻产量影响及负效应的面积最大,分别为总种植面积的 10.83% 和 10.52%。

3.1.3 气候变化对水稻产量的影响

1981—2012 年气候变化对四川水稻产量的影响如图 3.6a。比较单一气候因子对水稻产量的影响,气候变化对水稻产量的影响无论是面积还是程度冲击都更加明显。由图 3.6 可以看出,近 30 年来研究区域内气候变化对水稻产量影响显著的区域占水稻种植面积的 47.6%,产量变化为 -11.77% ~ 24.55%;约 20.3% 种植面积上的气候变化对水稻产量的影响呈负效应,主要分布于盆西平丘、盆南丘陵的东部、盆东平行岭谷的南部等地区。

1981—2012 年气候变化对水稻产量影响的主要贡献因子如图 3.6b 所示。可以看出,气候变化对产量影响显著的区域中,平均温度对产量的影响最大,约占总种植面积的 16.8%;降水量次之,约占 11.4%;其次是辐射量和平均日较差,分别约占 10.2% 和 9.2%。辐射量作为主要贡献因子对产量的负影响最大,占总面积的 8.4%;平均日较差次之,为 5.1%;平均气温和降水量最小,分别为 4.4% 和 2.4%。从空间分布来看,以辐射量为主要贡献因子的区域主要分布在盆地东北部、盆地中部以及川西南中部地区,其中辐射量的变化使盆地东北部、盆地中部地区的水稻减产;以平均日较差为主要贡献因子的区域主要分布在盆南和川西南山地的部分地区,而其中平均日较差的变化使盆南地区的水稻减产;以平均气温为主要贡献因子的区域主要分布在川西南山地、盆北和盆南的部分区域,并且平均气温的变化使该区域大部的水稻增产;以降水量为主要贡献因子的区域主要分布在川西南山区、盆南和盆北的部分区域,并且降水量的变化使该区域大部的水稻增产。

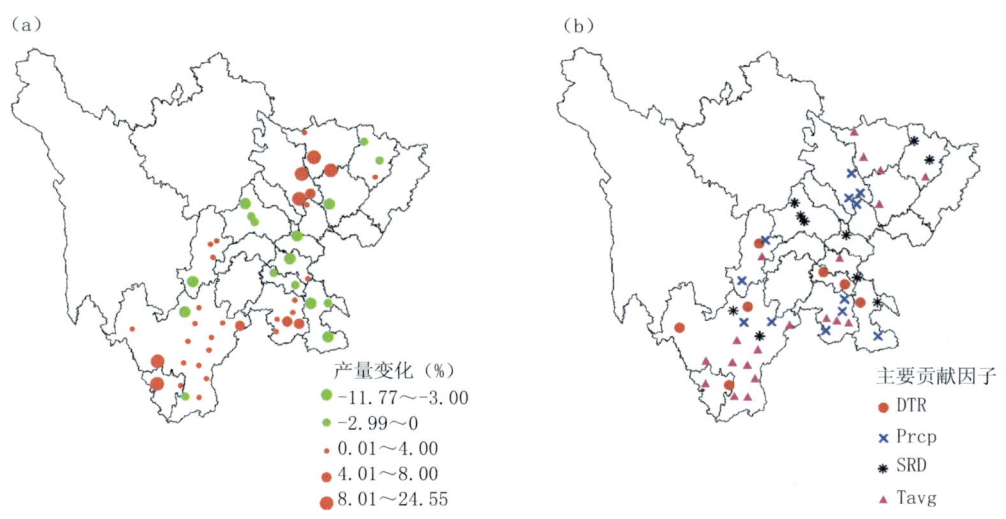

图 3.6 1981—2012 年气候变化对水稻产量的影响(a)和主要贡献因子(b)
(DTR 为日较差;Prcp 为降水量;SRD 为辐射量;Tavg 为平均气温)

3.2 玉米

3.2.1 玉米全生育期气候因子的变化趋势

玉米全生育期,平均气温和日较差在研究区域大部呈升高趋势,升温的区域分别占玉米播种总面积的97.7%和96.6%,而显著增温的区域分别占播种总面积的86.5%和56.4%(图3.7a—b)。降水量在86.1%的面积上呈减少趋势,仅在盆中和盆南的部分地区呈增多趋势,显著减少的面积占总播种面积的10.0%(图3.7c)。辐射量在53.9%的面积上呈减小趋势,在6个玉米种植区均有分布,其他地区则呈增加趋势,但显著减少和显著增加的面积分别仅占总播种面积的12.1%和7.1%(图3.7d)。

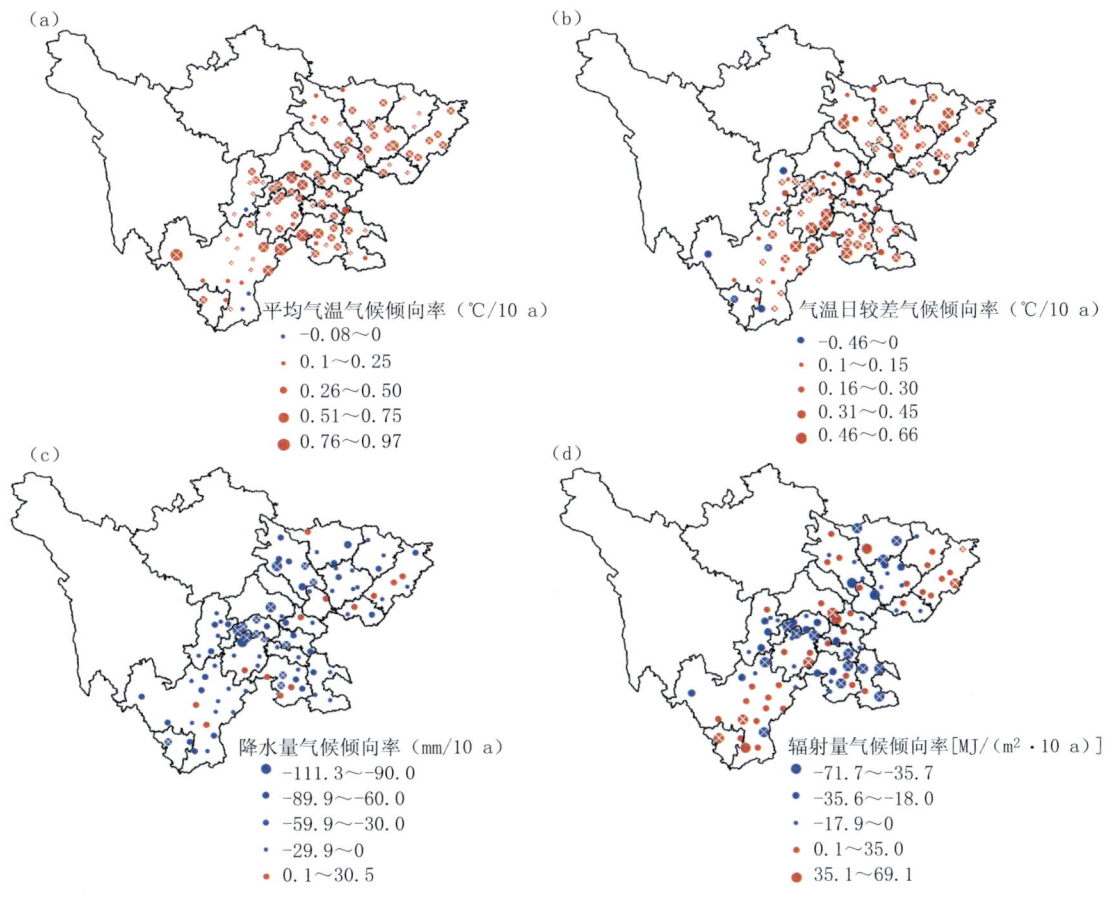

图3.7 1981—2012年玉米全生育期各气候因子的气候倾向率
(×表示通过α=0.05的显著性检验)

3.2.2 单一气候因子变化对玉米产量的影响

考虑玉米生长过程中面临的各种气候风险,结合四川玉米生育期内气候要素的变化趋势,下面分析气温或日较差升高1℃、降水量减少100 mm以及辐射量减少100 MJ/m²时玉米产量的变化,探讨单个气候要素变化对四川玉米产量的影响。

全生育期,平均气温升高1℃导致产量显著变化的区域面积占播种总面积的27.3%,产量变化为−17.7%~−3.8%,而产量显著下降的面积为27.3%(图3.8a)。播种到拔节期,平均气温升高1℃导致产量显著变化的区域面积占播种总面积的10.9%,产量变化为−15.0%~−7.0%,而产量显著下降的区域面积占总面积的10.9%(图3.8b)。拔节到乳熟期,平均气温升高1℃导致产量显著变化的面积为15.2%,产量变化为−10.8%~6.8%,产量显著下降的面积为11.9%(图3.8c)。乳熟到成熟期,平均气温升高1℃导致产量显著变化的面积为9.9%,产量变化为−8.9%~11.3%,产量显著下降的面积为6.8%(图3.8d)。

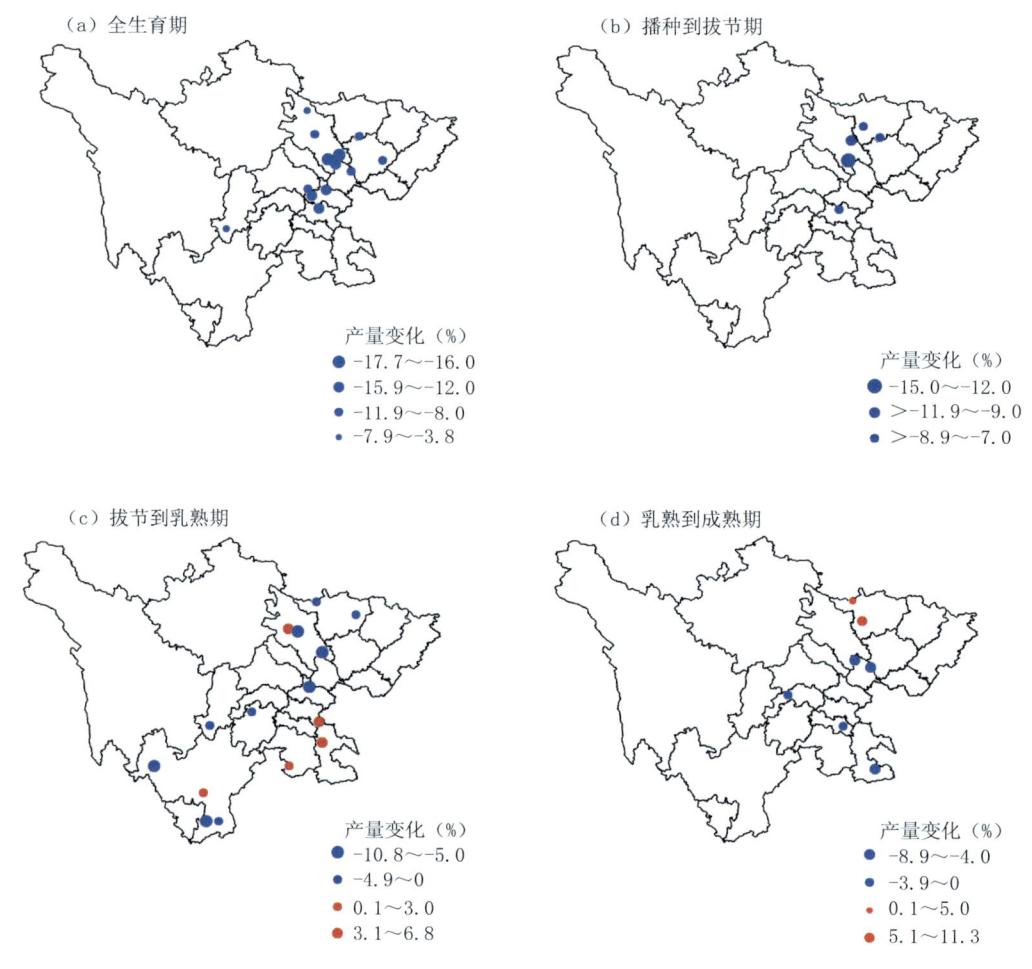

图3.8　1981—2012年平均气温上升1℃对玉米产量的影响

全生育期,日较差升高1℃导致产量显著变化的面积为28.0%,产量变化为−16.4%~2.6%,而产量显著下降的面积为27.5%(图3.9a)。播种到拔节期,日较差升高1℃导致产量显著变化的面积为29.5%,产量变化为−13.4%~1.9%,而产量显著下降的面积为29.2%(图3.9b)。拔节到乳熟期,日较差升高1℃导致产量显著变化的面积为17.9%,产

量变化为 -8.9%~5.2%,而产量显著下降的面积为 13.4%(图 3.9c)。乳熟到成熟期,日较差升高 1 ℃ 导致产量显著变化的面积为 9.9%,产量变化为 -6.6%~6.3%,而产量显著下降的面积为 8.4%(图 3.9d)。

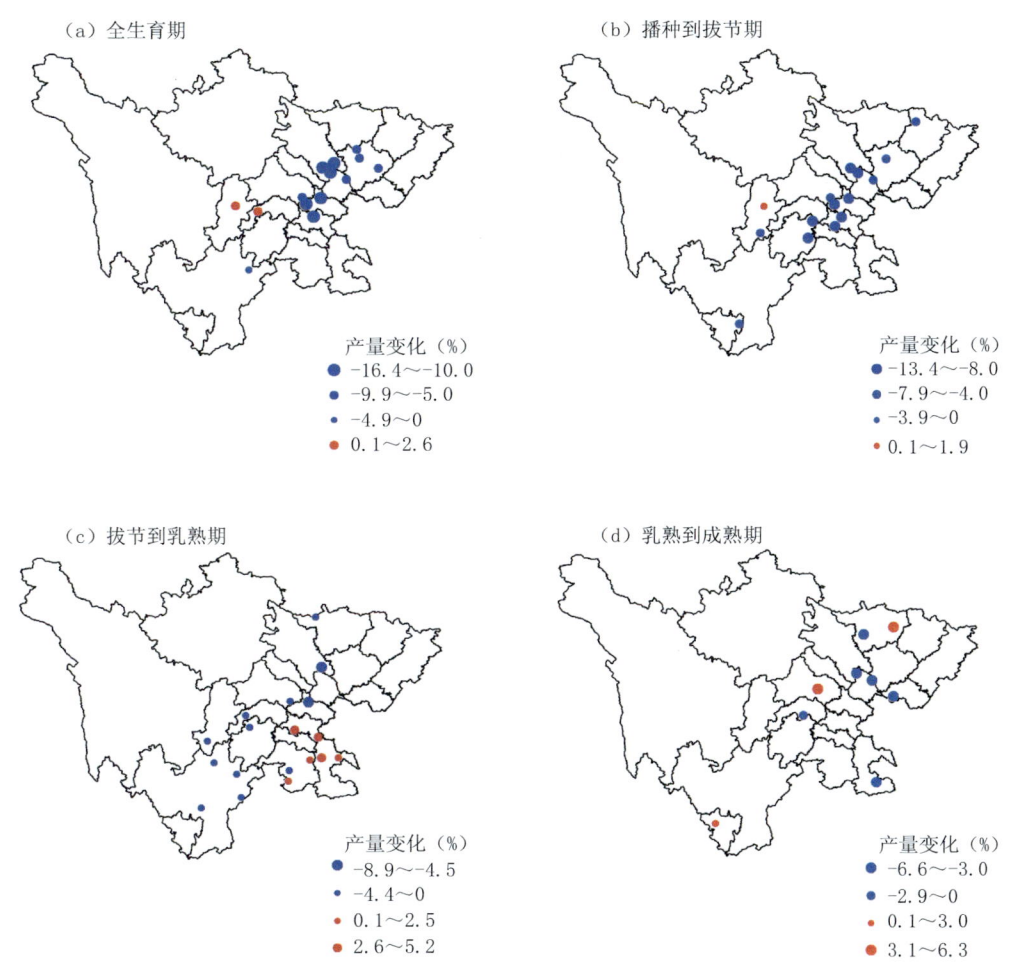

图 3.9　1981—2012 年气温日较差上升 1 ℃ 对玉米产量的影响

全生育期,降水量下降 100 mm 导致产量显著变化的面积为 16.4%,产量变化为 -7.5%~4.6%,而产量显著下降的面积为 13.9%(图 3.10a)。播种到拔节期,降水量下降 100 mm 导致产量显著变化的面积为 11.1%,产量变化为 -18.6%~10.4%,而产量显著下降的面积为 8.8%(图 3.10b)。拔节到乳熟期,降水量下降 100 mm 导致产量显著变化的面积为 12.8%,产量变化为 -8.1%~6.9%,而产量显著下降的面积为 11.2%(图 3.10c)。乳熟到成熟期,降水量下降 100 mm 导致产量显著变化的面积为 3.1%,产量变化为 -9.1%~3.3%,而产量显著下降的面积为 2.1%(图 3.10d)。

全生育期,辐射量下降 100 MJ/m² 导致玉米产量显著变化的面积为 14.2%,产量变化为 -3.7%~9.2%,而产量显著下降的面积为 0.6%(图 3.11a)。播种到拔节期,辐射量下

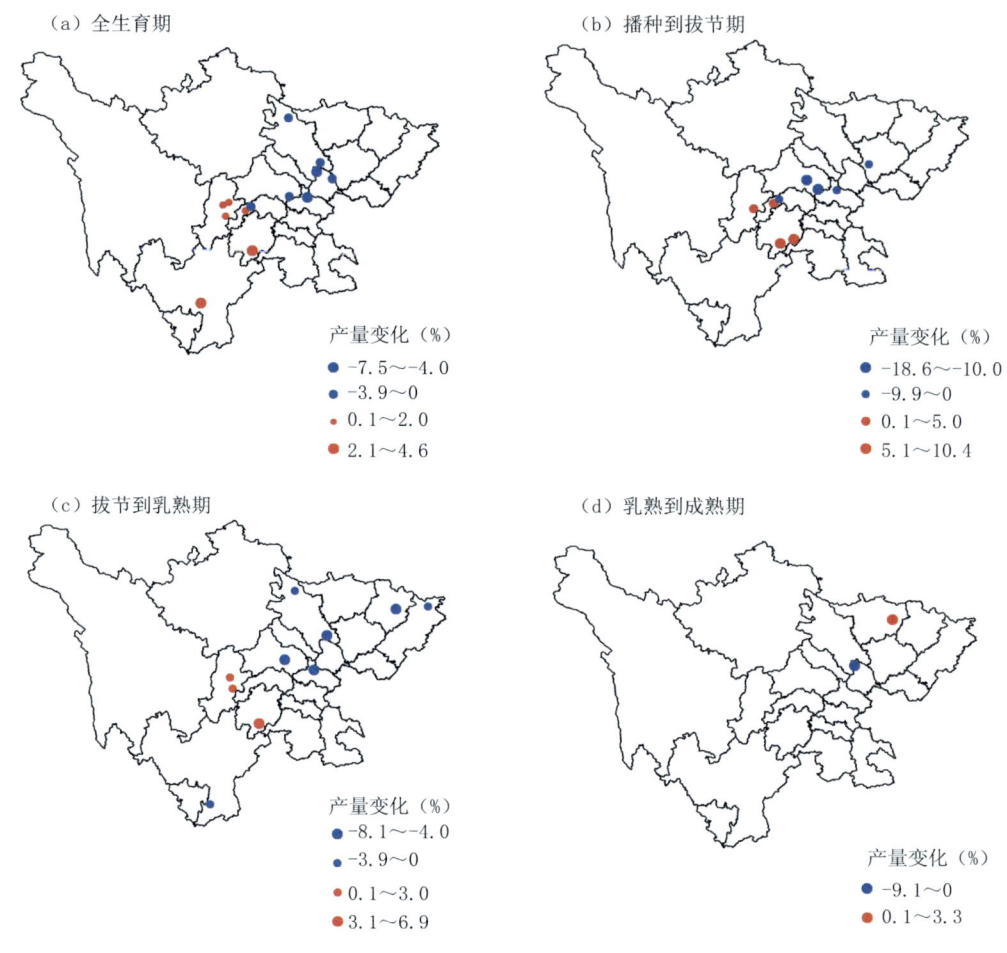

图 3.10 1981—2012 年降水量减少 100 mm 对玉米产量的影响

降 100 MJ/m² 导致产量显著变化的面积为 26.1%,产量变化为 $-9.3\% \sim 15.2\%$,而产量显著下降的面积为 1.7%(图 3.11b)。拔节到乳熟期,辐射量下降 100 MJ/m² 导致产量显著变化的面积为 10.6%,产量变化为 $-11.5\% \sim 9.6\%$,而产量显著下降的面积为 4.7%(图 3.11c)。乳熟到成熟期,辐射量下降 100 MJ/m² 导致产量显著变化的面积为 8.7%,产量变化为 $-21.0\% \sim 13.8\%$,而产量显著下降的面积为 4.1%(图 3.11d)。

综上所述,全生育期,日较差升高导致玉米产量显著变化和显著下降的面积比例均最大,分别占研究区域玉米播种总面积的 28.0% 和 27.5%,平均气温次之。从不同生育期看,播种到拔节期日较差升高导致玉米产量显著变化和显著下降的面积最大,分别为 29.5% 和 29.2%。

3.2.3 气候变化对玉米产量的影响

气候变化对四川玉米产量的影响见图 3.12a。由图可知,1981—2012 年气候变化导致玉米产量显著变化的面积占总播种面积的 68.3%,6 个玉米种植区内均有分布,产量变化在

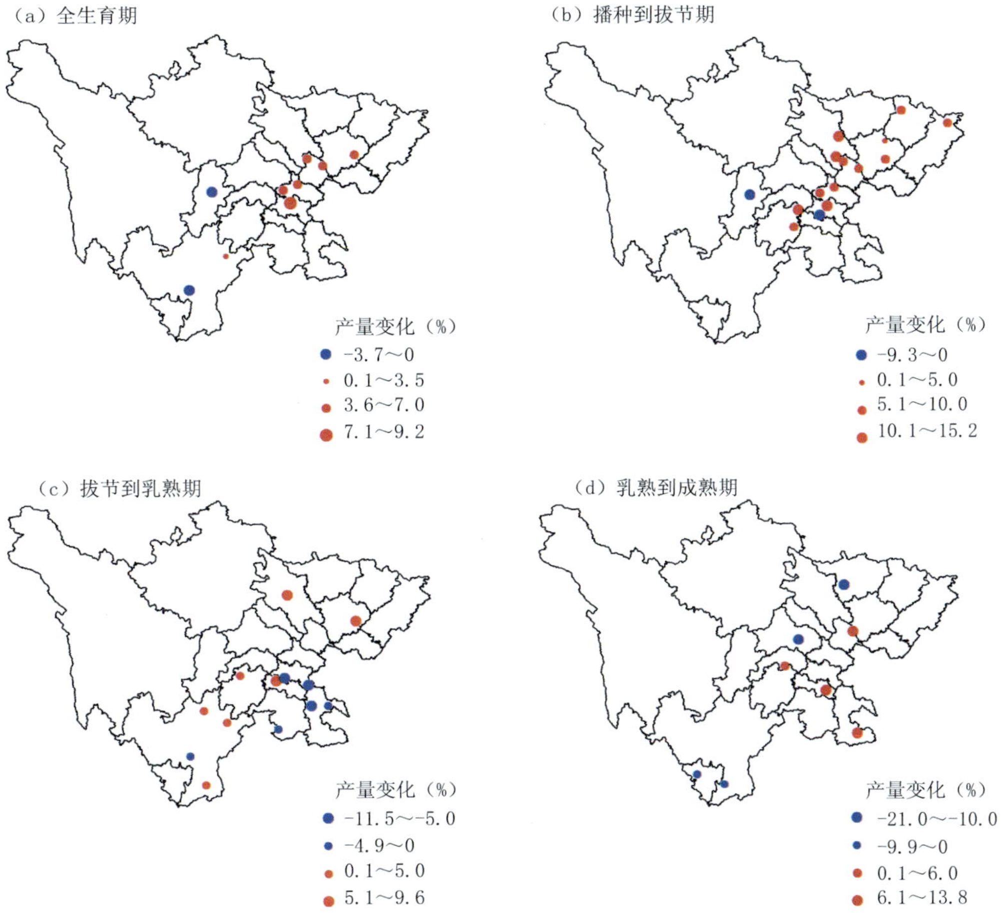

(a) 全生育期　　　　　　　　　　　　(b) 播种到拔节期

产量变化（%）
- -3.7~0
- 0.1~3.5
- 3.6~7.0
- 7.1~9.2

产量变化（%）
- -9.3~0
- 0.1~5.0
- 5.1~10.0
- 10.1~15.2

(c) 拔节到乳熟期　　　　　　　　　(d) 乳熟到成熟期

产量变化（%）
- -11.5~-5.0
- -4.9~0
- 0.1~5.0
- 5.1~9.6

产量变化（%）
- -21.0~-10.0
- -9.9~0
- 0.1~6.0
- 6.1~13.8

图 3.11　1981—2012 年辐射量减少 100 MJ/m² 对玉米产量的影响

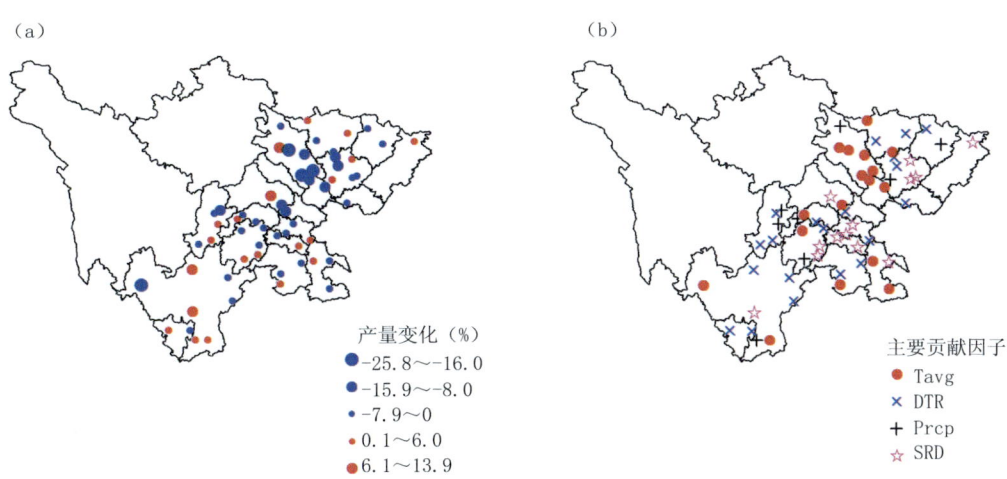

(a)　　　　　　　　　　　　　　　(b)

产量变化（%）
- -25.8~-16.0
- -15.9~-8.0
- -7.9~0
- 0.1~6.0
- 6.1~13.9

主要贡献因子
- Tavg
- DTR
- Prcp
- SRD

图 3.12　1981—2012 年气候变化对玉米产量的影响(a)和主要贡献因子(b)

（Tavg 为平均气温；DTR 为日较差；Prcp 为降水量；SRD 为辐射量）

−25.8%～13.9%；气候变化导致玉米产量显著下降的面积为49.8%，主要分布于盆西、盆中和盆南大部及川西南山地和盆周边的部分地区。

气候变化对玉米产量影响的主要贡献因子见图3.12b。由图可知，平均气温作为主要贡献因子造成产量显著变化和显著下降的面积均最大，分别占播种总面积的25.1%和20.1%；日较差次之，产量显著变化和显著下降的面积分别为19.3%和15.9%；辐射量作为主要贡献因子造成产量显著变化和显著下降的面积分别为14.2%和9.4%；降水量的影响最小，产量显著变化和显著下降的面积分别为9.7%和4.4%。从空间分布特征来看，平均气温作为主要贡献因子的地区主要在盆西、盆中和盆南地区，气温的变化使该地区大部的玉米减产；日较差作为主要贡献因子的地区主要在盆周边大部、盆南和川西北高原的部分区域，日较差的变化使该地区大部的玉米减产；辐射量作为主要贡献因子的地区主要在盆南和盆东北的部分区域，辐射量的变化使盆南的玉米减产；降水量作为主要贡献因子的地区主要在盆周边的部分区域，降水量的变化使该地区部分县的玉米减产。

3.3 冬小麦

3.3.1 冬小麦全生育期气候因子的变化趋势

冬小麦生育期平均气温和日较差在研究区域大部呈升高趋势，升温的区域分别占整个研究区域播种总面积的99.8%和93.4%，而显著增温的区域分别占总面积的96.4%和33.1%（图3.13a—b）。降水量在45.4%的面积上呈增加趋势，主要分布于川西北高原、盆地西北部和盆东的部分地区，其他地区则呈减少趋势，但显著增加和减少的面积仅占总面积的0.01%和0.5%（图3.13c）。辐射量在60.2%的面积上呈增加趋势，主要分布于川西南山地、盆地和川西北高原的部分地区，其他地区则呈减少趋势，但显著增加的面积有15.5%，而显著减少的面积仅有2.2%（图3.13d）。

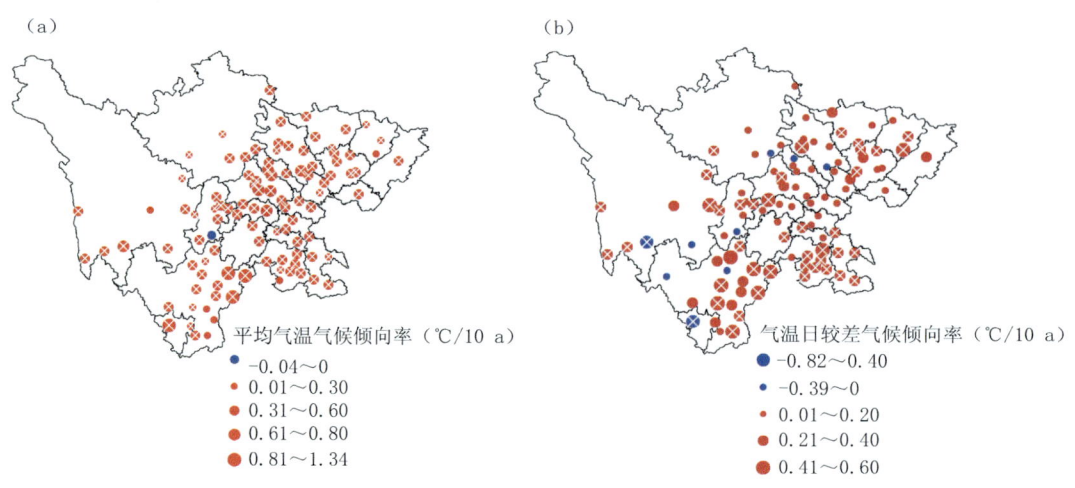

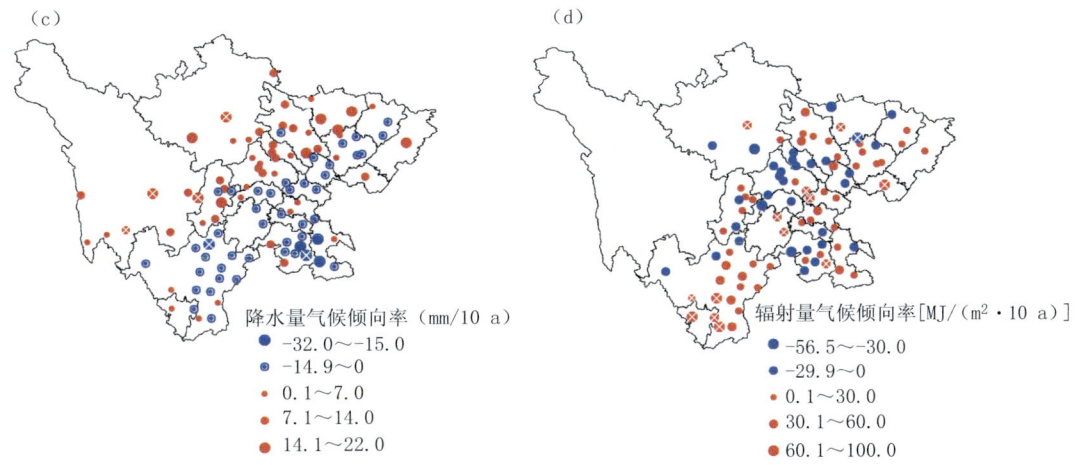

图 3.13　1981—2012 年冬小麦全生育期各气候因子的气候倾向率
（×表示通过 α=0.05 的显著性检验）

3.3.2　单一气候因子变化对小麦产量的影响

考虑冬小麦生长过程中面临的各种气候风险，结合四川近 30 年来冬小麦生育期气候因子的变化趋势，下面分析冬小麦产量对气温升高 1 ℃、日较差升高 1 ℃、降水量减少 100 mm 及辐射量减少 100 MJ/m² 时的反应，探讨单个气候因子变化对四川小麦产量的影响。

全生育期，平均气温升高 1 ℃ 导致产量显著变化的区域面积占播种总面积的 4.5%，产量变化为 −7.3%～12.7%，而产量显著下降的面积为 0.3%（图 3.14a）。播种到拔节期，平均气温升高 1 ℃ 导致产量显著变化的区域面积占播种总面积的 0.9%，产量变化为 9.1%～10.5%，而产量显著下降的区域面积占总面积的 0%（图 3.14b）。拔节到开花期，平均气温升高 1 ℃ 导致产量显著变化的面积分别为 2.4%，产量变化为 −1.9%～3.1%，产量显著下降的面积为 0.01%（图 3.14c）。开花到成熟期，平均气温升高 1 ℃ 导致产量显著变化的面积为 3.1%，产量变化为 −6.9%～4.2%，产量显著下降的面积为 1.1%（图 3.14d）。

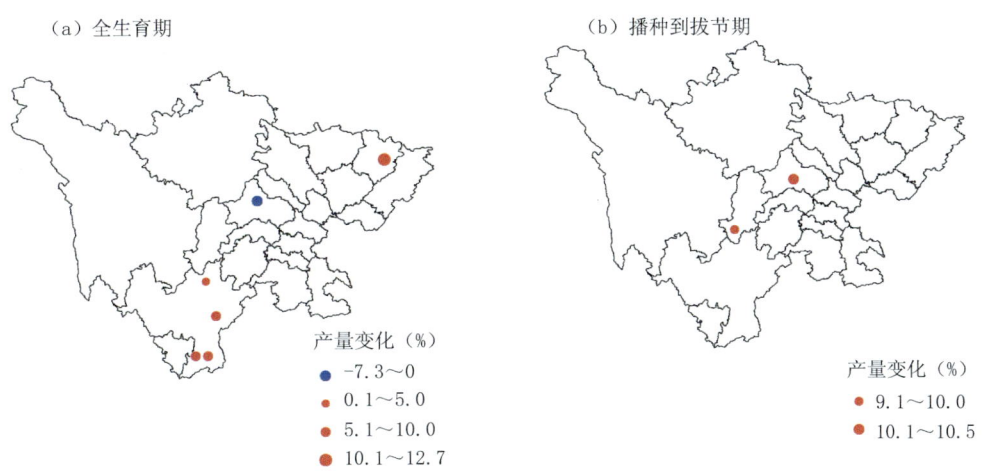

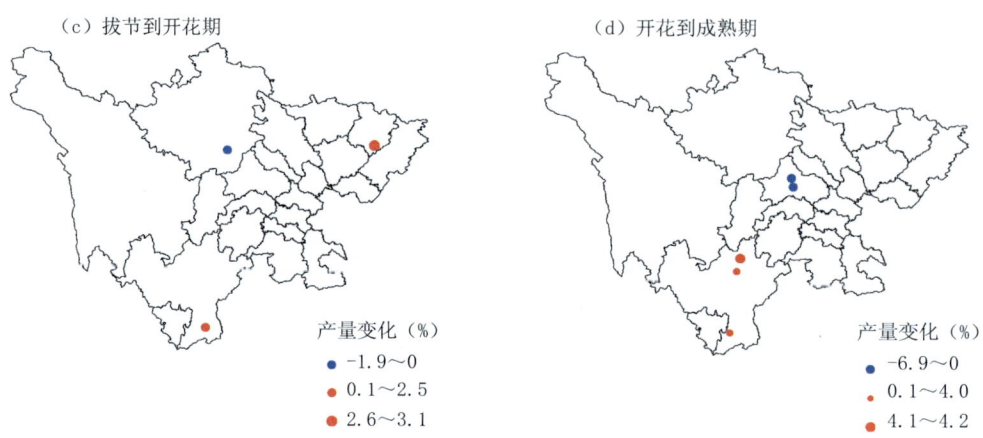

图 3.14 1981—2012 年平均气温上升 1 ℃对冬小麦产量的影响

全生育期，日较差升高 1 ℃导致产量显著变化的面积为 5.9%，产量变化为 −2.4%～10.2%，而产量显著下降的面积为 0.1%（图 3.15a）。播种到拔节期，日较差升高 1 ℃导致产

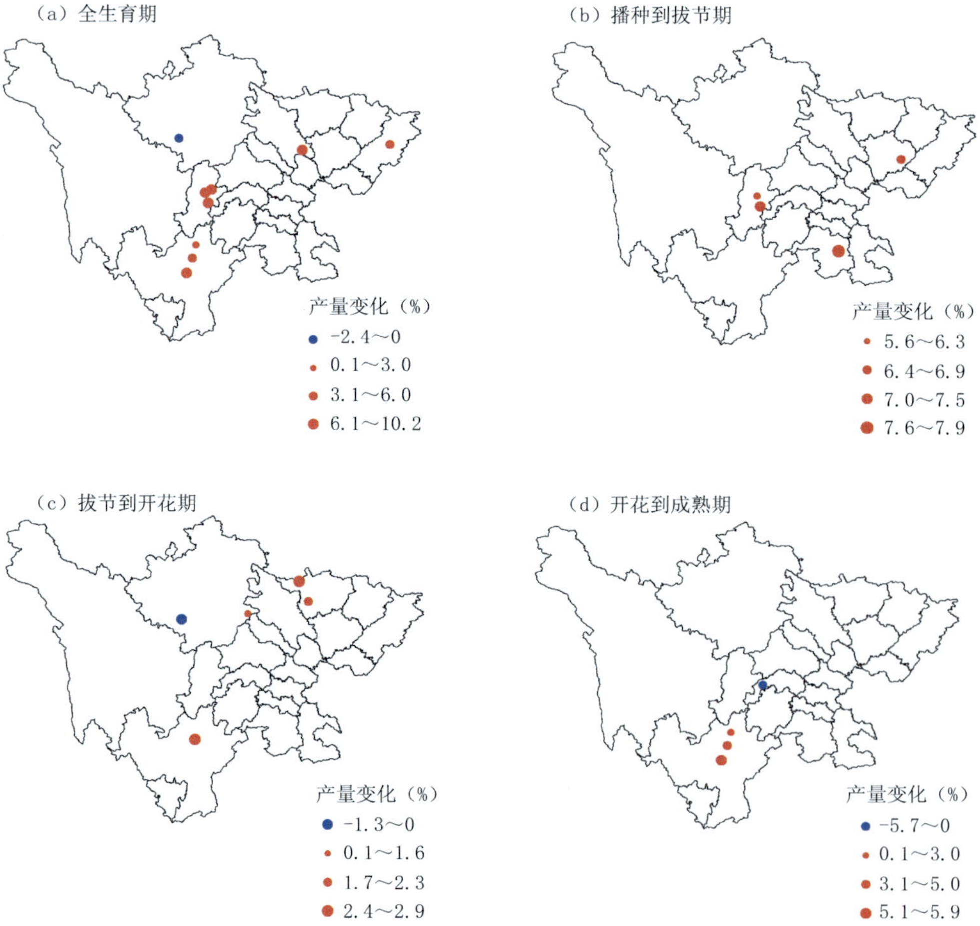

图 3.15 1981—2012 年气温日较差上升 1 ℃对冬小麦产量的影响

量显著变化的面积为 2.4%,产量变化为 5.6%～7.9%,而产量显著下降的面积为 0(图 3.15b)。拔节到开花期,日较差升高 1 ℃导致产量显著变化的面积为 3.7%,产量变化为 -1.3%～2.9%,而产量显著下降的面积为 0.1%(图 3.15c)。开花到成熟期,日较差升高 1 ℃导致产量显著变化的面积为 1.8%,产量变化为 -5.7%～5.9%,而产量显著下降的面积为 0.1%(图 3.15d)。

全生育期,降水量下降 100 mm 导致产量显著变化的面积为 6.5%,产量变化为 -3.7%～24.5%,而产量显著下降的面积为 0.02%(图 3.16a)。播种到拔节期,降水量下降 100 mm 导致产量显著变化的面积为 2.6%,产量变化为 10.0%～21.0%,而产量显著下降的面积为 0(图 3.16b)。拔节到开花期,降水量下降 100 mm 导致产量显著变化的面积为 1.5%,产量变化为 -18.4%～31.0%,而产量显著下降的面积为 0.01%(图 3.16c)。开花到成熟期,降水量下降 100 mm 导致产量显著变化的面积为 7.4%,产量变化为 30.7%～23.1%,而产量显著下降的面积为 0.5%(图 3.16d)。

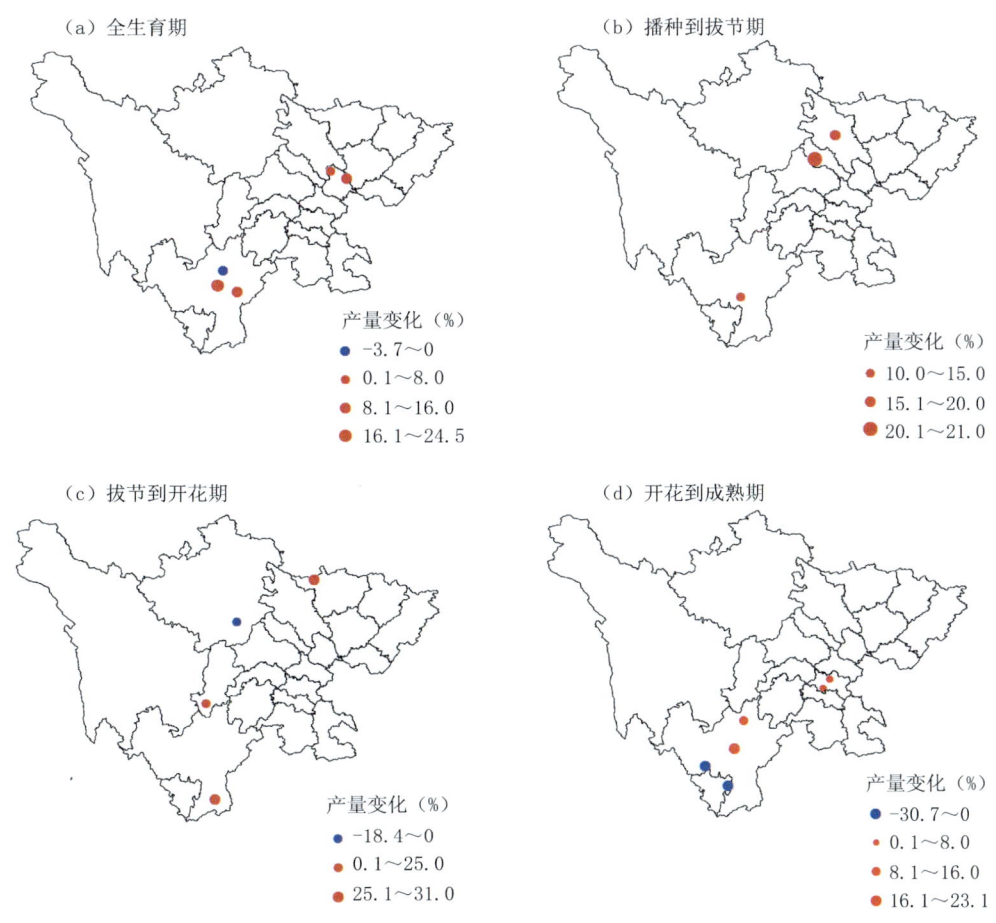

图 3.16 1981—2012 年降水量减少 100 mm 对冬小麦产量的影响

全生育期,辐射量下降 100 MJ/m² 导致小麦产量显著变化的面积为 2.4%,产量变化为 -8.7%～-2.4%,而产量显著下降的面积为 2.4%(图 3.17a)。播种到拔节期,辐射量下降 100 MJ/m² 导致产量显著变化的面积为 9.4%，产量变化为 −18.3%~12.8%，而产量显著下降的面积为 7.9%（图 3.17b）。拔节到开花期，辐射量下降 100 MJ/m² 导致产量显著变化的面积为 0.1%，产量变化为 10.4%，而产量显著下降的面积为 0（图 3.17c）。开花到成熟期，辐射量下降 100 MJ/m² 导致产量显著变化的面积为 2.9%，产量变化为 −17.6%~14.3%，而产量显著下降的面积为 1.7%（图 3.17d）。

综上所述，全生育期，降水量下降导致冬小麦产量显著变化的面积比例最大，辐射量下降导致冬小麦产量显著下降的面积比例最大。从各个生育阶段来看，播种到拔节期辐射量下降导致玉米产量显著变化和显著下降的面积最大，分别占总面积的 9.4% 和 7.9%。

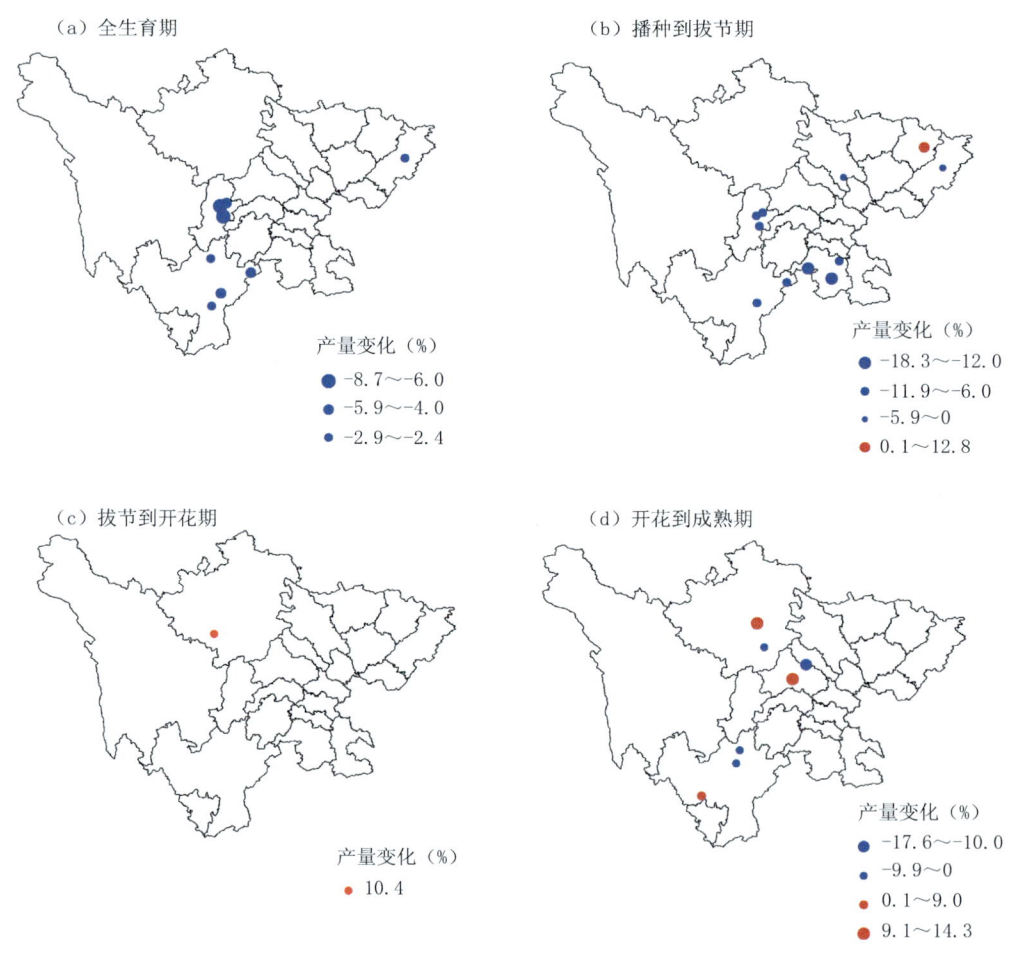

图 3.17　1981—2012 年辐射量减少 100 MJ/m² 对冬小麦产量的影响

3.3.3　气候变化对冬小麦产量的影响

1981—2012 年气候变化对四川冬小麦产量的综合影响如图 3.18a 所示。比较单一气候因子对冬小麦产量的影响，气候变化的综合影响更加明显。由图可知，气候变化导致冬小麦产量显著变化的面积占研究区域总面积的 40.0%，在 7 个小麦种植区均有分布，产量变化为

−23.0%～9.5%；气候变化导致冬小麦产量显著下降的面积占总面积的14.0%，主要分布于川西北高原大部及盆西、盆南和川西南的部分地区。

近30年来气候变化对冬小麦产量影响的主要贡献因子如图3.18b所示。由图可知，平均气温日较差作为主要贡献因子造成产量显著变化的面积最大，占播种总面积的13.1%；降水量次之，约占10.6%；辐射量和平均气温最低，分别约为10.1%和6.3%。降水量作为主要贡献因子造成产量显著下降的面积最大，约占播种总面积的3.1%；辐射量、日较差和平均气温作为主要贡献因子造成产量显著下降的面积分别为2.9%、2.3%和1.1%。从空间分布来看，以降水量为主要贡献因子的区域主要分布在川西南山地、盆西和盆中的部分区域，其中降水量的变化使冬小麦增产；以辐射量为主要贡献因子的区域主要分布在川西北高原、川西南山地以及盆南和盆中的部分区域，并且辐射量的变化使该区域大部的冬小麦减产；以气温日较差为主要贡献因子的区域主要分布在川西北高原、川西南山地、盆西和盆中的部分区域，并且日较差的变化使该区域大部的冬小麦增产；以平均气温为主要贡献因子的区域主要分布在盆西和盆东的部分区域，并且平均气温的变化使该区域大部的冬小麦增产。

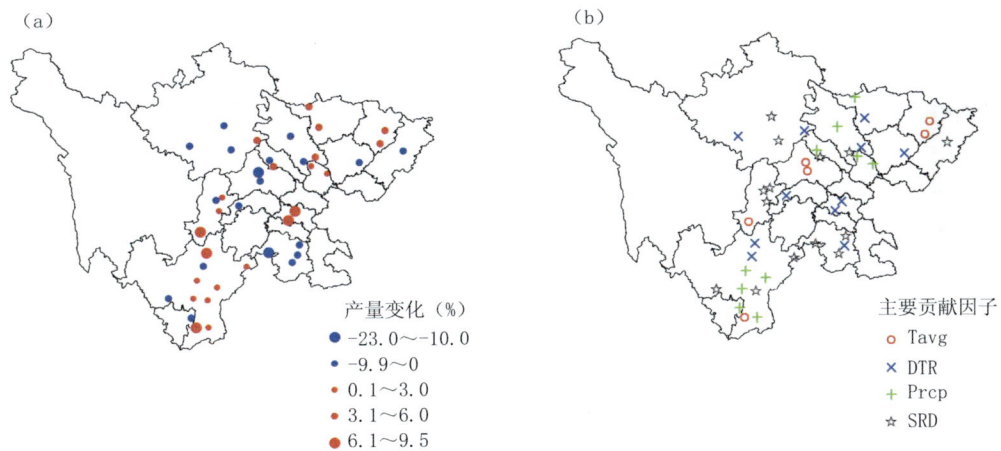

图3.18 1981—2012年气候变化对冬小麦产量的影响(a)和主要贡献因子(b)
(Tavg为平均气温；DTR为日较差；Prcp为降水量；SRD为辐射量)

第4章

农业气象灾害变化对四川主要粮食生产的影响

农业生产是人类利用生物在自然环境或人工控制环境条件下进行物质再生产的一个复杂过程,与气象条件的关系十分密切。农业生产只有适应自然气候条件才能高产稳产,如果气象条件不适应农业生产的要求,则农业产量会低而不稳。因此,在农业生产活动中,除了改变农业生产本身的特性去更好地适应自然环境条件外,还必须从不同角度千方百计设法改善农业生态环境,研究气象灾害的形成规律及其有效的防御措施,加强对气象灾害的预测和防御,提高防灾抗灾的能力,减轻气象灾害对农业生产的严重威胁,促进农业生产的全面发展(刘玲等,2003)。

4.1 水稻高温

四川是一个具有特殊地形地貌的省份,许多地区依然是靠天吃饭,对自然气候的依赖性很强,因此光、热、水的变化无一不对四川省的农业生产产生巨大的影响(陈淑全,1997)。水稻是四川最主要的粮食作物,高温伏旱对水稻生产威胁巨大,出现高温天气,将会对水稻授粉过程造成危害,出现异常空壳率。致害高温在四川的分布规律大致为盆地西部、北部基本没有,盆地中部和东部危害比较轻,盆地东南河谷地带出现频繁,危害较为严重。若按照逐旬致害高温出现的频率来看,以7月下旬到8月上旬最多,除泸州、内江及盆地西部地区低于10%外,东部地区一般可达20%~40%,至8月中旬大部地区高温热力显著衰减。高温出现最频繁的长江河谷地区正是四川省伏旱中心所在地,在高温伏旱导致的减产中,高温和伏旱同时出现的比例占64%(庞艳梅等,2017b;刘佳等,2018;高素华等,2009;何永坤等,2011)。

4.1.1 水稻生育期高温热害时空分布

4.1.1.1 水稻高温热害年代际变化

(1)抽穗到扬花期

从图4.1可以看出,1961—2014年四川水稻抽穗到扬花期每年都有不同程度的高温热害发生,发生高温热害的总站数整体呈增加的趋势,速率为 1.8 站/10 a;其中以 2006 年、2013 年发生高温热害的站数最多,1987 年最少。发生轻度和中度高温热害的站数呈增多趋势,而重度只在 2012 年有站点发生;发生轻度高温热害的站数最多,中度次之,重度发生的站数最少;发生轻度热害的站点数最多的年份在 2006 年、2014 年,最少的年份为 1987 年、1991 年,发生中度热害的站点数最多的年份为 2013 年、1969 年,最少为 1987 至 1991 年、1995 至 1999 年。

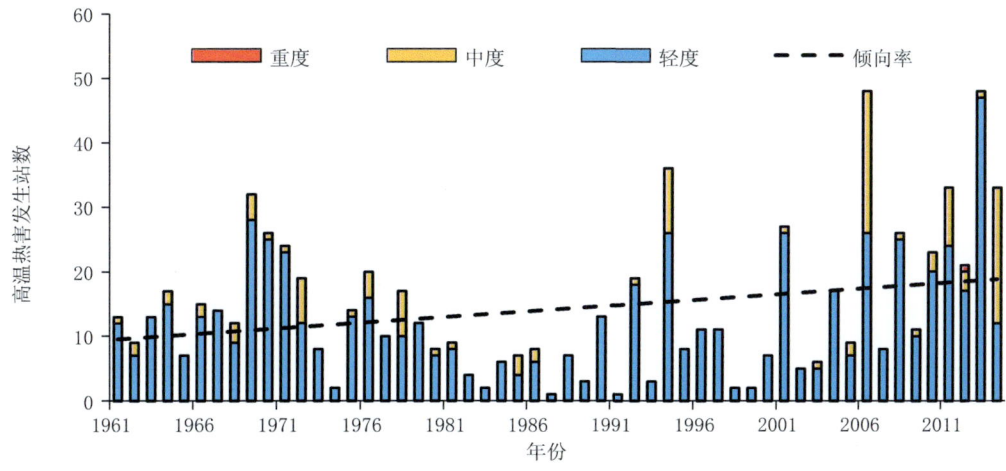

图 4.1　1961—2014 年水稻抽穗到扬花期各等级高温热害发生站数

表 4.1 统计了水稻抽穗到扬花期不同程度高温热害发生站数的平均年际变化,由表可知,发生高温热害的总数呈"V"形变化趋势,20 世纪 60 年代到 80 年代,呈明显减少的趋势,80 年代到 90 年代呈增加的趋势,但增加缓慢,到了 21 世纪呈明显增加的趋势。发生轻度高温热害站数的规律与总站数的规律一致,均呈"V"形特点。而发生中度高温热害的站数呈"N"型分布,即 20 世纪 60 年代到 70 年代,呈增加的趋势,70 年代到 80 年代呈减少的趋势,到 90 年代有所增加,进入 21 世纪呈明显增加的趋势。

表 4.1　水稻抽穗到扬花期各等级高温热害发生站数的年代平均值

年代	轻度	中度	重度	总数
20 世纪 60 年代	14.3	1.5	0.0	15.8
20 世纪 70 年代	11.3	2.1	0.0	13.4
20 世纪 80 年代	5.4	0.6	0.0	6.0
20 世纪 90 年代	8.9	1.1	0.0	10.0
2000—2014 年	17.8	4.6	0.1	22.5

(2)灌浆到结实期

从图 4.2 可以看出,1961—2014 年四川水稻灌浆到结实期每年都有不同程度的高温热害发生,发生高温热害的总站数整体呈现增加的趋势,速率为 1.3 站/10 a;其中以 2006 年、2013 年发生高温热害的站数最多,1987 年最少,这与抽穗到扬花期的发生规律一致。发生轻度高温热害的站数呈减小的趋势,减小速率为 0.02 站/10 a,发生中度和重度高温热害的站数呈增多趋势;发生中度高温热害的站数最多,轻度次之,重度发生的站数最少;发生轻度高温热害的站点数最多的年份在1995年、1997年,最少的年份为21世纪初期,发生中度高温热害的站点数最多的年份为1966年、2002年,最少为1983年、1987年,发生重度高温热害的站点数最多的年份在2006年、2011年,最少的年份主要集中在1981到1985年。

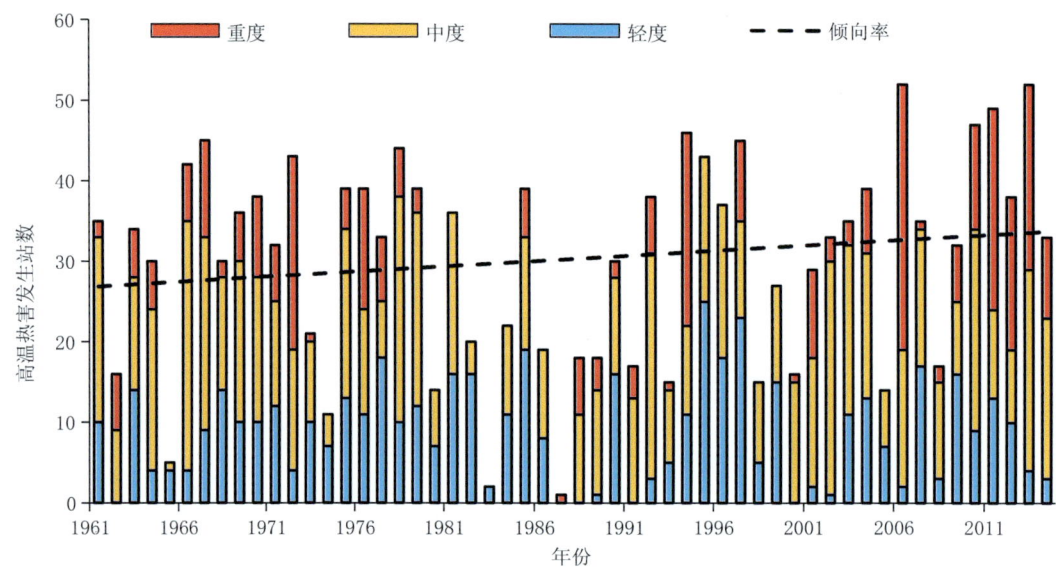

图4.2 1961—2014年水稻灌浆到结实期各等级高温热害发生站数

从表4.2统计水稻灌浆到结实期不同程度高温热害发生站数的平均年代变化可看出,发生高温热害的总站数呈"V"形变化趋势,20世纪60年代到70年代,变化不大,70年代到80年代呈明显减少的趋势;80年代到21世纪呈明显增加的趋势;发生轻度高温热害站数呈"M"形分布,先增加然后减小后又增加后减小的趋势;发生中度高温热害的站数呈"V"形分布,与发生热害的总站数分布相同;发生重度高温热害的站数呈"N"型分布,即20世纪60年代到70年代,呈缓慢增加的趋势,70年代到80年代呈明显减少的趋势,到90年代缓慢增加,进入21世纪呈明显增加的趋势。由此可见,进入21世纪以后,中度、重度高温热害发生站数均呈显著增多的趋势。

表4.2 水稻灌浆到结实期各等级高温热害发生站数的年代平均值

年代	轻度	中度	重度	总数
20世纪60年代	7.9	17.4	5.8	31.1
20世纪70年代	10.4	14.2	6.9	31.5
20世纪80年代	8.9	9.6	2.0	20.5
20世纪90年代	10.5	14.7	4.7	29.9
2000—2014年	7.9	16.9	11.3	36.1

4.1.1.2 水稻高温热害空间变化

(1)抽穗到扬花期

由图4.3可知,水稻抽穗到扬花期,轻度热害空间分布特征为:频率在40%以上的地方分布在盆中浅丘区东部、盆东岭谷区及盆南丘陵区,频率在30%～40%的地方主要分布在盆周边缘山地区和盆中浅丘区,频率在10%～30%的地方主要分布在盆西平丘区和川西南中山山地,轻度热害频率最高为50%,位于达县;中度热害空间分布特征为:除了盆东平行岭谷区频率最高为10%～15%,盆地边缘山地盆中浅丘区东部以及盆南丘陵区南部频率为5%～15%外,其余地区均低于5%;重度热害主要集中分布在川西南中山山地区西部的甘洛,频率为2%,其余地区均未发生。综上可知,水稻在抽穗到扬花期,高温热害高发区为盆中浅丘区东部、盆东岭谷区及盆南丘陵区南部,频率为4～5年一遇,以轻度高温热害为主。

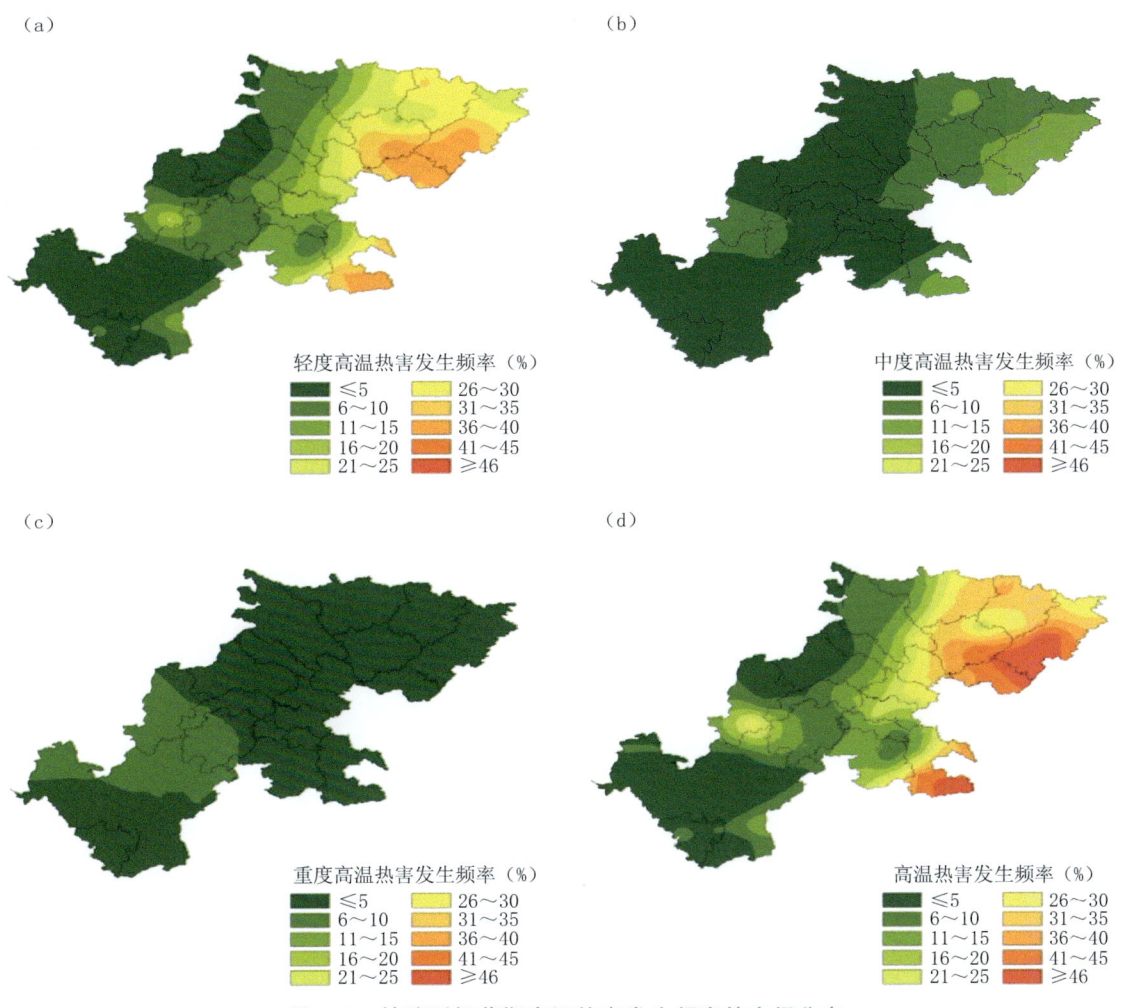

图 4.3　抽穗到扬花期高温热害发生频率的空间分布
(a.轻度;b.中度;c.重度;d.轻度＋中度＋重度)

（2）灌浆到结实期

由图4.4可知,水稻灌浆到结实期,轻度热害空间分布特征为:频率在35%以上的地方主要集中在盆南丘陵区,频率在10%～35%的地方主要分布在盆周边缘山地区和盆东岭谷区,频率在5%～10%的地方主要分布在盆中浅丘区,轻度热害频率最高为46%,位于盆南的纳溪;中度热害空间分布特征为:盆中浅丘区和川西南中山山地区频率最高为35%以上,盆东岭谷区东南部次之,频率为15%～35%,盆西平丘区以东频率低于10%,中度热害频率最高为46%,位于盆南的高县;重度热害主要集中分布在盆中浅丘区东北部,频率最高为50%,出现在蓬安。此外,盆周边缘山地区、盆西平丘区及盆南丘陵区的热害发生频率为5%～10%。综上,水稻在灌浆结实期,高温热害高发区为盆中浅丘区及盆南丘陵区,频率为1～2年一遇,以中度高温热害为主。

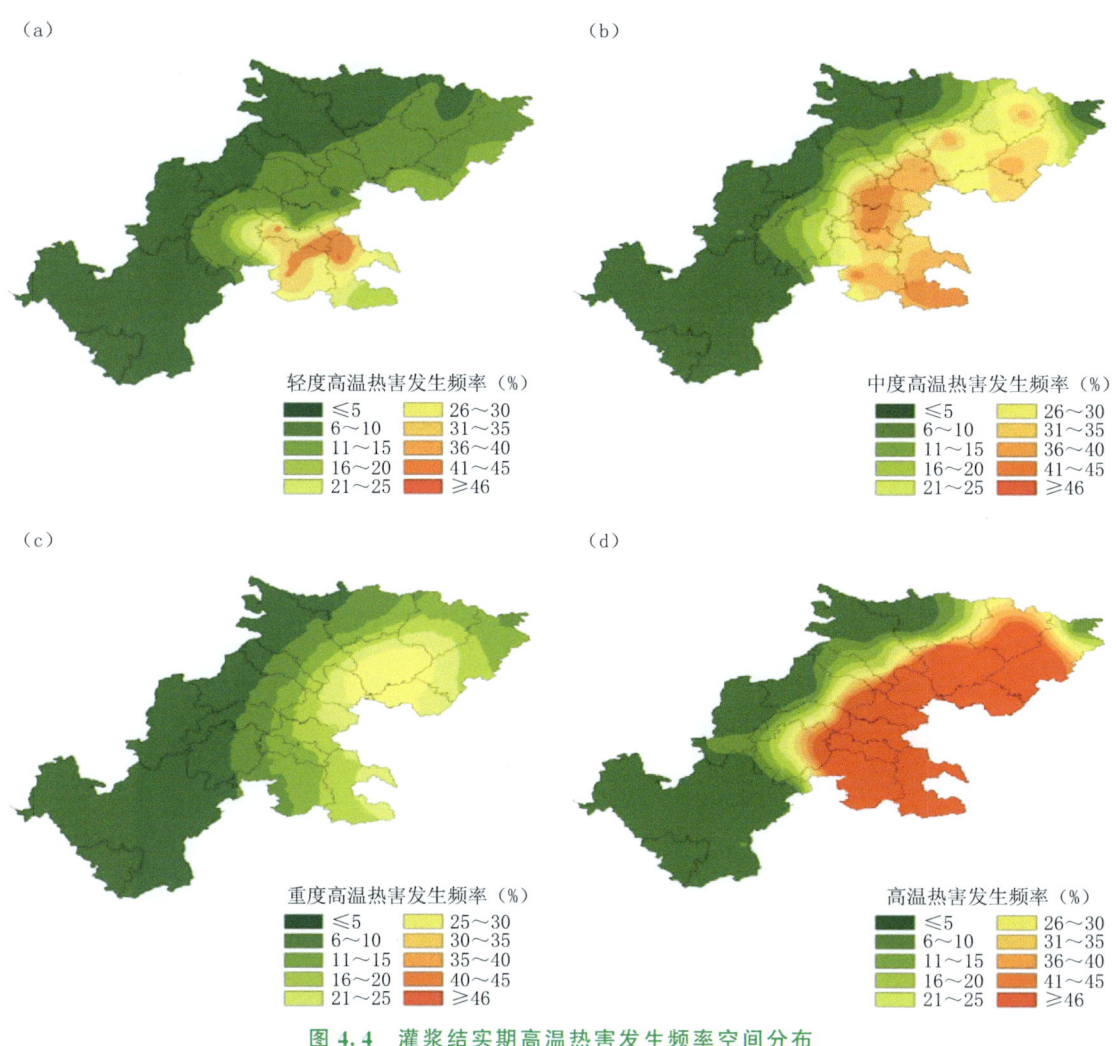

图 4.4　灌浆结实期高温热害发生频率空间分布
(a.轻度;b.中度;c.重度;d.轻度+中度+重度)

4.1.2　水稻高温热害的周期性变化

(1)抽穗到扬花期

由图 4.5 右可见,水稻抽穗到扬花期轻度高温热害频次的小波全谱在 3 a、7～8 a、22 a 左右的时间尺度上出现了峰值。由图 4.5 左可见,在 22 a 时间尺度上,周期性变化特征比较明显,出现了1个少发期和2个多发期,等值线到达2014年未闭合,说明之后仍有一段时间高温热害继续偏多。在7~8 a时间尺度上,小波系数等直线比较密集,周期性明显,并且有小尺度嵌套在大尺度的结构中。3 a时间尺度上的周期变化在1987—2011年表现为显著。

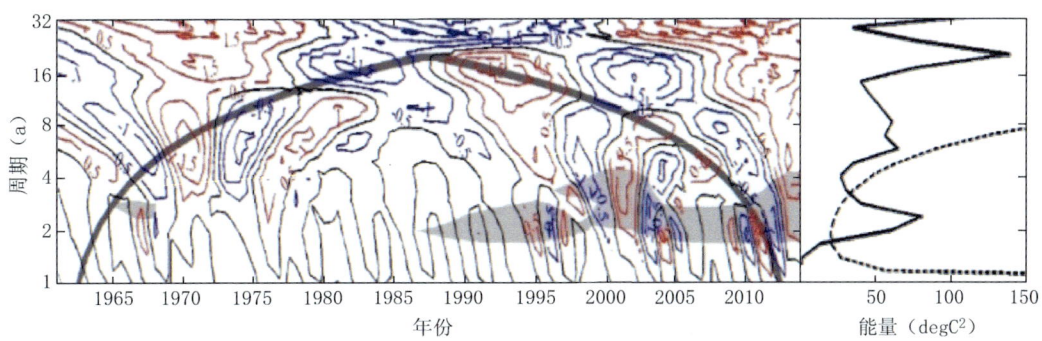

图4.5 1961—2014年水稻抽穗到扬花期轻度高温热害小波变换和方差

由图4.6右可见,水稻抽穗到扬花期中度高温热害频次的小波全谱在3~4 a、8~9 a、20 a左右的时间尺度上出现了峰值。由图4.6左可见,在20 a时间尺度上,自1990年后周期性变化特征比较明显,出现了1个少发期和1个多发期,等值线到达2014年未闭合,说明之后仍有一段时间高温热害继续偏多。8~9 a时间尺度上,在1987年后周期性变化特征比较明显。而3~4 a时间尺度上的周期变化在2002—2010年表现为显著。

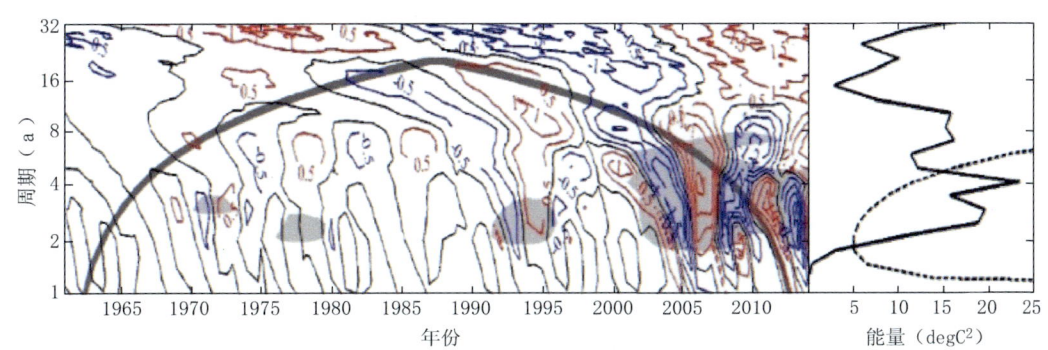

图4.6 1961—2014年水稻抽穗到扬花期中度高温热害小波变换和方差

(2)灌浆到结实期

由图4.7右可见,水稻灌浆到结实期轻度高温热害频次的小波全谱在2 a、4 a、7 a、14 a左右的时间尺度上出现了峰值。由图4.7左可见,在14 a时间尺度上,周期性变化特征比较明显,出现了3个少发期和3个多发期,等值线到达2014年即将闭合,说明一段时间之后轻度高温热害将进入偏少期。7 a时间尺度上,周期变化比较明显,该时期内的周期变化嵌套在大尺度的周期变化中。而2~4 a时间尺度上的周期变化在1976—2010年表现为显著。

由图4.8右可见,水稻灌浆到结实期中度高温热害频次的小波全谱在3 a、6 a、12 a左右的时间尺度上出现了峰值。由图4.8左可见,在12 a时间尺度上,周期性变化特征比较明显,出现了5个少发期和5个多发期,等值线到达2014年未闭合,说明之后仍有一段时间高

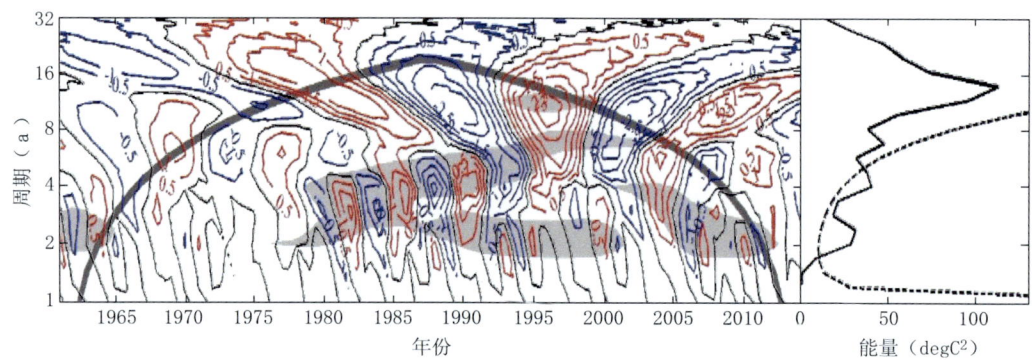

图 4.7　1961—2014 年水稻灌浆到结实期轻度高温热害小波变换和方差

温热害继续偏多。6 a 时间尺度上,周期变化在 20 世纪 70 年代到 80 年代以及 21 世纪 10 年代比较明显。而 3 a 时间尺度上的周期变化在 1965—1997 年、2003—2010 年表现为显著。

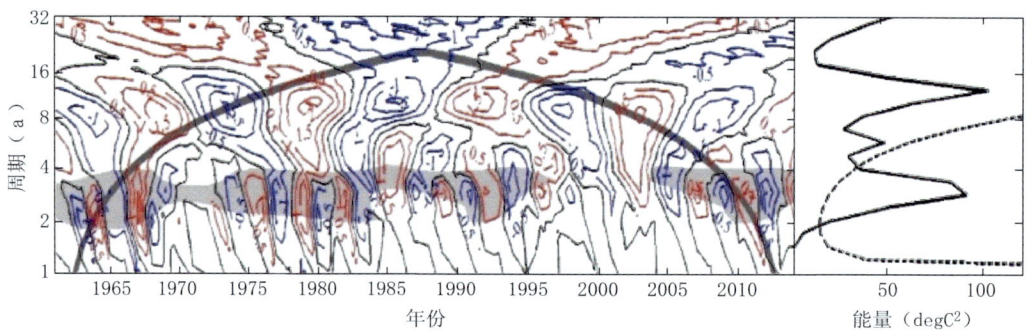

图 4.8　1961—2014 年水稻灌浆到结实期中度高温热害小波变换和方差

由图 4.9 右可见,水稻灌浆到结实期重度高温热害频次的小波全谱在 2 a、6 a、20 a 左右的时间尺度上出现了峰值。由图 4.9 左可见,在 20 a 时间尺度上,周期性变化特征比较明显,出现了 3 个少发期和 3 个多发期,等值线到达 2014 年未闭合,说明之后仍有一段时间高温热害继续偏多。6 a 时间尺度上,周期变化在 2003 年后表现为显著。而 2 a 时间尺度上的周期变化在 1967—1973 年、1990—2010 年表现为显著。

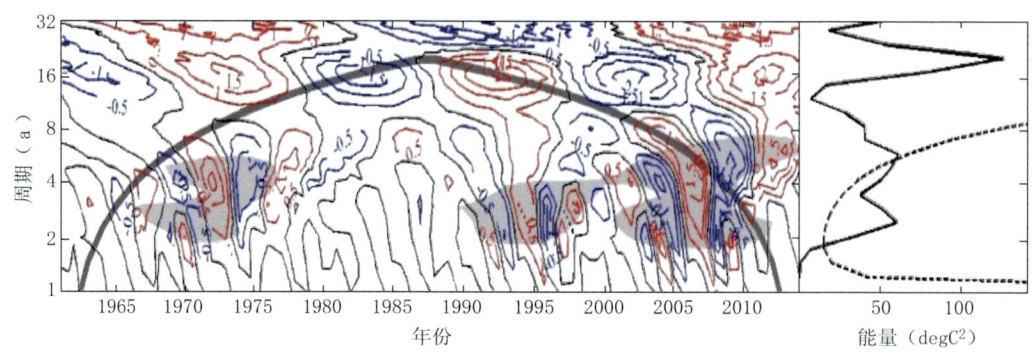

图 4.9　1961—2014 年水稻灌浆结实期重度高温热害小波变换和方差

4.1.3 水稻高温热害发生风险空间分布

1981—2014年四川水稻抽穗到扬花期、灌浆到结实期的高温热害风险分布见图4.10。抽穗到扬花期,水稻高温热害较高风险区和高风险区主要集中在盆地东北大部和盆地南部的部分地区,其中达州、广安和泸州的部分地区为高风险区。而低风险区主要分布在盆地西部、南部和川西南的大部地区(图4.10a)。

灌浆到结实期,水稻高温热害较高风险区和高风险区主要集中在盆地东北和盆地南部的大部分地区,其中泸州大部、南充和宜宾的个别地区为高风险区。而低风险区主要分布在盆地北部、西部和川西南的大部地区(图4.10b)。

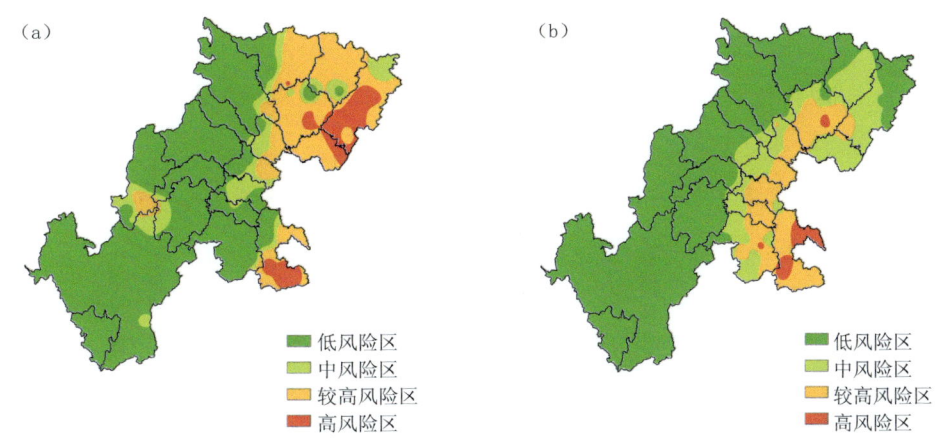

图4.10 四川水稻抽穗到扬花期(a)和灌浆到结实期(b)高温热害风险

4.2 水稻干旱

近年来,由于气候变化所带来的气温升高和降水分布的变化,以及降水量季节性分配不均出现的季节性干旱,已成为影响水稻生长发育并导致产量下降的重要因素。随着全球变暖,干旱对水稻的影响程度不断增加。水稻在四川粮食生产中占重要地位,干旱一直是制约水稻生产的主要因素,夏旱、伏旱频发,造成水稻减产。下面结合水稻生产的特点和气候条件,选取水分盈亏指数作为干旱评估指标,分析1961—2014年四川水稻7大种植区不同生育期的干旱时空变化特征及其风险分布情况(张建平等,2015;陈东东等,2017a)。

4.2.1 水稻生育期干旱时空分布

4.2.1.1 水稻干旱的时间变化

(1)孕穗到抽穗期

从图4.11可看出,1961—2014年四川水稻孕穗到抽穗期每年都有不同程度的干旱发生,发生干旱的站均次数呈增加的趋势,速率为0.01次/(站·10 a);其中以2001年、2008年、1979年发生干旱的站均次数最多,1987年最少。发生轻度和中度干旱的站均次数呈略有减少的趋势,发生重度和特级干旱的站均次数呈增多的趋势;发生轻度和中度干旱的站均次数最多，重度次之，特旱发生的站均次数最少；发生轻度干旱的站点数最多的年份在 1990 年、1992 年，最少的年份为 2008 年、1987 年；发生中度干旱的站点数最多的年份为 1964 年、1992 年，最少为 2013 年、1998 年、1973 年；发生重度干旱的站点数最多的年份为 2008 年、2001 年，最少为 1973 年、1984 年、1987 年、1999 年、2012—2013 年；发生特级干旱的站点数最多的年份为 1995 年、2008 年。

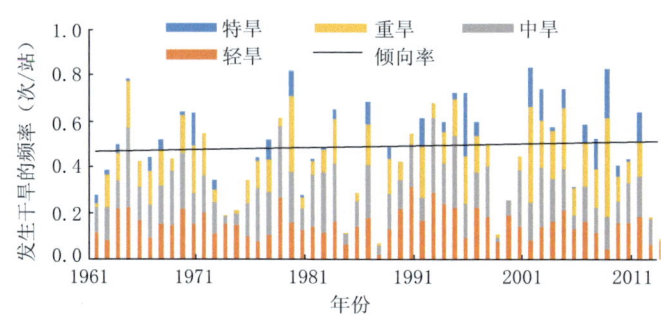

图 4.11　1961—2014 年水稻孕穗到抽穗期发生各等级干旱的年站均次数

表 4.3 统计了水稻孕穗到抽穗期不同程度干旱发生站均次数的年际变化，由表可知，发生干旱的总站均次数呈"U"形变化趋势，20 世纪 60 年代到 70 年代呈减少的趋势，70 年代到 80 年代变化不大，90 年代呈增加的趋势；发生轻度和中度干旱站均次数均呈倒"N"型分布，先降低后升高再降低；发生重度干旱的站均次数呈"V"形分布；特级干旱在 20 世纪 90 年代开始呈增加的趋势。

表 4.3　水稻孕穗到抽穗期发生各等级干旱站均次数的年代平均值

年代	轻旱	中旱	重旱	特旱	总站均次数
20 世纪 60 年代	0.160	0.180	0.134	0.037	0.510
20 世纪 70 年代	0.147	0.156	0.106	0.026	0.435
20 世纪 80 年代	0.153	0.163	0.087	0.021	0.424
20 世纪 90 年代	0.186	0.177	0.113	0.053	0.529
2000—2014 年	0.140	0.145	0.174	0.073	0.531

为了解 7 大种植区域内干旱的情况，计算了水稻种植区干旱站均次数，并对其进行 3 年滑动平均处理，绘制了各区域的干旱趋势图，如图 4.12 所示。从图中可看出，发生干旱的站均次数在川西南山区、盆地西部、盆地中部较高，在川西南宽谷地区较低；各种植区内出现高值的年份主要在 20 世纪 70 年代后期到 80 年代初期和 90 年代到 21 世纪。

（2）抽穗到成熟期

从图 4.13 可看出，1961—2014 年四川水稻抽穗到成熟期每年都有不同程度的干旱发生，发生干旱的总站均次数呈略有降低的趋势，速率为 -0.004 次/(站·10 a)；其中以 2006 年、2001 年、1994 年发生干旱的站均次数最多，1984 年、2005 年最少。发生轻度干旱的站均次数呈略有减小的趋势，发生重度和中度干旱的站均次数呈增多的趋势；发生轻度干旱的站均次数最多，重度很少，特级干旱没有发生；发生轻度干旱的站点数最多的年份在 1997 年、1963 年，最少的年份为 1984 年、2005 年；发生中度干旱的站点数最多的年份为 2001 年、

第4章 农业气象灾害变化对四川主要粮食生产的影响

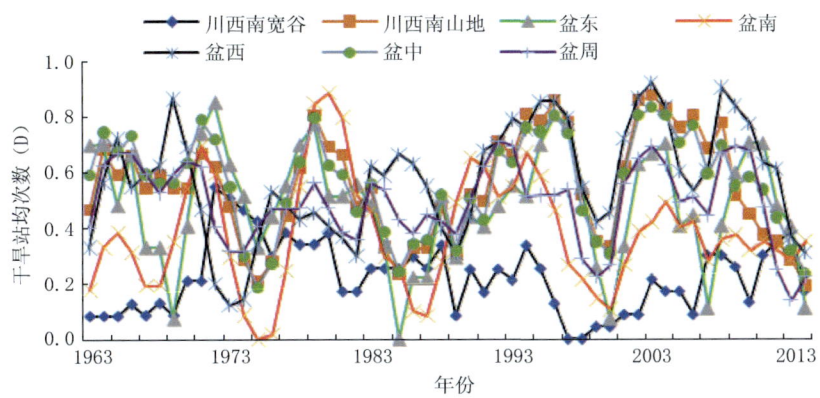

图 4.12　1961—2014 年水稻种植区孕穗到抽穗期发生干旱的站均次数

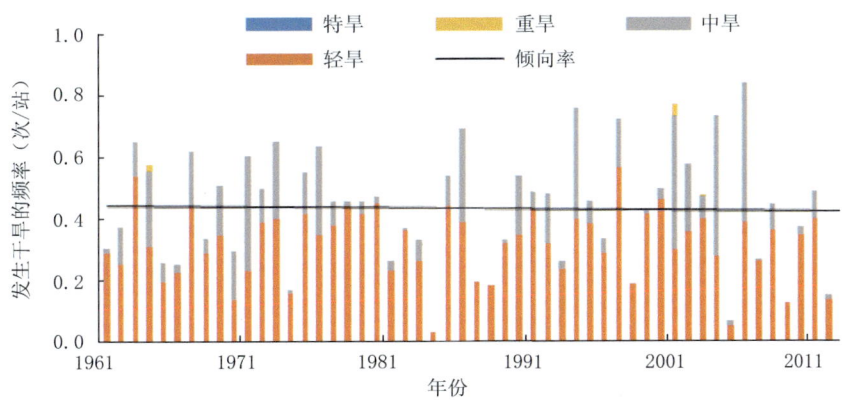

图 4.13　1961—2014 年水稻抽穗到成熟期发生各等级干旱的年站均次数

2004 年、2006 年,最少为 1984 年、1987—1988 年、1998 年、2009 年;仅在 2001 年、1964 年、2003 年有重度干旱的发生。

从表 4.4 统计水稻抽穗到成熟期不同程度干旱发生站均次数的年际变化可看出,发生干旱的总站均次数呈"N"形分布,20 世纪 60 年代到 70 年代呈增加的趋势,70 年代到 80 年代呈减少的趋势,90 年代呈增加的趋势,到 21 世纪变化不大;发生轻度干旱的站均次数呈"M"形分布;发生中度干旱的站均次数呈"N"形分布;重旱仅在 20 世纪 60 年代和 21 世纪有个别站点发生;特旱没有站点发生。

表 4.4　水稻抽穗到成熟期发生各等级干旱站均次数的年代平均值

年代	轻旱	中旱	重旱	特旱	总站均次数
20 世纪 60 年代	0.303	0.112	0.002	0	0.418
20 世纪 70 年代	0.363	0.133	0	0	0.495
20 世纪 80 年代	0.277	0.071	0	0	0.348
20 世纪 90 年代	0.369	0.094	0	0	0.463
2000—2014 年	0.283	0.152	0.003	0	0.438

四川水稻 7 大种植区在抽穗到成熟期内发生干旱的站均次数如图 4.14 所示。从图中

可看出,发生干旱的站均次数在盆地的东部地区、盆地的中部地区较高,其次是川西南山区、盆地南部地区、盆地周边地区、盆地西部地区,而川西南宽谷地区最低;发生站均次数多的种植区其年际高值分布在20世纪70年代和90年代。

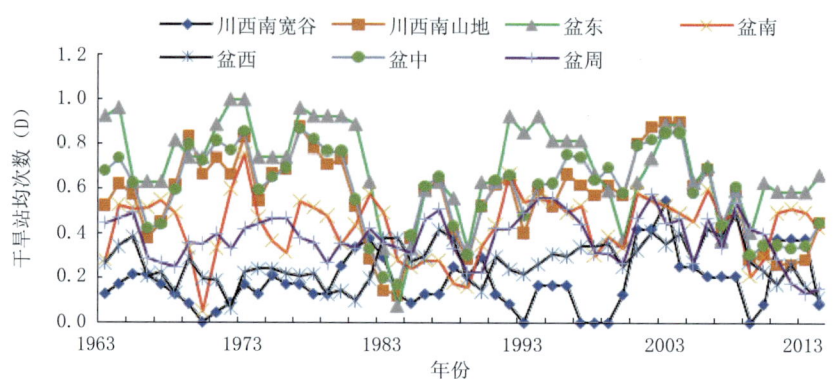

图4.14　1961—2014年水稻种植区抽穗到成熟期发生干旱的站均次数

4.2.1.2　水稻干旱的空间分布

（1）孕穗到抽穗期

从图4.15a可以看出,水稻孕穗到抽穗期,整个盆地大部分区域发生轻旱的频率不足20%;个别区域轻旱频率在20%～28%,零星分布在盆周、盆中和盆南地区;川西南山地和川西南宽谷地区轻旱频率多在10%～15%。

中度及以上干旱发生频率的分布见图4.15b,川西南宽谷大多在2%～15%,最低值出现在冕宁县,为2%;川西南山地大多在28%～53%,其中最低值为美姑县,最高值为石棉县;盆南大部分集中在15%～30%;盆周地区大部分在9%～59%,高值主要分布在靠北的部分包括北川县、剑阁县和旺苍县;盆中各县普遍在30%以上,其中遂宁、蓬溪县、苍溪县、梓潼县达到了50%以上,蓬溪县最高,为67%;盆西部分多在30%～60%,高发区主要在安县、绵阳、德阳、绵竹、什邡一带,频率普遍在46%以上;盆东区域多在20%～48%,仅渠县地区发生频率相对较高。

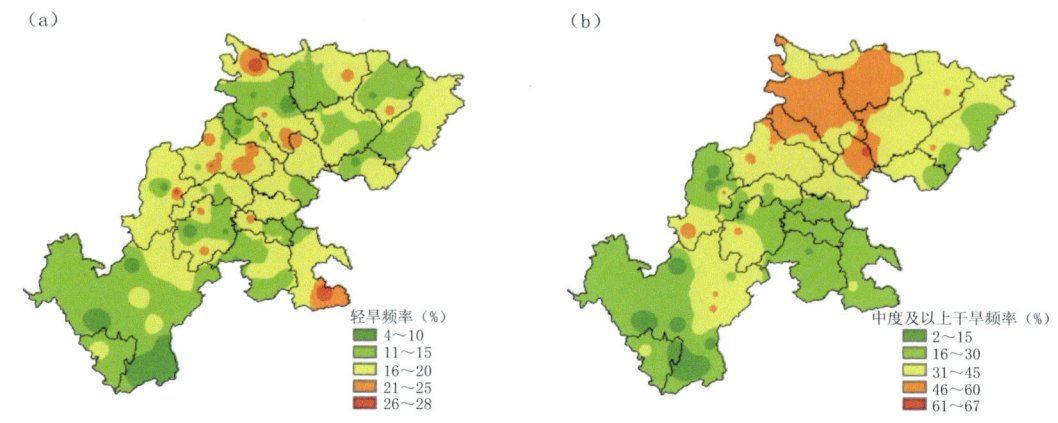

图4.15　1961—2014年水稻孕穗到抽穗期发生轻旱(a)、中度及以上干旱(b)频率的空间分布

(2)抽穗到成熟期

从图4.16a可以看出,水稻抽穗到成熟期轻旱发生频率分布情况为:川西南宽谷大多在7%~33%,最低出现在盐源县、会理县一带,为2%;川西南山地大多在33%以上,其中石棉县、布拖县、甘洛县达到50%以上,甘洛县最高达56%。盆地区大体上呈现出由西南向东北方向递增的趋势,盆周部分,盆西大部在4%~28%,以天全县、峨眉一带最小;盆地其余大部都在30%以上;其中,盆中的大部、盆周部分地区、盆东部分以及盆南的局部地区可达44%以上,最大值出现在旺苍县,为54%。

中度及以上干旱发生频率的分布如图4.16b所示:川西南宽谷大部分地区都不发生,仅盐边县发生频率为4%;川西南山地大多在13%~31%,以金阳县和石棉县较高,分别为30%和31%。就整个盆地而言,只有盆中、盆东大部以及盆周局部发生概率在20%以上,以遂宁、蓬溪县、渠县和通江县相对较高均在30%以上,其中蓬溪最高,达52%。其余各地发生概率大部分不足15%,其中盆西大部和盆周靠南部分均不发生。

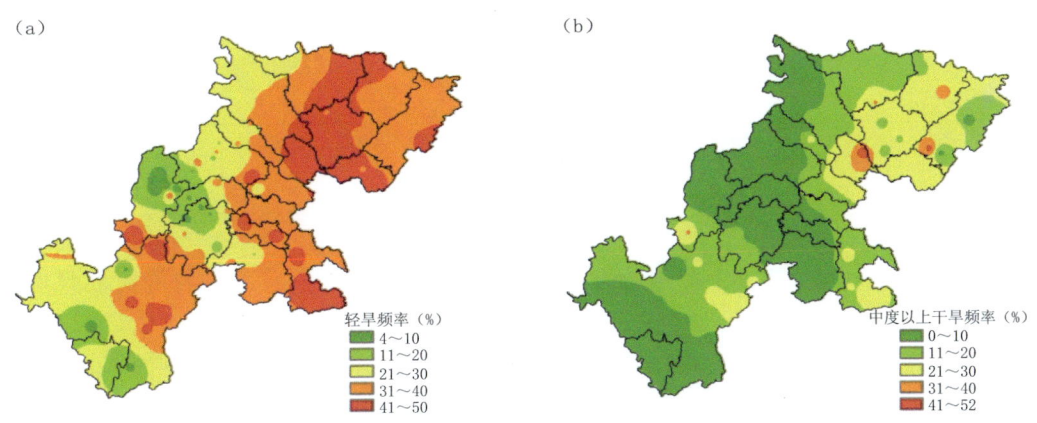

图4.16 1961—2014年水稻抽穗到成熟期发生轻旱(a)、中度及以上干旱(b)频率的空间分布

4.2.2 水稻干旱的周期性变化

通过复数小波Morlet小波对水稻不同程度干旱的时间序列进行时间尺度分析,并确定其变化周期。

(1)孕穗到抽穗期

由图4.17右可见,轻度干旱频次的小波全谱在2~3 a、12 a、28 a左右的时间尺度上出现了峰值。由图4.17左可见,在28 a时间尺度上,周期性变化特征比较明显,出现了2个少发期和2个多发期,等值线到达2014年即将闭合,说明之后要进入干旱偏多期。在12 a时间尺度上,20世纪70年代到21世纪初小波系数等值线密集,周期性明显,并且有小尺度嵌套在大尺度的结构中。2~3 a时间尺度上的周期变化在1970—2003年、2005—2011年表现为显著。

由图4.18右可见,中度干旱频次的小波全谱在3~4 a、8 a、12 a左右的时间尺度上出现了峰值。结合图4.18左可知,在12 a时间尺度上,周期性变化特征比较明显,出现了6个少发期和5个多发期,等值线到达2014年未闭合,说明之后仍有一段时间内中度干旱次数将

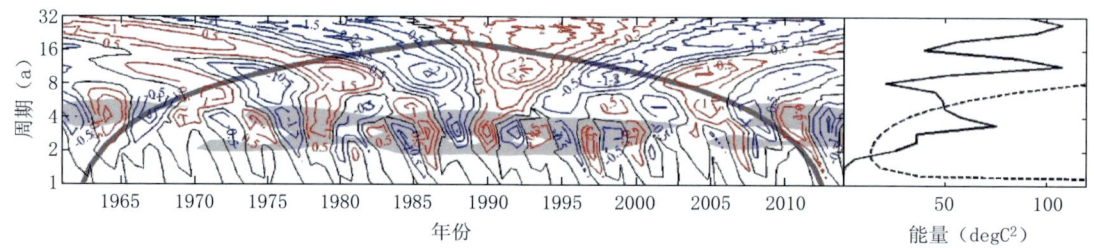

图 4.17　1961—2014 年水稻孕穗到抽穗期轻度干旱小波变换和方差

继续减少。在 8 a 时间尺度上，周期变化在 2011 年以前比较明显，且中心值没有偏移。3～4 a 时间尺度上的周期变化在 1965—2008 年表现为显著。

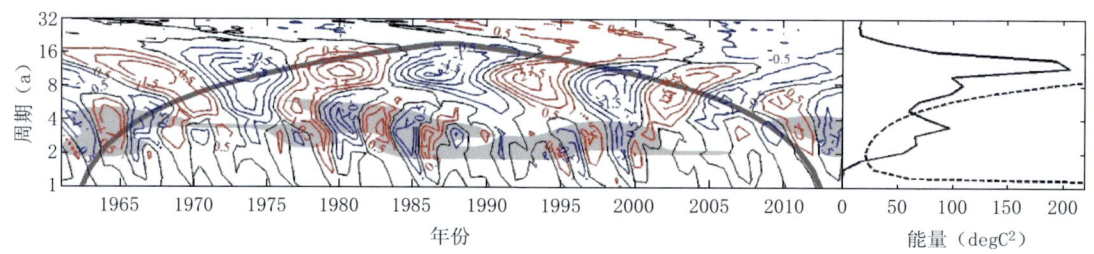

图 4.18　1961—2014 年水稻孕穗到抽穗期中度干旱小波变换和方差

由图 4.19 右可见，重度干旱频次的小波全谱在 2～3 a、8 a、15 a 左右的时间尺度上出现了峰值。结合图 4.19 左可见，在 15 a 时间尺度上，周期变化在 1987 年以后比较明显，在此期间经历了 2 个少发期和 1 个多发期，等值线到达 2010 年后进入偏少期，并且未闭合，仍有一段时间内中度干旱次数将继续减少。在 8 a 时间尺度上的周期变化在 1995—2005 年表现为显著。2～3 a 时间尺度上的周期变化在 1975—1993 年、1997—2010 年表现为显著。

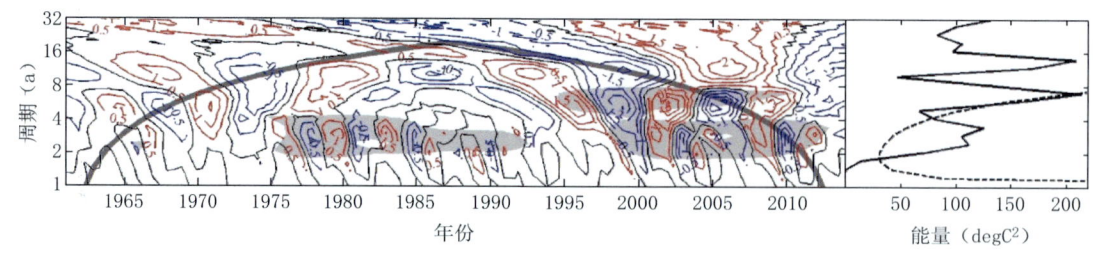

图 4.19　1961—2014 年水稻孕穗到抽穗期重度干旱小波变换和方差

由图 4.20 右可见，特级干旱频次的小波全谱在 4 a、8 a、15 a 左右的时间尺度上出现了峰值。结合图 4.20 左可见，在 15 a 时间尺度上，在 1996 年后周期变化明显，在此期间经历了 2 个少发期和 1 个多发期，等值线到达 2010 年后进入偏少期，并且未闭合，仍有一段时间内中度干旱次数将继续减少。在 8 a 时间尺度上的周期变化在 1987—2008 年表现为显著。2～3 a 时间尺度上的周期变化在 1965—1980 年、1983—2010 年表现为显著。

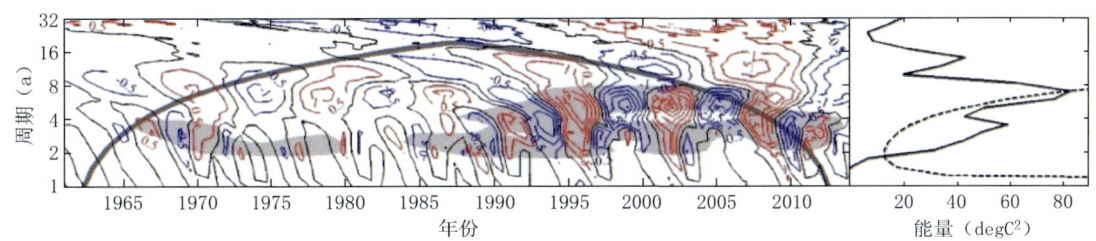

图 4.20　1961—2014 年水稻孕穗到抽穗期特旱小波变换和方差

（2）抽穗到成熟期

由图 4.21 右可见，轻度干旱频次的小波全谱在 3 a、23 a 左右的时间尺度上出现了峰值。由图 4.21 左可见，在 23 a 时间尺度上，周期性变化特征比较明显，出现了 3 个少发期和 2 个多发期，等值线到达 2014 年即将闭合，说明之后要进入轻度干旱多发期。在 3 a 时间尺度上，周期变化在整个时段内均比较稳定，具有全面性，且在 1965—2010 年均表现为显著。

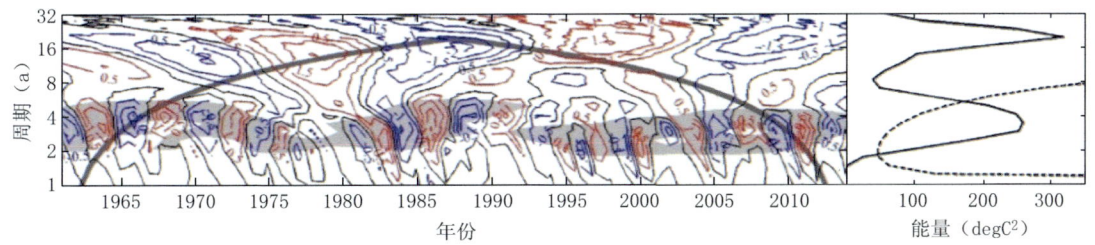

图 4.21　1961—2014 年水稻抽穗到成熟期轻度干旱小波变换和方差

由图 4.22 右可见，中度干旱频次的小波全谱在 2 a、10 a、16 a、29 a 左右的时间尺度上出现了峰值。结合图 4.22 左可知，在 29 a 时间尺度上，周期性变化特征比较明显，出现了 2 个少发期和 2 个多发期，等值线到达 2014 年未闭合，说明之后仍有一段时间内中度干旱次数将继续减少。在 16 a 时间尺度上，周期变化 1984 年以前比较明显，并且该时期内周期变化嵌套在较大尺度上的周期变化中。在 10 a 时间尺度上，周期变化 1992 年以后比较明显，且中心周期没有发生偏移。2 a 时间尺度上的周期变化在 1964—1978 年、1984—2011 年表现为显著。

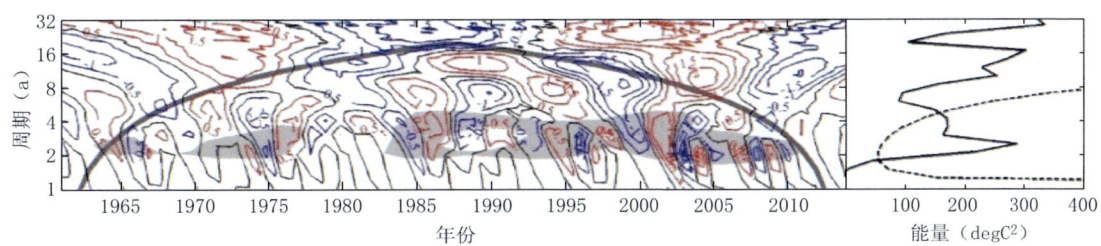

图 4.22　1961—2014 年水稻抽穗到成熟期中度干旱小波变换和方差

4.2.3 水稻干旱发生风险空间分布

根据风险度等级划分,分析水稻孕穗到抽穗期、抽穗到成熟期干旱风险度空间分布情况。1961—2014年水稻孕穗到抽穗期干旱风险的空间分布如图4.23a所示,整体呈盆地的北部高、南部低,川西南的北部和东部高、南部和西部低的分布特点。特级干旱风险区主要集中在盆西的北部地区、盆周山的西部地区、盆中的中部地区以及川西南中山山地的部分地区,其他地区分布比较分散;重度干旱风险区集中在盆西的中部地区、盆周山的东部地区、盆中的部分地区以及川西南中山山地的部分地区;中度和轻度风险主要集中在盆东地区、盆南地区以及川西南的南部地区。

1961—2014年水稻抽穗到成熟期干旱风险的空间分布如图4.23b所示,整体呈盆地的东北高、西南低,川西南的北部高、南部低的分布特点。特级干旱风险区较分散,主要集中在盆中的蓬溪县、遂宁县,盆东的渠县、武胜县以及川西南中山山地的石棉县;重度干旱风险区集中在盆东的南部地区、盆中的北部地区,在盆南的东部以及川西南中山山地的部分地区也有出现,但是区域比较小;中度和轻度风险区比较大,主要集中在川西南的大部分地区、盆西地区、盆南地区以及盆周山的大部分地区。

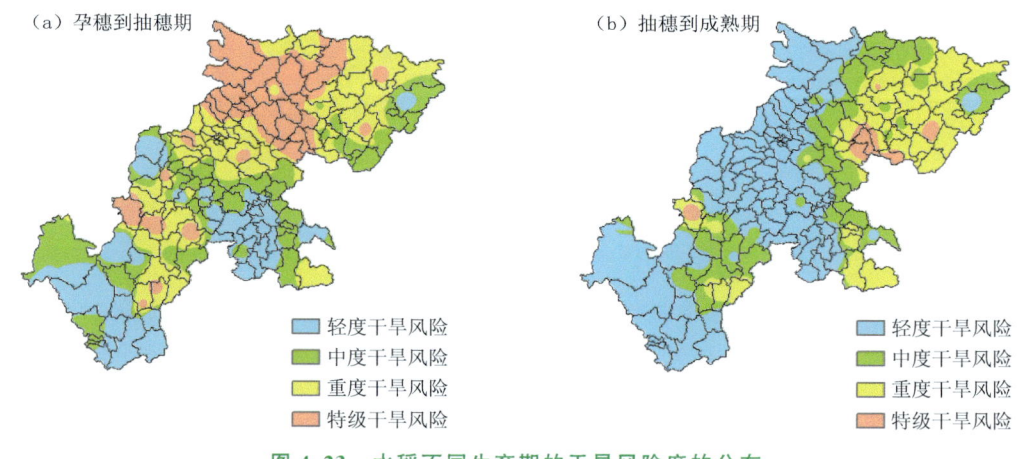

图4.23 水稻不同生育期的干旱风险度的分布

4.3 玉米干旱

玉米是四川省主要粮食作物之一,在粮食生产中占有重要地位。四川省玉米主产区季节性干旱频繁,据1949年以来统计资料显示,春旱、夏旱、伏旱发生频率分别高达89%、92%和62%。由于玉米的生长发育期处在高频率的春旱、夏旱、伏旱发生期,加之水稻与其争夺灌溉水,小麦和甘薯与其争夺土壤水,导致玉米"丰水年增产,干旱年减产",干旱已成为稳定提高玉米生产能力的第一限制因素(何永坤等,2014;贾建英等,2015)。

下面利用四川省144个玉米种植区气象台站1970—2010年逐日气象数据,以水分盈亏指数作为干旱指标,分析四川省6大玉米种植区域(盆南丘陵区、盆中浅丘区、盆西平丘区、盆周边缘山地区、盆东平行岭谷区和川西南山地区)玉米生育期内干旱频率的时空变化特征及干旱发生风险度的空间分布(张玉芳等,2011;2013)。

4.3.1 玉米生育期干旱时空分布

4.3.1.1 玉米干旱的时间变化

(1)玉米全生育期干旱频率的时间变化

通过计算出的四川省玉米各种植区各级干旱年站均次数,绘制发生干旱和发生中旱以上站均次数 3 a 滑动变化趋势图。可看出,发生干旱站均次数以盆南、盆中相对较多;其次是川西南山地、盆西及盆周;盆东最小。高值区主要出现在 20 世纪 80 年代初期至中期,90年代中期至 2000 年初期,后期间断出现,其中发生干旱的站均次数,盆南、盆中区域平均值为盆东的 2.5 倍。发生中旱以上等级站均次数在 20 世纪 80 年代中期前以川西南山地最多,依次为盆中、盆南、盆西、盆周及盆东;由于川西南山地站均次数随时间呈下降趋势,20 世纪 80 年代中期后盆中、盆南最多,其次川西南山地、盆西、盆周及盆东;川西南山地、盆南、盆中、盆西四个区域明显高于盆周、盆东两区域,其中川西南山地、盆南、盆中发生中旱以上的站均次数平均值为盆东的 2 倍,各区域发生中旱以上等级次数在 20 世纪 80 年代初期至中期较多,之后波动较明显,分别在 90 年代中期、2000 年初期出现高值,盆中、盆南尤为明显(图 4.24)。

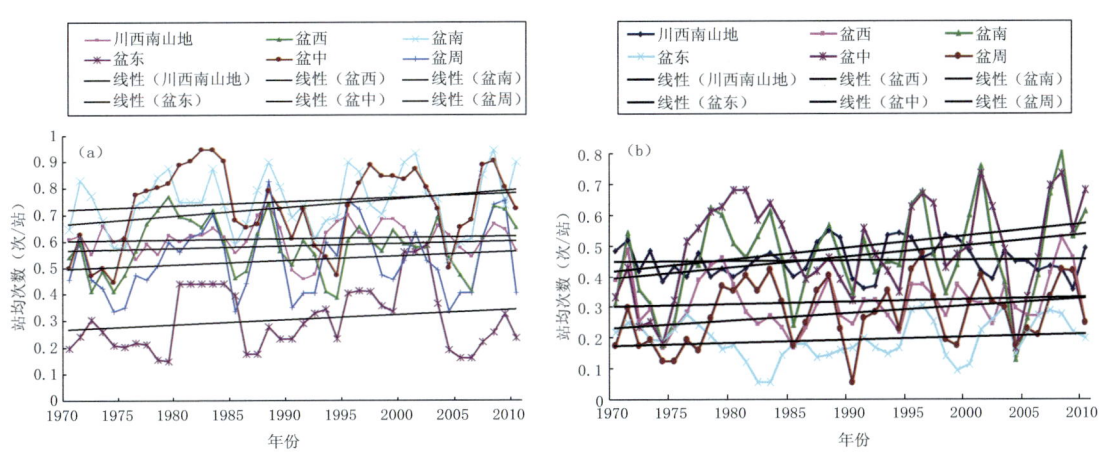

图 4.24 四川省玉米各种植区全生育期发生干旱(a)及中旱以上(b)站均次数 3 a 滑动平均变化趋势

(2)玉米需水关键生育期干旱频率的时间变化

玉米不同生育期对于水分的需求状况也不同,如玉米需水高峰出现在拔节孕穗和抽雄吐丝阶段,其中抽雄前 15 天至抽雄后 5 天的拔节吐丝期是玉米地需水关键期,在此生育期水分亏缺会使玉米吐丝延迟,不孕花粉增多,出现秃顶、空苞等,造成不同程度的减产。在乳熟到成熟期受到干旱危害,会使叶片提前枯黄甚至死亡,籽粒瘦瘪,千粒重明显下降,导致减产或绝收。下面着重分析玉米拔节到乳熟期及乳熟到成熟期两个生育阶段的干旱频率。

从(图 4.25)看出,拔节到乳熟期站均次数 3 a 滑动平均变化趋势除盆东随年代呈下降趋势外,其余各区都呈上升趋势。盆南 20 世纪 80 年代初出现最大值,90 年代有所降低,2000年后有所上升,盆中与盆南变化趋势相似;盆西呈明显上升趋势;川西南山地变化趋势不明显。乳熟到成熟期站均次数3 a滑动平均变化趋势,盆南、盆西及盆周呈明显上升趋势,盆东呈明显下降趋势,盆中及川西南山地变化不明显,其中盆中及盆南发生干旱站均次数明显高于其余各区,盆中在20世纪70年代初期、80年代中期、90年代后期及2000年后出现高值,最低值出现在80年代中期的川西南山地、80年代初期的盆西及2000年初期的盆东区域。

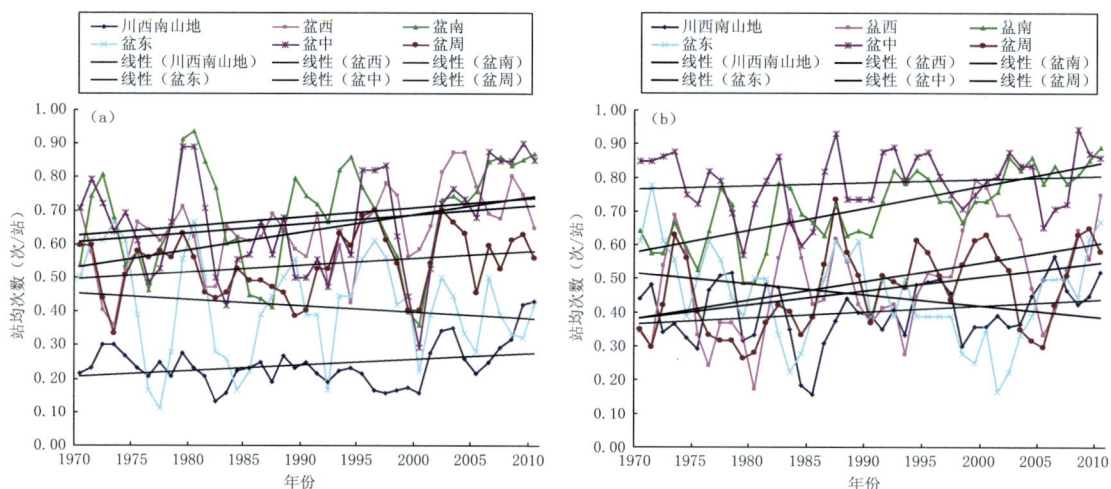

图 4.25 四川省玉米各种植区拔节到乳熟期(a)和乳熟到成熟期(b)站均次数3 a滑动平均变化趋势

4.3.1.2 玉米干旱的空间分布

(1)玉米全生育期干旱频率的空间分布

根据确定的玉米干旱等级标准,各区域近41年(1970—2010年)玉米全生育期各级干旱站均次数统计结果见表4.5。由表中可见,四川全省玉米种植区轻旱及中旱发生次数均较高,其中盆南丘陵区轻旱发生次数最高;中旱发生次数最高的区域是盆中浅丘区;中等以上干旱发生次数,盆西平丘区及盆东平行岭谷区发生次数相对较低;川西南山地重旱等级次数明显多于其余5个区域。

表4.5 四川省1970—2010年玉米全生育期不同等级干旱站均次数区域分布(单位:次/站)

区域	轻旱	中旱	重旱	特旱	合计
盆南丘陵区(Ⅰ)	12.9	15.0	1.5	0.1	29.5
盆中浅丘区(Ⅱ)	11.8	20.0	3.7	0.0	35.5
盆西平丘区(Ⅲ)	6.9	8.7	2.6	0.2	17.5
盆周边缘山地区(Ⅳ)	12.1	11.7	1.7	0.2	25.7
盆东平行岭谷区(Ⅴ)	6.3	2.8	0.2	0.2	9.5
川西南山地区(Ⅵ)	7.8	12.2	11.0	0.1	31.1

四川省玉米全生育期轻旱等级干旱频率分布特点为:川西南山地大都在6%～25%,高值区出现在渡口、汶川、小金;盆东频率较低,大多在6%～22%,最低值出现在大竹,为6%;

盆南各县发生频率多在25%左右波动;盆西多在16%~40%;盆中大都集中在16%~36%,相对高值区集中在乐至、简阳、蓬安等地;盆周各县发生频率12%~32%。中等以上干旱频率的分布特点为:川西南山地在14%~91%,高值区集中在巴塘、德昌、木里、西昌,为90%以上;盆东频率较低,多在10%以内;盆南各县多在10%~55%,频率高值区有荣县、资中、自贡,在50%以上;盆西多集中在20%~50%;盆中各县发生频率在18%~77%,高值区有简阳、梓潼、盐亭,发生频率为75%以上;盆周多集中在6%~50%,雅安、万源、洪雅发生频率相对较低,不足10%(图4.26)。

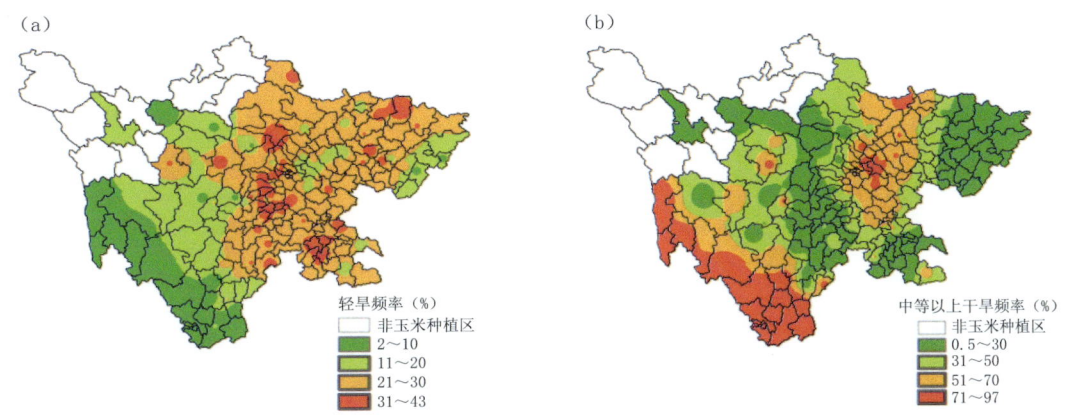

图4.26 四川省玉米全生育期轻旱(a)和中等以上干旱(b)发生频率的空间分布

(2)玉米各生育期干旱频率的空间分布

在播种到拔节期干旱频率区域分布从大到小依次为:盆中、盆南、盆周、盆西、川西南山地、盆东,其中盆中及盆南区域明显高于其余四区;拔节到乳熟期玉米干旱频率高值区主要集中在盆中及盆南部分区域,为80%左右,低值区分布在川西南山地及盆周部分区域,为10%~15%;乳熟到成熟期玉米干旱频率高值区分布在盆中及盆东部分区域,为75%~85%,低值区集中区域与拔节到乳熟期生育期相似(图4.27),不足10%,最小值在理塘、壤塘县,为3%。

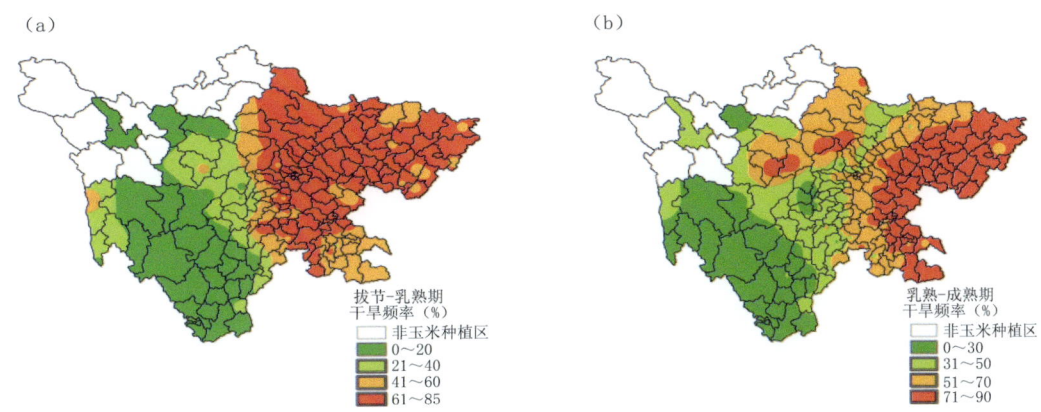

图4.27 四川省玉米拔节到乳熟期(a)和乳熟—成熟期(b)干旱发生频率的空间分布

4.3.2 玉米干旱发生风险空间分布

按照风险度等级,绘制出玉米全生育期及受干旱影响较大的拔节到乳熟期,乳熟到成熟期干旱风险分布图。由图 4.28 可知,四川省玉米全生育期干旱风险重度区主要集中在盆中、盆北大部及盆南部分区域,其中盆中部分农区是极重度风险区,主要包括简阳、绵竹、乐至、威远、荣县等 25 个县(区);中度风险区分布面积较广,包括盆东北、盆南、川西南山地、川西高原部分区域;轻度风险区分散在盆东北、盆西、川西高原东北部及东南部局部区域,共计 23 个县(区)。

分析四川省玉米在拔节到乳熟期的干旱风险度分布状况(图 4.29)可知,重度风险区主要集中在盆北及盆中大部,其中盆中、盆西北及盆东北部分区域是极重度风险区,主要包括茂县、平武、简阳、中江、西充等 30 个县(区);中度风险区散乱分布在盆南、盆西、盆东北及川西高原西部部分区域;轻度风险区集中在川西南山地大部及川西高原部分农区。

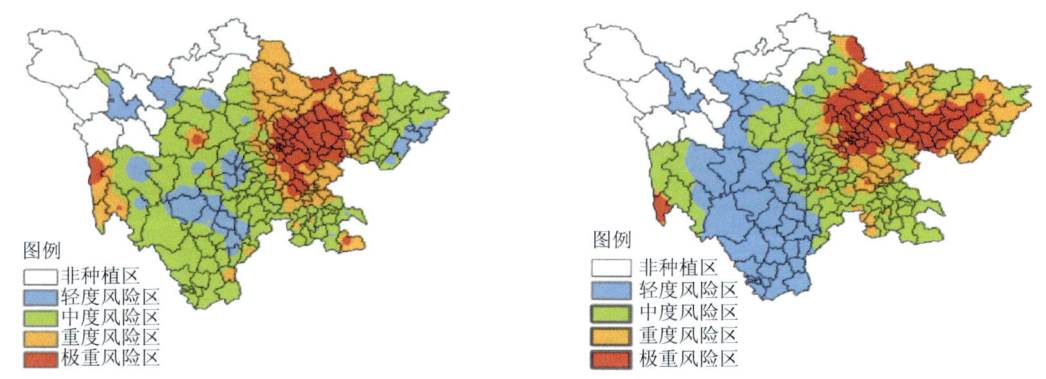

图 4.28 四川省玉米全生育期干旱风险度分布　　图 4.29 四川省玉米拔节到乳熟期干旱风险度分布

乳熟到成熟期的重度干旱和极重度干旱区域(图 4.30)较拔节到乳熟期向东方向移动扩展,重度干旱区域分布在盆北、盆东南及盆中部分区域,其中极重度干旱风险区主要位于盆东北大部及盆中局部,包括平昌县、蓬溪县、射洪县、仪陇县等 19 个县(区);中度风险区在盆西北、盆西及盆西南大部;轻度风险区位于川西南山地大部及川西高原南部部分区域。

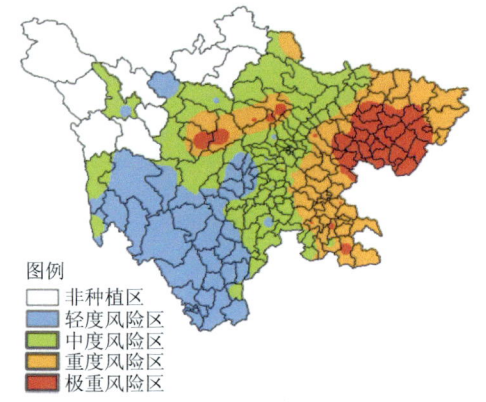

图 4.30 四川省玉米乳熟到成熟期干旱风险度分布

4.4 冬小麦干旱

冬小麦是四川省的主要粮食作物之一。近年来,四川省气候资源与农业气候资源伴随全球气候变暖发生了响应,热量资源的提升有利于作物生物量的累积,但与此同时,气候变率的增大也导致干旱、洪涝及高低温等农业气象灾害的发生频率增加。这里利用四川省135个气象台站1961—2014年逐日气象资料和29个农业气象观测站的小麦观测资料,选取水分盈亏指数作为干旱评估指标,分析54年来四川冬小麦7大种植区不同生育期的各级干旱时空变化特征及其风险分布情况(陈东东等,2017b)。

4.4.1 冬小麦生育期干旱时空分布

4.4.1.1 冬小麦干旱的时间变化

通过计算小麦各种植区各级干旱逐年站均次数,将不同等级的干旱次数相加得到发生干旱站均次数5年滑动平均变化图(图4.31)。可看出,拔节到孕穗期(图4.31a)各区干旱站均次数以川西南山地最高,多年平均值达到了0.958(表4.6),可谓连年有旱情发生,其次是川西高原地区,盆南最少。盆西、盆中和盆东的均值较小,但年际波动较大。孕穗到抽穗期(图4.31b)发生干旱次数较多的区域仍然是川西南山地和川西高原,此时段内盆地5个区域的次数出现了明显的增加,年际波动亦有所增大。抽穗到乳熟期(图4.31c)干旱站均次数依然是川西南山地最多,其余依次是盆中、川西高原,盆东区域最少。

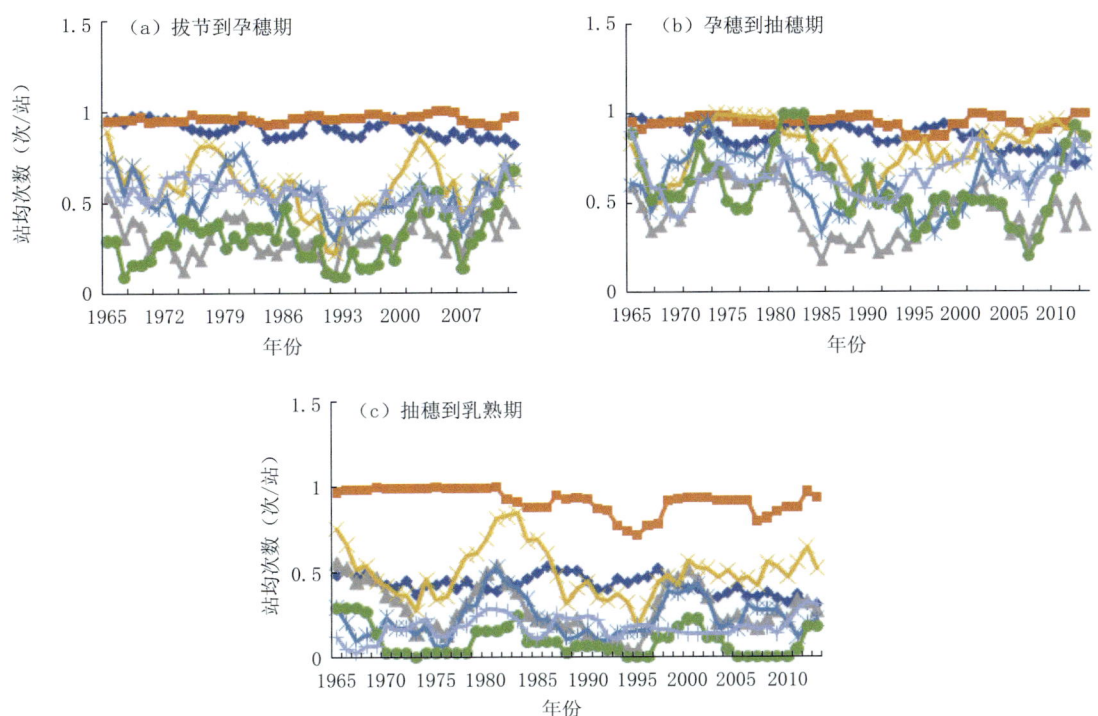

图4.31 1961—2014年四川省冬小麦各种植区不同生育期干旱站均次数变化

表 4.6　1961—2014 年四川省冬小麦各种植区不同生育期干旱站均次数均值和方差（次/站）

区域	拔节到孕穗期		孕穗到抽穗期		抽穗到乳熟期	
	均值	方差	均值	方差	均值	方差
川西高原	0.905	0.010	0.872	0.016	0.419	0.016
川西南山地	0.958	0.004	0.952	0.008	0.920	0.020
盆南	0.315	0.078	0.452	0.102	0.292	0.070
盆中	0.601	0.120	0.810	0.075	0.509	0.097
盆西	0.549	0.113	0.631	0.118	0.242	0.068
盆东	0.321	0.114	0.611	0.156	0.098	0.040
盆周	0.536	0.052	0.665	0.061	0.179	0.037

从时间变化情况来看，在拔节到孕穗、孕穗到抽穗期，川西南山地和川西高原地区干旱发生次数较高，变化大体相近，相对盆地各区域而言波动较小。在抽穗到乳熟期，川西南山地 20 世纪 80 年代以前一直较高无明显变化，之后出现一定的波动，呈下降趋势，明显高于川西高原和盆地各区域。而盆地的 5 个区域在三个生育阶段以及川西高原在抽穗到乳熟期变化大体类似，20 世纪 60 年代中期干旱次数较高，之后干旱次数降低，从 20 世纪 70 年代末至 2014 年干旱次数变化整体呈现近似"W"，高值区主要出现在 20 世纪 80 年代初、21 世纪初期和 2010 年前后。2010 年前后的干旱是由于 2009 年秋、冬季到 2010 年春季热带西太平洋和热带印度洋处于升温期，影响到气压场和流场的强弱和分布，导致从孟加拉湾来的水汽很难到达云贵高原，从而引起西南地区降水偏少。

4.4.1.2　冬小麦干旱的空间分布

拔节到孕穗期发生轻旱的分布情况为（图 4.32a）：川西南山地轻旱发生频率高的区域在其西北部靠近高原的部分，大都在 80% 以上，其余大多数地区在 60%～70%，部分河谷地带在 50% 以下。川西高原大部地区轻旱频率较高，大多地区在 80% 以上，部分河谷地区在 60%～70%。盆地除盆周轻旱频率 60%～70% 外，其余大部在 50% 左右，其中频率最低的区域出现在盆南及盆东北地区，基本是 3 年一遇。中旱（图 4.32b）在该生育阶段盆地发生频率较低，川西南山地大多数区域中发生频率在 30% 以下；发生较高的区域主要集中在甘孜州

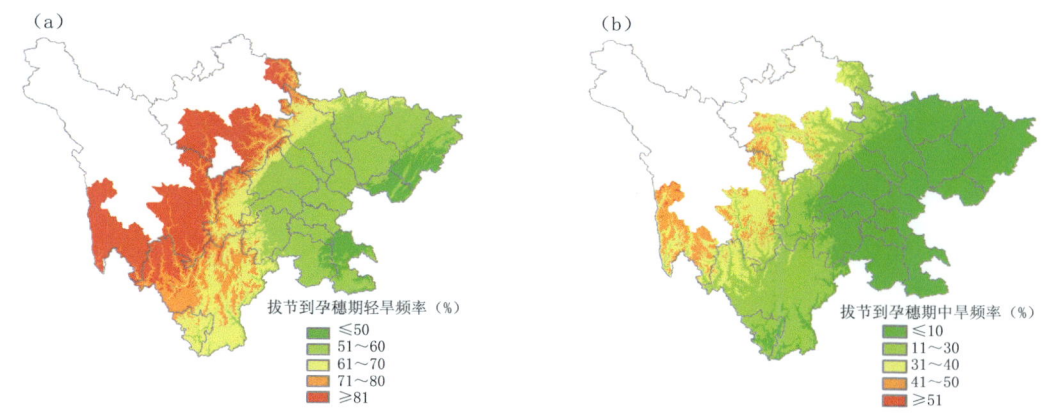

图 4.32　四川冬小麦拔节到孕穗期各旱级干旱频率分布

的得荣县、乡城县、巴塘县和雅江县。拔节到孕穗期无重旱发生。

孕穗到抽穗期发生轻旱分布情况为(图 4.33a):整个盆地轻旱频率普遍在 30% 以上,其中盆南大部轻旱频率相对较高为 50%～60%;川西南山地大部区域发生轻旱频率在 40%～50%,仅攀枝花市部分地区就达 60% 以上;川西高原地区轻旱频率普遍较低,多在 30% 以下。中旱发生频率(图 4.33b)较高的地区出现在川西高原地区,普遍在 40% 以上,最高的金川县达到了 64%。盆地以盆周部分地区相对较高,在 34%～47%,其余各区域包括川西南山地中旱频率多在 30% 以下。重旱则主要分布在川西高原的巴塘县、得荣县、荥经县和稻城县以及川西南山地的木里县,其余各区域发生频率较低(图 4.33c)。

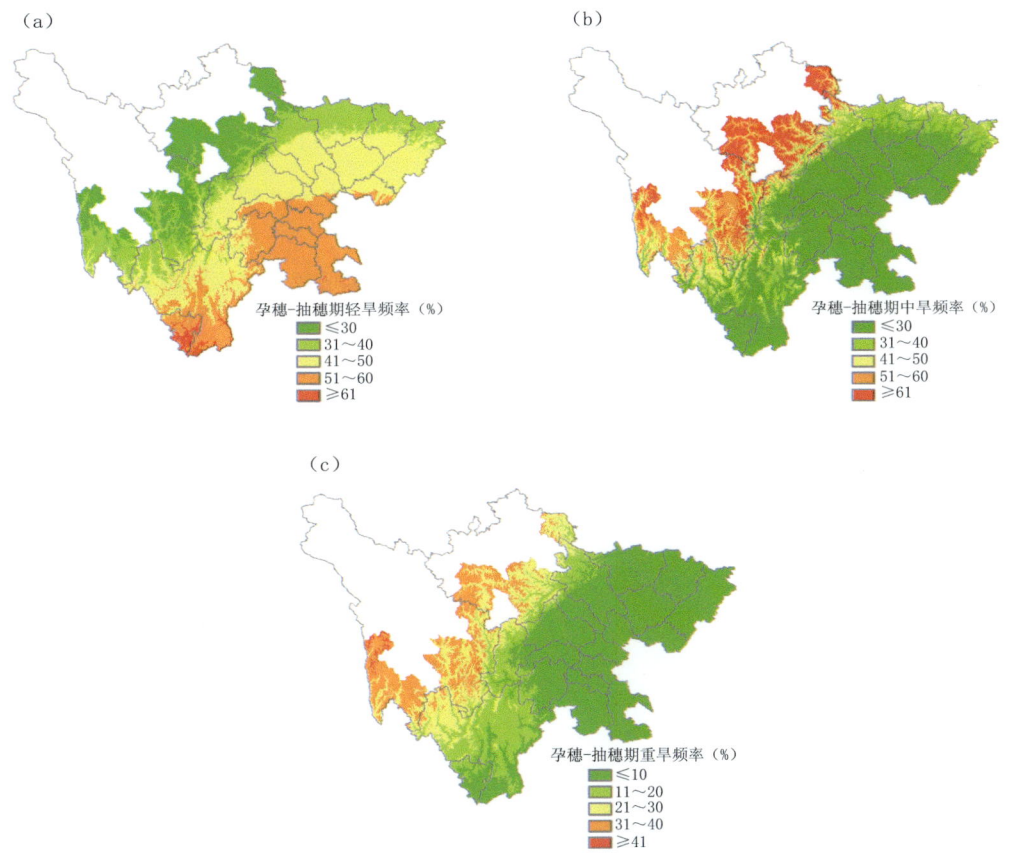

图 4.33 四川冬小麦孕穗到抽穗期各旱级干旱频率分布

抽穗到乳熟期(图 4.34)只有轻旱发生,发生频率较高的区域集中在川西高原的甘孜州和川西南山地西南部。该区域之所以出现频率较高,与当地的气候类型有很大关系。该区域气候特点是四季区分不明显,而干雨季分明。此段时间刚好处于干季,所以特别干燥。盆地以盆南轻旱发生频率相对较高,大部分地区在 40%～60%。其原因为这部分区域主要是丘陵田,少土多丘坡地,土层瘠薄,保水能力差。其余各区发生轻旱频率不高,多在 30% 左右。

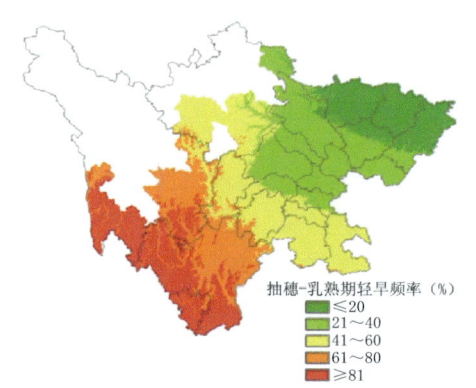

图 4.34　四川冬小麦抽穗到乳熟期轻旱频率分布

4.4.2　冬小麦干旱发生风险空间分布

四川小麦风险指数经 Kolmogorov-Smirnov 正态分布概率检验法（K-S 检验）检验，数据符合正态分布，按照风险度等级，绘制四川省小麦拔节到孕穗期、孕穗到抽穗期和抽穗到乳熟期干旱风险分布图。从图 4.35 来看，拔节到孕穗期发生轻旱极重风险（图 4.35a）区域主要分布在川西南山地的西北部和川西高原的雅江县、丹巴县、金川县和九寨沟一带。盆地区域风险度较低，只有盆地西部有局部重度风险，多在 57%～66%。其余各区域风险普遍在中度以下。中旱风险（图 4.35b）仅在巴塘县、得荣县、乡城县、稻城县和木里一带是重度风险区域，除此之外其余种植区发生中旱的风险度较低，盆地大部区域无中旱发生风险。

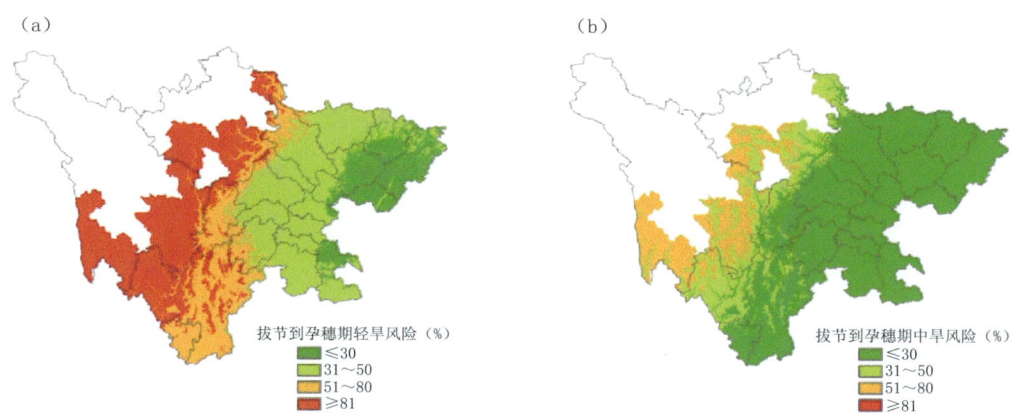

图 4.35　四川冬小麦拔节到孕穗期干旱风险度分布

在孕穗到抽穗期，发生轻旱极重风险（图 4.36a）区域主要集中在川西南山地，重度风险主要分布在盆中以及盆西局部地区，普遍在 54%～75%，最高出现在梓潼县，为 75%。其余各区发生轻旱风险多在中度及以下。发生中旱极重风险（图 4.36b）区域主要分布在川西高原及川西南山地的木里和九龙县。盆地区域仅盆周部分地区有中度以上风险，个别市县如广元、南江县、梓潼县和三台县等达到了重度风险，风险最高的广元发生风险度达 78%，其他区域发生中旱风险多在轻度以下。重旱(图4.36c)发生重度和极重风险区域主要集中在川西高原的大部以及川西南山地的南部地区;盆地大多区域无重旱发生风险,仅在盆周部分区域有轻度风险。

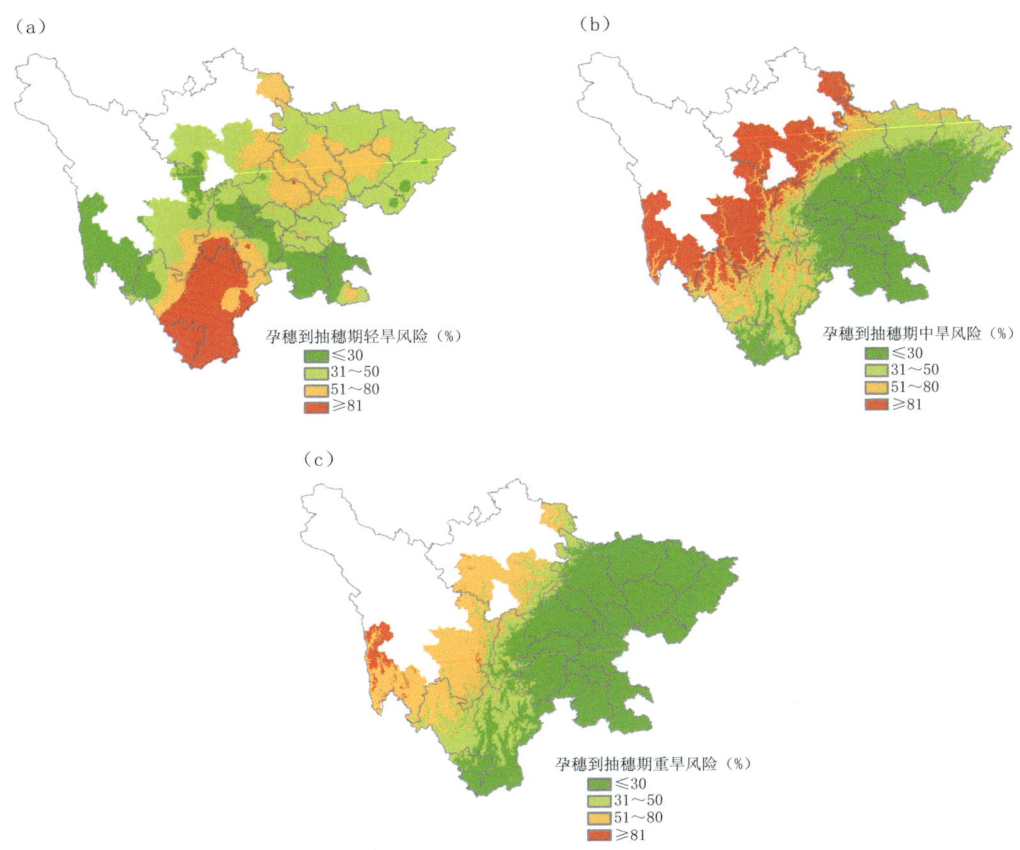

图4.36 四川冬小麦孕穗到抽穗期干旱风险度分布

抽穗到乳熟期(图4.37),该生育期无中旱和重旱发生。发生轻旱风险极重风险区主要分布在川西南山地和川西北高原的南部地区。盆南和盆周部分地区有轻旱中度发生风险,其他各区发生风险较小。

综上所述,小麦干旱风险分布状况与干旱分布频率相似,干旱风险度不仅取决于频率还要看强度的大小。以抽穗到乳熟期为例,川西南山地发生干旱频率较高,达到80%以上的区域基本达到一半以上,而对应该区域的干旱风险极重风险的区域则减少很多。说明发生干旱频率虽高,但程度较弱,干旱风险度自然不会很高。

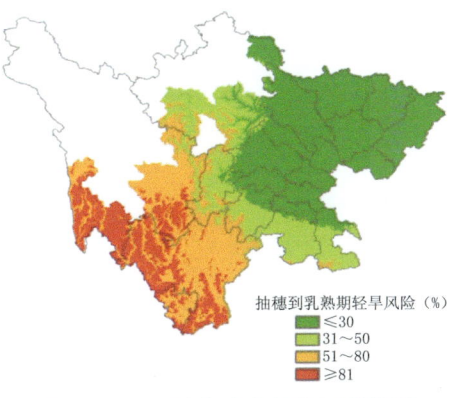

图4.37 四川冬小麦抽穗到乳熟期干旱风险度分布

4.5 主要粮食作物减产的气候风险

气候变化对农业的影响及粮食安全问题是当前农业与气候变化研究的重大课题,农业生产是受到气候变化不利影响的脆弱产业。近 60 年来,我国气候变化显著,农业生产灾害风险不断加剧,农作物产量波动性非常明显。

作物产量的变化可主要分为两个方面,一个是由社会技术水平决定的趋势产量,另一个是由气象要素影响的气象产量。农作物的气象灾害风险可通过对其受灾数据的直接评估得到。在没有具体灾情数据可供参照的情况下,农作物气象产量的波动可以反映一个地区粮食生产的气象灾害风险水平。

4.5.1 水稻减产的气候风险分析和区划

4.5.1.1 水稻歉年平均减产率的分布

利用 5 a 直线滑动平均法得到四川各县水稻的相对产量。据统计,1981—2012 年有 30 个左右的县出现减产,其中有 7 a 出现 50 个以上的县减产,尤其以 1981 年为最,有 61 个县减产,2012 年最少,7 个县减产。空间分布上(如图 4.38),水稻歉年平均减产率在 1.4%～18.6%,其中大部分县在 1.4%～10.0%,占总种植县数的 89.3%。减产率相对高值区域(＞10%)主要分布在绵阳市、广元的苍溪县以及凉山的美姑县。

4.5.1.2 水稻歉年减产率变异系数的分布

由图 4.39 可见,研究区域内水稻歉年减产率变异系数为 0.32～2.30,大部分地区在 0.32～1.2,占总种植县数 80.1%,变异系数大于 1.20 的分布比较分散,主要集中在宜宾地区、雅安的东部和东北部、泸州的西北部、凉山的冕宁及攀枝花的盐边县等地区。

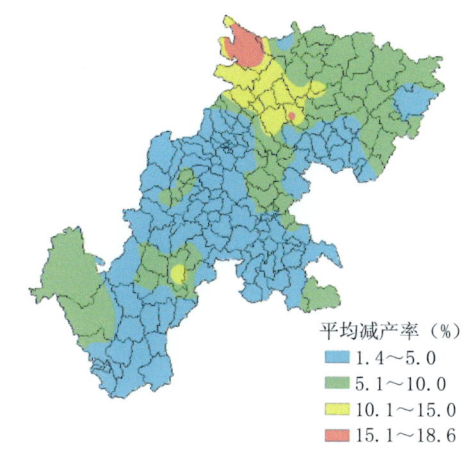

图 4.38 水稻歉年平均减产率的分布

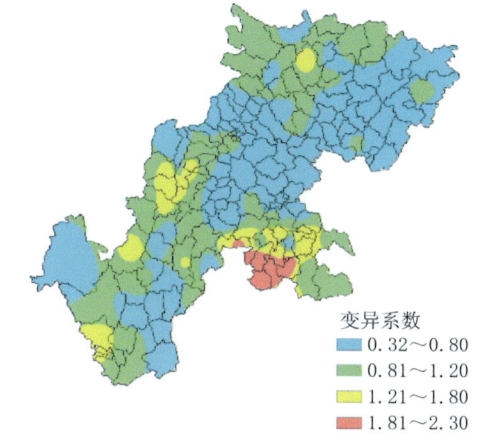

图 4.39 水稻歉年减产率变异系数的分布

4.5.1.3 水稻歉年减产率＞5%出现的风险概率

如图 4.40 所示,四川水稻歉年减产率＞5%的风险概率为 0.2%～25%,整体呈中部大、两头小的分布特点,大部分地区分布在 5%～20%,占总种植县数 83.3%。发生概率＜5%

的区域主要分布在凉山的金阳和美姑县、资阳的中部、内江的北部、绵阳的江油、平武、三台等地区,发生概率>20%的区域主要分布在泸州市的大部分地区、宜宾市的东部及西北部、广元的剑阁县及旺苍县等地区。减产率风险概率较小的地区光、温、水、肥力等条件较好,抗灾害能力较强;风险概率较高的地区光、温、水、肥力等条件较差,抗灾害能力较差。

4.5.1.4 水稻减产综合风险指数的分布

如图4.41所示,四川水稻歉年减产综合风险指数为0.13~0.65,大部分地区分布在0.2~0.5,占总种植县数的77.4%。高值区($I>0.50$)主要分布在广元的剑阁和苍溪县、泸州的纳溪和古蔺县以及宜宾的兴文和高县等地区;低风险区($I<0.20$)分布比较分散,主要分布在凉山市、内江市、资阳市的部分地区以及巴中的平昌县、乐山的犍为县、南充的阆中市等地区。

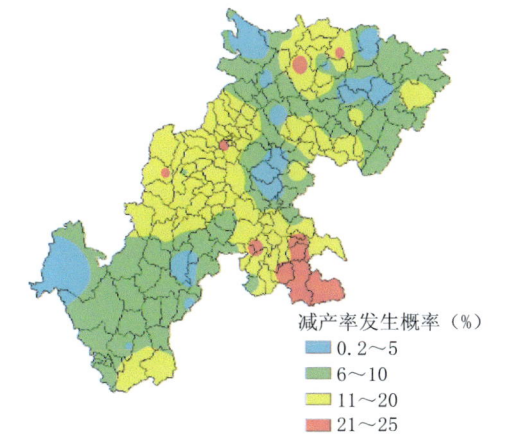
图4.40 水稻歉年减产率>5%发生概率的分布

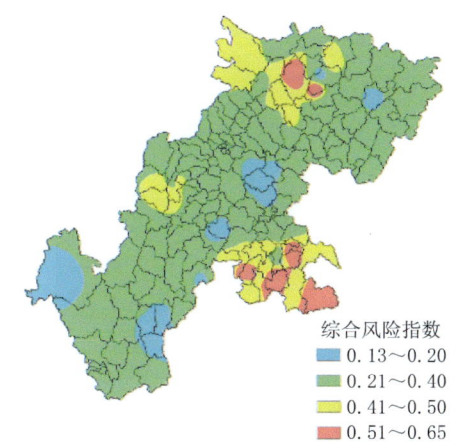
图4.41 水稻歉年综合风险指数的分布

水稻的生长期主要在4月至9月,在此期间影响水稻生长发育的主要气象灾害包括高温热害、干旱、洪涝、低温等。高风险区主要分布在广元市、泸州市、宜宾市、绵阳市等地区,该区减产率变异系数和减产率>5%的发生概率均较高。对于高风险区,干旱、洪涝、高温频繁发生,要减轻其对水稻生产的影响,一定要因地制宜,搞好防范措施。一是要根据灾害的规律安排农业生产;二是兴修水利,合理灌溉,如都江堰水利工程;三是深耕改土,减少水土流失;四是改进作物品种。

4.5.2 玉米减产的气候风险分析和区划

4.5.2.1 玉米歉年平均减产率的分布

通过计算,得到四川省玉米产量灾损风险强度指数在1.6~22.3,按照大小划分为3个等级:低值区(0~5.9),中值区(6.0~9.0),高值区(≥ 10.0)。

从图4.42可以看出,各个范围空间分布:低值区占全区的32.3%,主要集中在盆西大部、盆东北局部、盆东南部分区域及川西南山地大部地区,包括达州、雅安、宜宾的大部以及眉山、成都、泸州、攀枝花、凉山州的部分区域;高值区占10.2%,主要分布在盆中老旱区,包括绵阳的南部、德阳东部、遂宁及资阳、内江的大部区域;风险中值区占57.5%,为高值区与低值区的过渡带,主要分布在盆北、盆中及盆西南部分地区,包括广元、绵阳、巴中、广安、南充、自贡、乐山及眉山的大部区域。

4.5.2.2 玉米歉年减产率变异系数的分布

将数据划分为3个等级:低值区(0~0.9),中值区(1.0~1.4),高值区(≥1.5)。计算表明,变异系数较大的区域主要集中在乐山大部;此外,盆东北、盆西北、盆东南部分地区及川西南山地大部变异系数较小,主要包括南充、达州、绵阳、德阳、成都、雅安、凉山州及攀枝花的大部分区域,该区玉米生产不易受外界条件的影响,生态环境相对较好,灾损风险小(图4.43)。

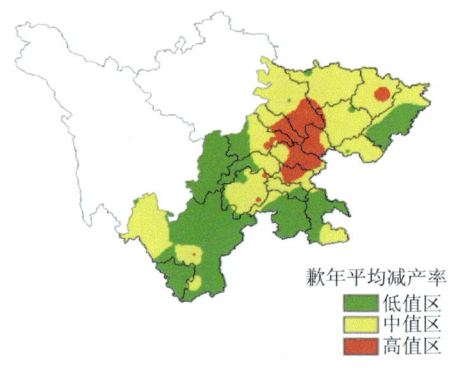

图4.42 四川省玉米歉年平均减产率分区图

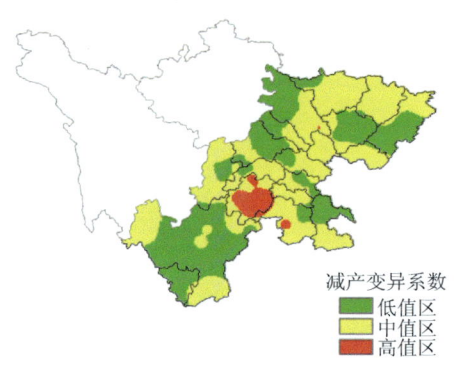

图4.43 四川省玉米减产变异系数分区

4.5.2.3 玉米歉年减产率>5%出现的风险概率

将数据划分为3个等级:低值区(0~5.9),中值区(6~9.9),高值区(≥10)。结果表明,低值区分布面积占全区的15.8%,主要集中在盆中、盆南及川西南山地中部部分区域,包括南充、资阳、内江、自贡、眉山及成都的部分县;中值区占69.7%,主要分布在盆北、盆中及盆南的部分地区,包括广元、广安、绵阳、宜宾、泸州及川西南山地部分县;高值区的分布面积占全区的14.5%,主要集中在雅安及达州部分县(图4.44)。

4.5.2.4 玉米减产综合风险指数的分布

将数据划分为3个等级:低值区(0~4.9),中值区(5.0~6.9),高值区(≥7.0)。区划图如图4.45所示。

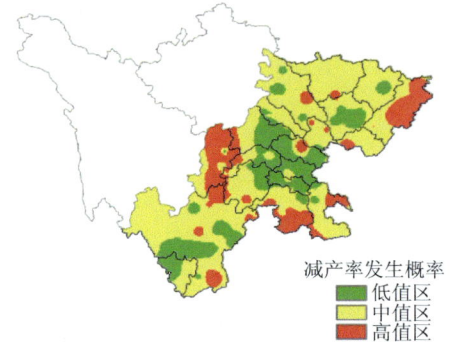

图4.44 四川省玉米减产率发生概率分布

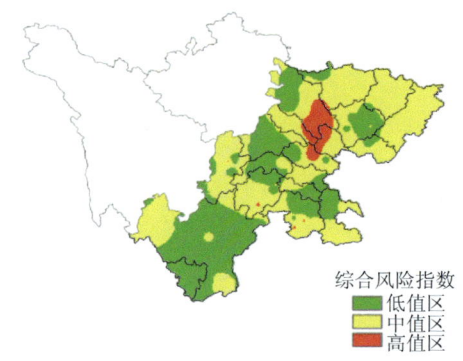

图4.45 四川省玉米产量综合风险指数分区

盆地玉米产量灾损高值区位于盆中的遂宁、资阳及盆西北的绵阳的部分县市,主要原因是该区玉米生长季内降水亏缺,春、夏、伏旱出现频率在40%以上,范围广、强度大,干旱严重,为盆地有名的老旱区,大范围丘陵坡土蓄水、引水困难,很大程度上仍然是靠天吃饭的"雨养农业"。加之坡地水土流失严重,土层瘠薄,极不耐旱,数日无雨即显旱象,稍长时间不雨便成旱灾。

产量灾损低值区主要位于成都、眉山、自贡南部、宜宾北部、雅安局部及川西南山地大部区县,这些地区受灾害影响相对较低,其中雅安年均降雨量1800 mm左右,素有"雨城"之称,是四川降雨量最多的区域;盆西及川西南山地安宁河流域由于灌溉条件较好,玉米底墒保持良好,在其生产过程中受干旱影响也相对较小。

产量灾损风险中值区域面积较大,主要包括盆北、盆南大部及盆中部分区域,含巴中、广安、广元、泸州等地。这些县市产量灾损风险整体处于中等水平,其减产的因素也不尽相同:在玉米全生育期内,渠江、嘉陵江以东为盆东伏旱区,多伏旱而少春夏旱;盆东南为春伏旱区,基本无夏旱。

4.5.3 冬小麦减产的气候风险分析和区划

4.5.3.1 冬小麦歉年平均减产率的分布

利用5 a直线滑动平均法得到四川各县小麦的相对产量。据统计,1981—2012年平均每年有45个县数出现减产,其中有12 a出现50个以上的县减产,尤其以1993年为最,有79个县出现减产,2000年最少,16个县出现减产。空间分布上(图4.46),小麦歉年平均减产率在1.6%~18.6%,其中大部分县在1.4%~15.0%,占总种植县数95%,减产率相对高值区域(>15%)主要分布在遂宁市、眉山的仁寿县、乐山的犍为县、巴中的通江县以及攀枝花的盐边县。

4.5.3.2 冬小麦歉年减产率变异系数的分布

由图4.47可见,研究区域内小麦歉年减产率变异系数为0.55~2.39,大部分地区在0.32~1.5,占总种植县数88.3%,变异系数>1.5的分布比较分散,主要集中在攀枝花地区、宜宾的珙县、自贡的富顺县、雅安的大部分地区、绵阳的安县、遂宁的蓬溪县等地区。

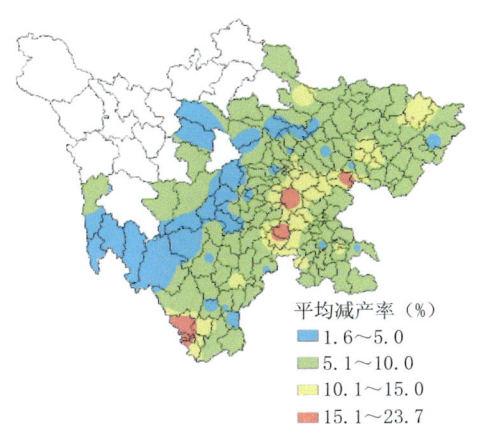

图4.46 小麦歉年平均减产率的分布

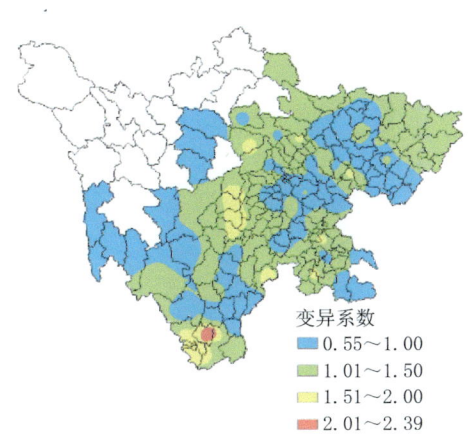

图4.47 小麦歉年减产率变异系数的分布

4.5.3.3 冬小麦歉年减产率＞5%出现的风险概率

如图 4.48，四川小麦歉年减产率＞5%的风险概率为 0～26%，整体分布较分散，大部分地区分布在 0～10%之间，占总种植县数 75.7%。发生概率＜5%的区域分布较分散，发生概率＞20%的区域主要分布在遂宁的蓬溪县以及甘孜的泸定县。减产风险概率较小的地区光、温、水、肥力等条件较好，抗灾害能力比较强；风险概率较高的地区光、温、水、肥力等条件较差，抗灾害能力较差。

4.5.3.4 冬小麦减产综合风险指数的分布

如图 4.49 所示，四川小麦歉年减产综合风险指数为 0.12～0.65，大部分地区分布在 0.21～0.40，占总种植县数的 87.4%。高值区（$I \geqslant 0.41$）主要分布在雅安的大部分地区、遂宁的部分地区、眉山的仁寿县、攀枝花等地区；低风险区（$I \leqslant 0.20$）分布比较分散。

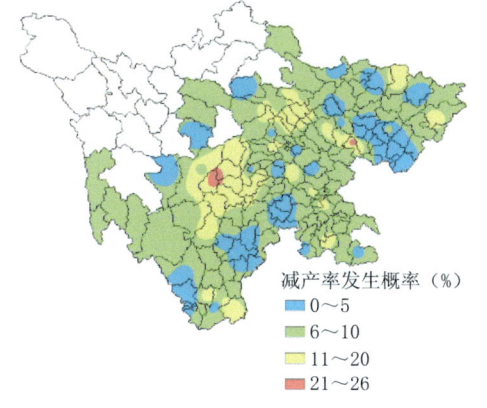

图 4.48 小麦歉年减产率＞5%发生概率的分布

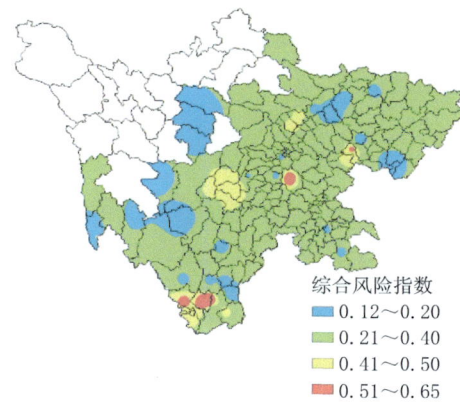

图 4.49 小麦歉年综合风险指数的分布

第5章

未来气候情景下四川主要粮食作物气候生产潜力

农业生产潜力是评价农业气候资源优劣的依据之一,农业生产潜力的大小取决于光、温、水三要素的数量及其相互配合协调的程度。光合生产潜力指在热量、水分、土壤等自然环境条件适宜,以及最优的管理条件下,选用最优品种,在可能的生长期内,作物本身通过外界环境将所投射到该地的光能转换为生物能的潜力,是作物能达到的最高理论产量。光温生产潜力指农业生产条件充分保证,在充足的水分供应和 CO_2 条件下,由当地的光、温条件决定的作物能达到的最高产量。气候生产潜力指在光温生产潜力的基础上,加入水分对作物产量的影响。分析未来四川省农业气候资源的时空变化特征及主要粮食作物生产潜力,将为未来应对气候变化、合理开发并利用气候资源、调整种植布局等提供理论依据(韩湘玲,1999;徐春达等,2003;侯西勇,2008;Chavas 等,2009;钟新科等,2012;陈超等,2013)。

5.1 未来四川农业气候资源的变化特征

5.1.1 未来热量条件的变化特征

图 5.1a 为基准年四川省年平均气温的分布,总体呈由东向西递减的经向带状分布特征;盆地大部的年均气温最高,在 12.6~19.0 ℃之间。与基准气候条件(1961—1990 年)相比,A2 情景下,2071—2100 年四川省年均气温呈升高趋势,在若尔盖、雅安和阿坝交界处升温最快,达到 4.4~4.5 ℃(图 5.1b)。B2 情景下,2071—2100 年四川省年均气温也呈升高趋势,空间分布与 A2 情景类似,但增幅小于 A2 情景(图 5.1c)。

图 5.1d 为基准年四川省喜温作物温度生长期内(≥10 ℃的持续日数)≥10 ℃积温的分布,总体呈由东向西递减的经向带状分布特征,这和年均气温的空间分布类似;盆地大部≥10 ℃积温最高,在 3651~5803 ℃·d。与基准气候条件(1961—1990 年)相比,A2 情景下,2071—2100 年四川省温度生长期内≥10 ℃积温呈升高趋势,在 771~2077 ℃·d(图 5.1e)。B2 情景下,2071—2100 年四川省温度生长期内≥10 ℃积温也呈升高趋势,空间分布与 A2

情景类似,升温在 400~1764 ℃·d(图 5.1f)。研究区域内平均气温的升高及持续日数的增加导致≥10 ℃积温的增加(表 5.1)。与 1961—1990 年相比,A2 和 B2 情景下,2071—2100 年四川省≥10 ℃持续日数分别增加了 60 d 和 51 d。

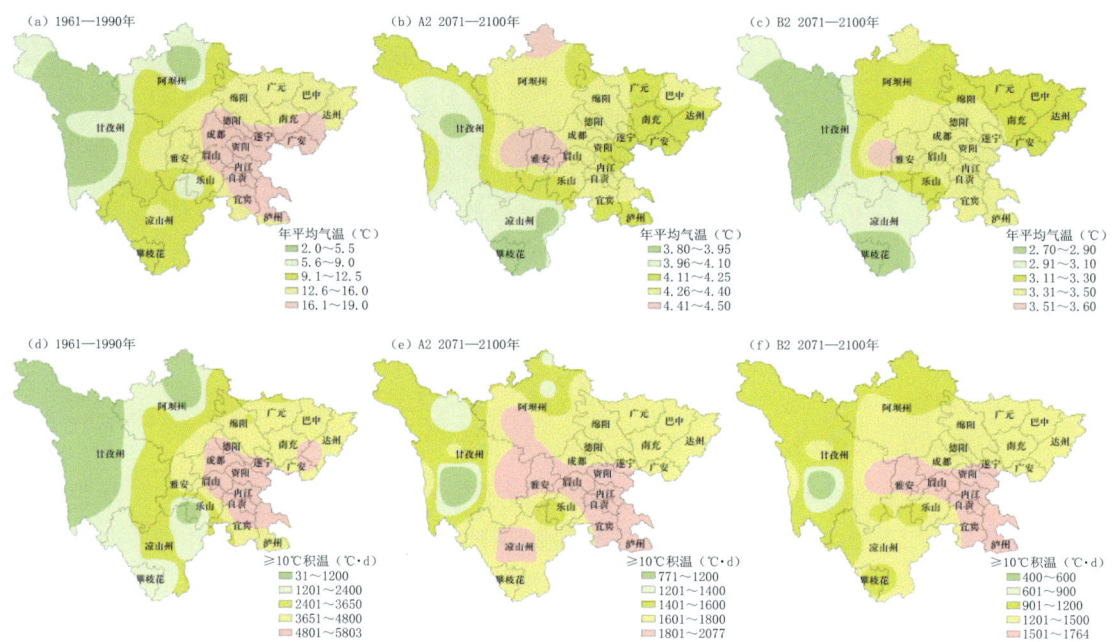

图 5.1 年平均气温(a,b,c)和温度生长期内≥10 ℃积温(d,e,f)在基准年(1961—1990 年)、2071—2100 年 A2 情景和 B2 情景相对于基准年的变化

表 5.1 四川地区≥10 ℃起止日序及持续日数的变化

时段	起始日序	终止日序	持续日数
1961—1990 年	117	288	172
A2 情景 2071—2100 年	87	318	232
B2 情景 2071—2100 年	92	314	223

5.1.2 未来光照条件的变化特征

图 5.2a 为基准年四川省年日照时数的分布,总体呈由西向东减少的经向带状分布特征;川西高原和川西南山地的年日照时数最高,在 1286~1630 h。与基准气候条件(1961—1990 年)相比,A2 情景下,2071—2100 年川西高原和川西南山地部分地区年日照时数总体以减少为主,而其他地区呈增加趋势(图 5.2b)。B2 情景下,2071—2100 年川西高原年日照时数呈减少趋势,而其他地区以增加为主(图 5.2c)。

图 5.2d 为基准年四川省温度生长期内日照时数的分布,总体呈由东向西减少的经向带状分布特征,这与年日照时数的空间分布相反;盆地大部温度生长期内的日照时数最高,在 601~963 h。与基准气候条件(1961—1990 年)相比,A2 情景下,2071—2100 年四川省温度生长期内日照时数呈增加趋势;川西南山地、雅安和阿坝交界处的增幅最大,在 361~511 h

（图5.2e）。B2情景下，2071—2100年四川省温度生长期内日照时数也呈增加趋势，空间分布与A2情景类似，但增幅小于A2情景（图5.2f）。

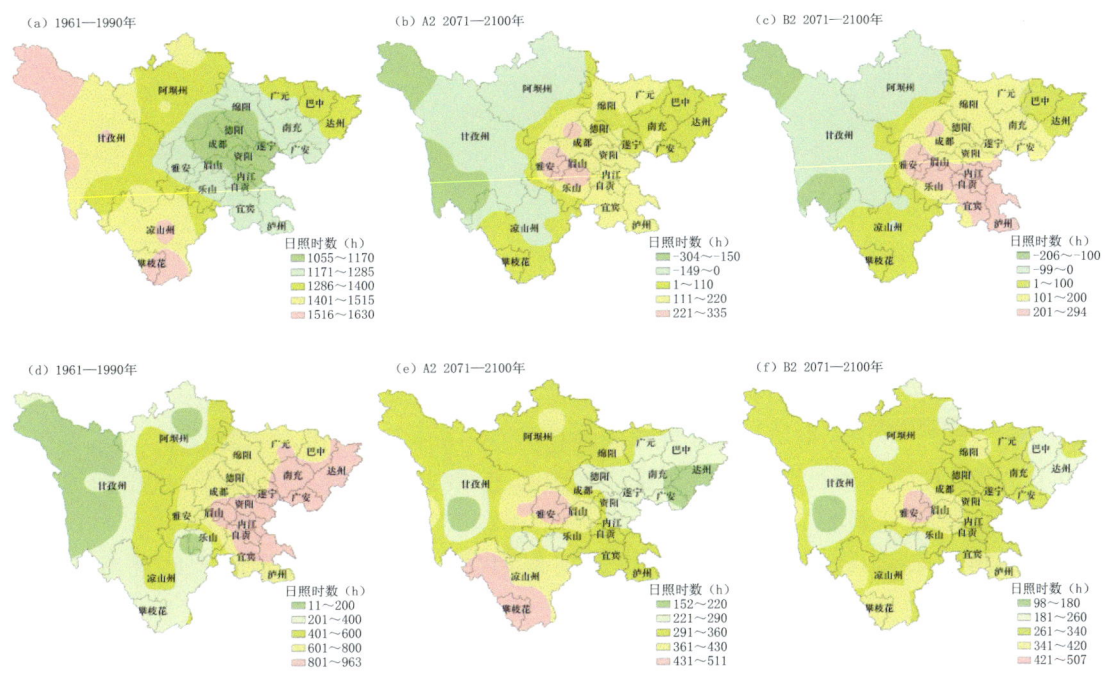

图 5.2　年日照时数（a,b,c）和温度生长期内日照时数（d,e,f）在基准年（1961—1990年）、2071—2100年A2情景和B2情景相对于基准年的变化

5.1.3　未来降水量的变化特征

图5.3a为基准年四川省年降水量的分布，总体呈由东向西减少的经向带状分布特征；雅安、盆地南部和川东北地区的年降水量最多，在1021～1180 mm。与基准气候条件（1961—1990年）相比，A2情景下，2071—2100年四川大部地区的年降水量以增加为主，仅在乐山、雅安和阿坝的部分地区呈减少趋势（图5.3b）。B2情景下，年降水量在川东和川东北、乐山、川西南山地和川西高原东部的部分地区呈减少趋势，而在其他地区以增加为主（图5.3c）。

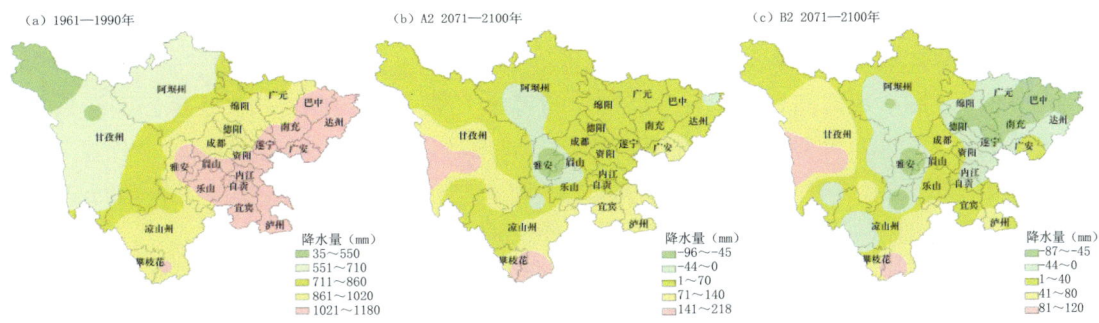

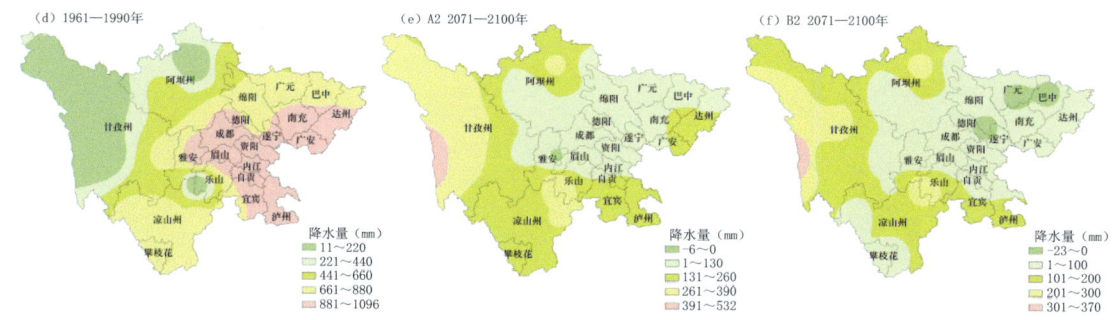

图 5.3　年降水量(a,b,c)和温度生长期内降水量(d,e,f)在基准年(1961—1990 年)、
2071—2100 年 A2 情景和 B2 情景相对于基准年的变化

图 5.3d 为基准年四川省温度生长期内降水量的分布,总体呈由东向西减少的经向带状分布特征,这与年降水量的空间分布类似;雅安、盆地南部和川东北地区温度生长期内降水量最多,在 881～1096 mm。与基准气候条件(1961—1990 年)相比,A2 情景下,2071—2100 年四川大部地区温度生长期内的降水量以增加为主,在甘孜西部、阿坝北部、乐山和凉山交界处的增幅最大,达到 261～532 mm(图 5.3e)。B2 情景下,温度生长期内降水量在四川大部地区呈增加趋势,空间分布与 A2 情景类似,仅在川东北的部分地区出现减少趋势(图 5.3f)。

5.1.4　未来参考作物蒸散量的变化特征

图 5.4a 为基准年四川省年参考作物蒸散量的分布,川西南山地最高,在 1041～1159 mm。与基准气候条件(1961—1990 年)相比,A2 情景下,2071—2100 年四川省年参考作物蒸散量以增加为主,增幅总体呈由东向西减少的趋势,增量在 88～262 mm(图 5.4b)。B2 情景下,年参考作物蒸散量的空间分布与 A2 情景类似,增量在 59～208 mm(图 5.4c)。

图 5.4d 为基准年四川省温度生长期内参考作物蒸散量的分布,总体呈由东向西减少的经向带状分布特征;盆地大部的参考作物蒸散量最高,在 691～875 mm 之间。与基准气候条件(1961—1990 年)相比,A2 情景下,2071—2100 年四川省温度生长期内参考作物蒸散量以增加为主,增量在 178～371 mm(图 5.4e)。B2 情景下,温度生长期内参考作物蒸散量也呈增加趋势,分布与 A2 情景类似,增量在 100～304 mm(图 5.4f)。

5.1.5　未来湿润指数的变化特征

图 5.5a 为基准年四川省年湿润指数的分布,总体呈由东向西减少的经向带状分布特征;盆地的年湿润指数偏高,在 1.01～1.30。与基准气候条件(1961—1990 年)相比,A2 气候情景下,2071—2100 年四川省年湿润指数在大部地区以减小为主,盆地的减小幅度较高,仅在甘孜和川西南山地的个别地区呈增加趋势(图 5.5b)。B2 情景下,年湿润指数的空间分布与 A2 情景类似,但变化幅度小于 A2 情景(图 5.5c)。

图 5.5d 为基准年四川省温度生长期内湿润指数的分布,总体呈由南向北减少的纬向带状分布特征;川西南山地的湿润指数偏高,在 1.56～2.59。与基准气候条件(1961—1990 年)相比,A2 情景下,2071—2100 年四川省温度生长期内湿润指数在大部地区以减小为主,

■ 第5章 未来气候情景下四川主要粮食作物气候生产潜力 ■

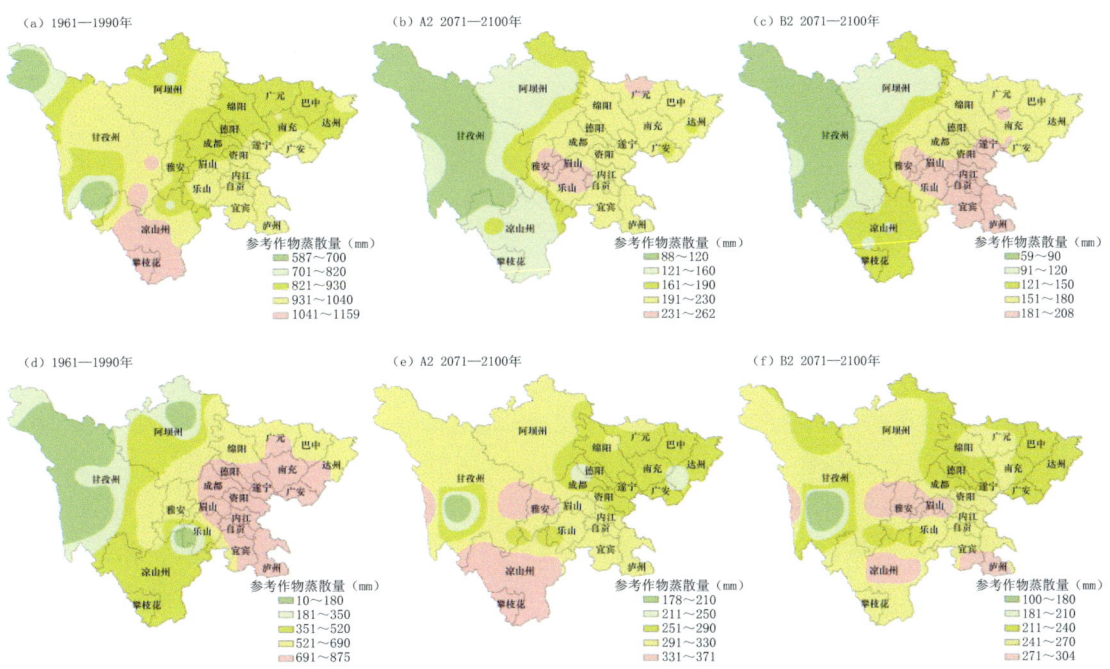

图5.4 年参考作物蒸散量(a,b,c)和温度生长期内参考作物蒸散量(d,e,f)在基准年(1961—1990年)、2071—2100年A2情景和B2情景相对于基准年的变化

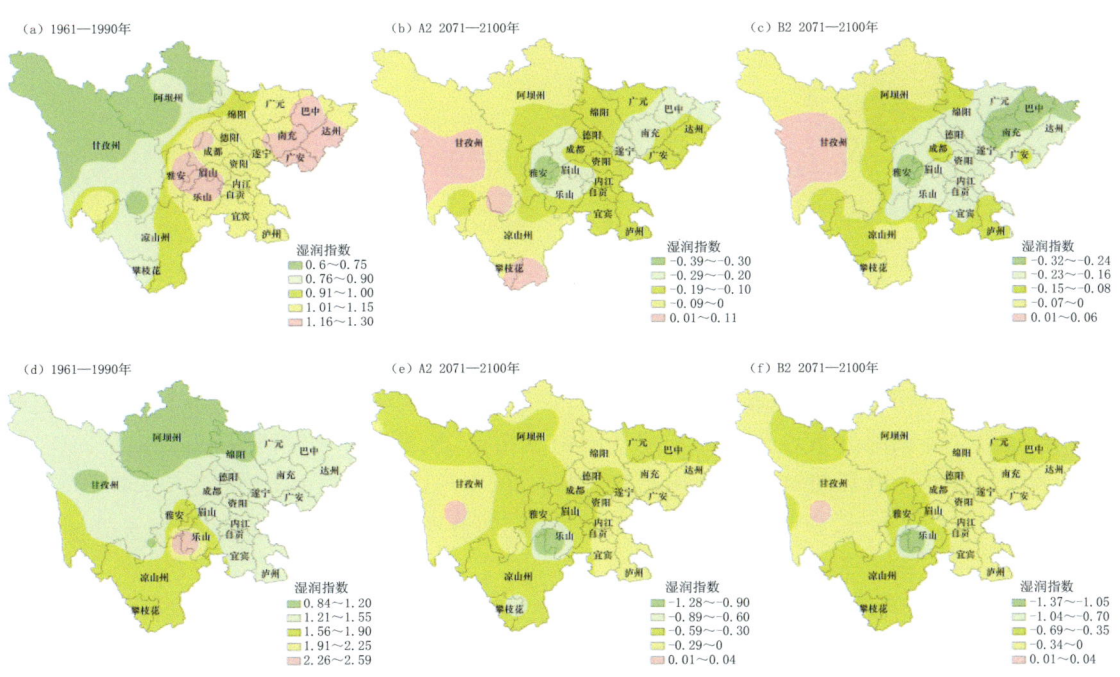

图5.5 年湿润指数(a,b,c)和温度生长期内湿润指数(d,e,f)在基准年(1961—1990年)、2071—2100年A2情景B2情景相对于基准年的变化

仅在甘孜的个别地区呈增加趋势(图5.5e)。B2情景下,温度生长期内湿润指数在大部地区也以减小为主,空间分布与A2情景类似(图5.5f)。

5.2 水稻

5.2.1 未来水稻生育期气候资源的变化特征

农业气候资源是农业生产的物质能源和基本环境条件,直接影响着农业生产过程,气候资源变化对农业生产结构、种植制度、作物品种、栽培管理措施和农作物产量有重要的影响。探讨四川主要稻作区未来水稻生育期内光、温和水等气候资源的时空分布特征,可为进一步分析四川主要稻区的水稻增产潜力提供技术支撑(庞艳梅等,2015)。

5.2.1.1 水稻生育期热量资源的变化

图5.6a为基准年四川省水稻生育期内≥10℃积温的分布,盆地南部≥10℃积温最高,其次是川北地区,凉山和攀枝花地区积温最低。与基准气候条件(1961—1990年)相比,未来A2气候情景下,2071—2100年四川水稻生育期内的≥10℃积温呈增加趋势,其中,雅安地区增加最多,增量达到620~725 ℃·d(图5.6b)。B2情景下,≥10℃积温也呈增加趋势,空间分布与A2情景类似,在雅安地区的增幅最大(图5.6c)。

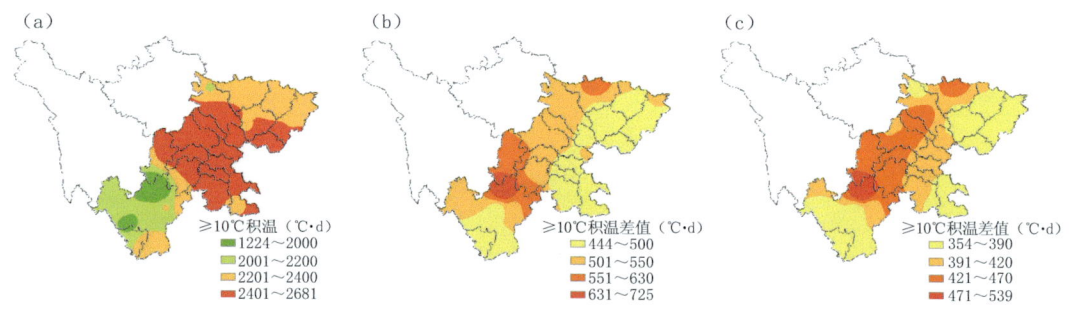

图5.6 未来(2071—2100年)气候变化情景下水稻生育期≥10 ℃积温的变化
(a.基准年(1961—1990);b.A2情景与基准年的差值;c.B2情景与基准年的差值)

5.2.1.2 水稻生育期光照资源的变化

图5.7a为基准年四川省水稻生育期内日照时数的分布,川东北的日照时数最高,呈现由东北向西南递减的分布趋势。与基准气候条件相比,未来A2气候情景下,2071—2100年四川水稻生育期内的日照时数呈增加趋势,其中,雅安地区增加最多,增量达到170~213 h(图5.7b)。B2情景下,日照时数也呈增加趋势,空间分布与A2情景类似,在雅安的增量最大(图5.7c)。

5.2.1.3 水稻生育期降水量的变化

图5.8a为基准年四川省水稻生育期内降水量的分布,凉山、攀枝花和雅安地区降水量最高,呈现由西南向东北递减的分布趋势。与基准气候条件相比,未来A2气候情景下,2071—2100年盆地大部地区水稻生育期内的降水量呈减少趋势,而在凉山、攀枝花、盆地南部和川北的部分地区呈增加趋势(图5.8b)。B2情景下,水稻生育期内的降水量在大部地区

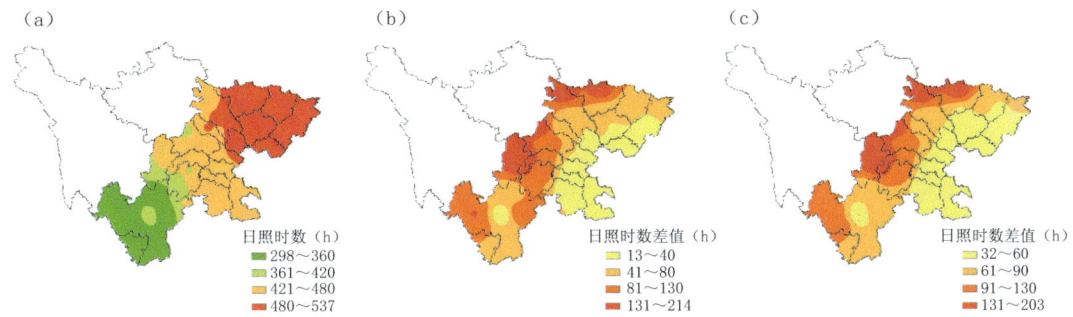

图 5.7　未来(2071—2100 年)气候变化情景下水稻生育期日照时数的变化
(a. 基准年(1961—1990);b. A2 情景与基准年的差值;c. B2 情景与基准年的差值)

呈减少趋势,仅在凉山、攀枝花、泸州和绵阳北部的个别地区呈增加趋势(图 5.8c)。

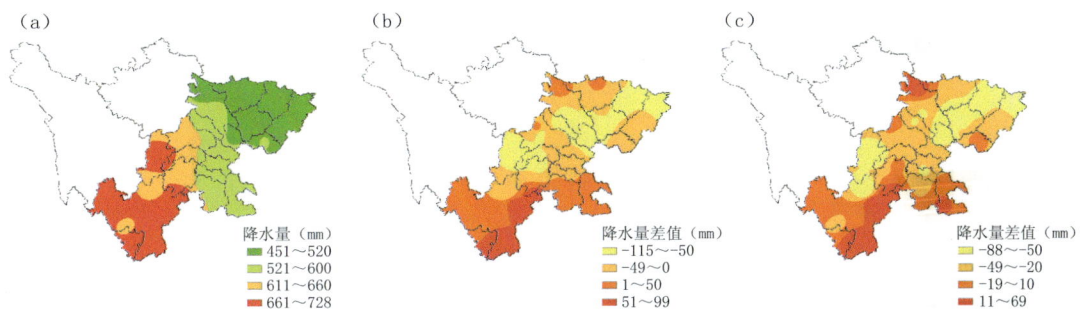

图 5.8　未来(2071—2100 年)气候变化情景下水稻生育期降水量的变化
(a. 基准年(1961—1990);b. A2 情景与基准年的差值;c. B2 情景与基准年的差值)

5.2.1.4　水稻生育期参考作物蒸散量的变化

图 5.9a 为基准年四川省水稻生育期内参考作物蒸散量的分布,盆地南部和川东北地区的参考作物蒸散量最高,呈现由东向西递减的分布趋势。与基准气候条件相比,未来 A2 气候情景下,2071—2100 年四川水稻生育期内的参考作物蒸散量呈增加趋势,其中,雅安和川北地区增加最多,增量达到 101~147 mm,凉山和攀枝花地区增幅较小(图 5.9b)。B2 情景下,参考作物蒸散量也呈增加趋势,空间分布与 A2 情景类似,在雅安和川北地区的增量达到 101~124 mm(图 5.9c)。

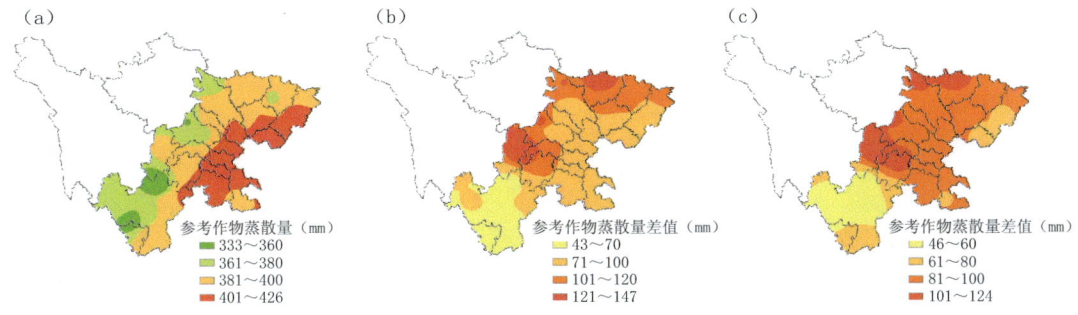

图 5.9　未来(2071—2100 年)气候变化情景下水稻生育期参考作物蒸散量的变化
(a. 基准年(1961—1990);b. A2 情景与基准年的差值;c. B2 情景与基准年的差值)

5.2.1.5 水稻生育期缺水率的变化

图 5.10a 为基准年四川省水稻生育期内缺水率的分布,川东北地区的水稻缺水率最高,达到 36.1%～46.0%,呈现由东北向西南递减的分布趋势。与基准气候条件相比,未来 A2 气候情景下,2071—2100 年四川水稻生育期内的缺水率总体呈增加趋势,其中,雅安地区增加最多,增量达到 12.1%～18.0%(图 5.10b)。B2 情景下,缺水率也呈增加趋势,空间分布和 A2 情景类似,在雅安地区的增幅最大,达到 12.1%～16.0%(图 5.10c)。因此,未来四川地区水稻受干旱灾害的风险可能加大。

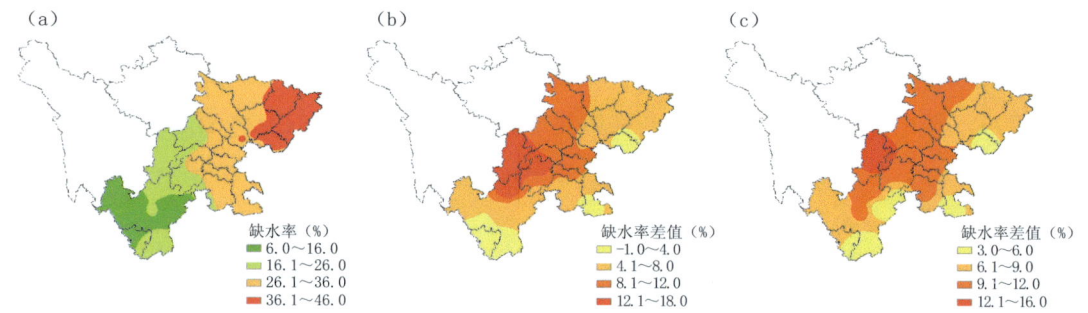

图 5.10 未来(2071—2100 年)气候变化情景下水稻生育期缺水率的变化
(a. 基准年(1961—1990);b. A2 情景与基准年的差值;c. B2 情景与基准年的差值)

5.2.2 未来水稻生产潜力的变化特征

农业气候生产潜力是评价农业气候资源的判据之一,其大小取决于光、温、水的数量及其相互配合协调的程度。在分析未来四川水稻生育期气候资源变化的基础上,研究未来水稻生产潜力的时空变化特征对四川水稻生产力的稳定增长具有重要意义。

5.2.2.1 光合生产潜力

图 5.11a 为基准年四川省水稻光合生产潜力的分布,川东北和乐山地区的光合生产潜力最高,达到 17701～18386 kg/hm²,而在盆地西部、泸州和川西南山地的部分地区较低。与基准气候条件相比,未来 A2 气候情景下,2071—2100 年四川水稻光合生产潜力呈增加趋势,其中,雅安和四川最北部地区增加最多,增量达到 2201～3490 kg/hm²(图 5.11b)。B2 情景下,光合生产潜力也呈增加趋势,分布与 A2 情景类似,在雅安和四川最北部地区的增量

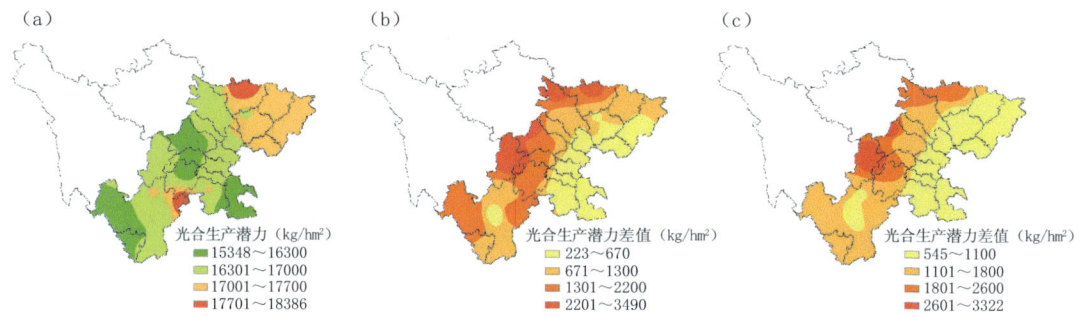

图 5.11 未来(2071—2100 年)气候变化情景下水稻光合生产潜力的变化
(a. 基准年(1961—1990);b. A2 情景与基准年的差值;c. B2 情景与基准年的差值)

也达到 2601～3322 kg/hm²（图 5.11c）。由此看来，未来太阳辐射的增加对四川水稻的增产有利。

5.2.2.2 光温生产潜力

图 5.12a 为基准年四川省水稻光温生产潜力的分布，盆地大部的光温生产潜力较高，达到 9301～13789 kg/hm²，而在凉山和攀枝花地区最低。与基准气候条件相比，未来 A2 气候情景下，2071—2100 年四川水稻光温生产潜力呈增加趋势，其中，雅安和川北的部分地区增加最多，增量达到 5501～7383 kg/hm²（图 5.12b）。B2 情景下，光温生产潜力也呈增加趋势，空间分布和 A2 情景类似，在雅安和川北部分地区的增量达到 5301～6350 kg/hm²（图 5.12c）。由此看来，未来气候变化情景下的光温匹配对四川水稻的增产有利。

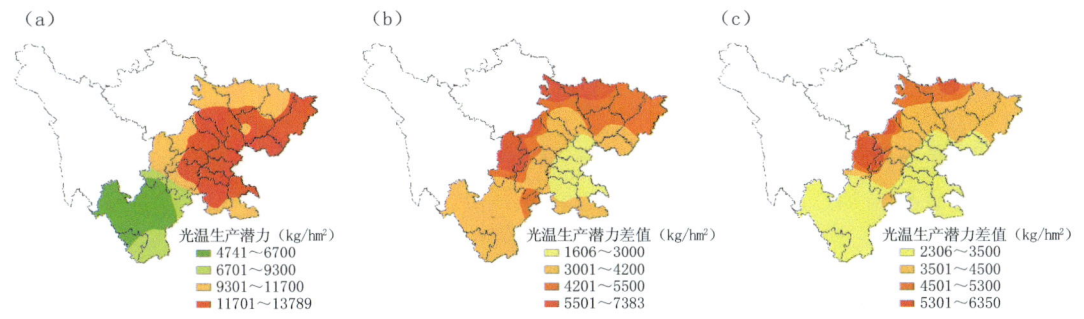

图 5.12 未来（2071—2100 年）气候变化情景下水稻光温生产潜力的变化
（a. 基准年（1961—1990）；b. A2 情景与基准年的差值；c. B2 情景与基准年的差值）

5.2.2.3 气候生产潜力

图 5.13a 为基准年四川省水稻气候生产潜力的分布，盆地大部的气候生产潜力较高，达到 7101～9514 kg/hm²，而凉山和攀枝花的气候生产潜力较低。与基准气候条件（1961—1990 年）相比，未来 A2 气候情景下，2071—2100 年四川水稻气候生产潜力以增加为主，川西南山地、雅安和川北的部分地区增加最多，增量在 2501～3599 kg/hm²（图 5.13b）。B2 情景下，水稻气候生产潜力呈增加趋势，空间分布与 A2 情景类似，在凉山、攀枝花、雅安和川北的部分地区增加最多，增量在 2001～2946 kg/hm²（图 5.13c）。因此，未来气候变化情景对四川水稻生产有利，产量存在提升空间。

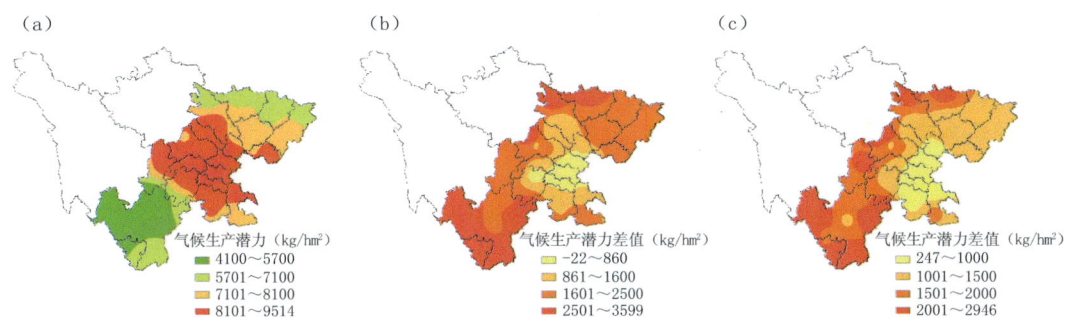

图 5.13 未来（2071—2100 年）气候变化情景下水稻气候生产潜力的变化
（a. 基准年（1961—1990）；b. A2 情景与基准年的差值；c. B2 情景与基准年的差值）

5.3 玉米

5.3.1 未来玉米生育期气候资源的变化特征

农业气候资源是农业生产的物质能源与基本环境条件，直接影响农业生产过程，气候资源变化对农业生产结构、作物品种、种植制度、栽培管理措施和农作物产量有重要的影响。探讨四川盆地未来玉米生育期内光、温和水等气候资源的时空分布变化特征，为进一步分析四川盆地的玉米增产潜力提供技术支撑（庞艳梅等，2013）。

5.3.1.1 玉米生育期日平均气温≥10 ℃积温变化

由图5.14a可知，基准年四川盆地玉米生育期内日平均气温≥10 ℃积温的分布总体呈由西南向东北递增的变化趋势，≥10 ℃积温为2120～2944 ℃·d。与基准气候条件（1961—1990年）相比，未来A2气候情景下，2071—2100年四川盆地玉米生育期内≥10 ℃积温呈增加趋势，增量达460～641 ℃·d，盆地西部增加最多（图5.14b）。B2情景下，≥10 ℃积温也呈增加趋势，空间分布与A2情景类似，增量达376～492 ℃·d（图5.14c）。

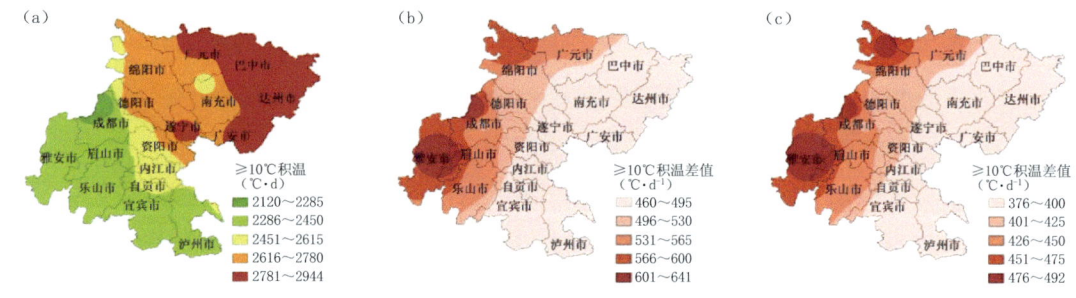

图5.14 未来（2071—2100年）气候变化情景下玉米生育期≥10 ℃积温的变化
（a.基准年（1961—1990）；b.A2情景与基准年的差值；c.B2情景与基准年的差值）

5.3.1.2 玉米生育期日照时数变化

由图5.15 a可知，基准年四川盆地玉米生育期内日照时数的分布总体呈由东北向西南递减的趋势，日照时数为369～503 h。与基准气候条件相比，未来A2气候情景下，2071—2100年四川盆地玉米生育期内的日照时数呈增加趋势，增量达到15～225 h，盆地西部和绵阳北部地区增加最多（图5.15b）。B2情景下，日照时数也呈增加趋势，空间分布与A2情景类似，增量达33～202 h（图5.15c）。

5.3.1.3 玉米生育期降水量变化

由图5.16a可知，基准年四川盆地玉米生育期内降水量的分布总体呈由西南向东北递减的变化趋势，降水量为410～772 mm。与基准气候条件相比，未来A2气候情景下，2071—2100年盆地大部分地区玉米生育期内的降水量呈减少趋势，而在盆地南部、成都、广安和绵阳的部分地区呈增加趋势，降水量变幅达到－87～56 mm（图5.16b）。B2情景下，玉米生育期内的降水量在大部地区也呈减少趋势，仅在乐山、眉山、成都和绵阳的北部地区呈增加趋势，降水量的变幅达到－73～47 mm（图5.16c）。

第 5 章 未来气候情景下四川主要粮食作物气候生产潜力

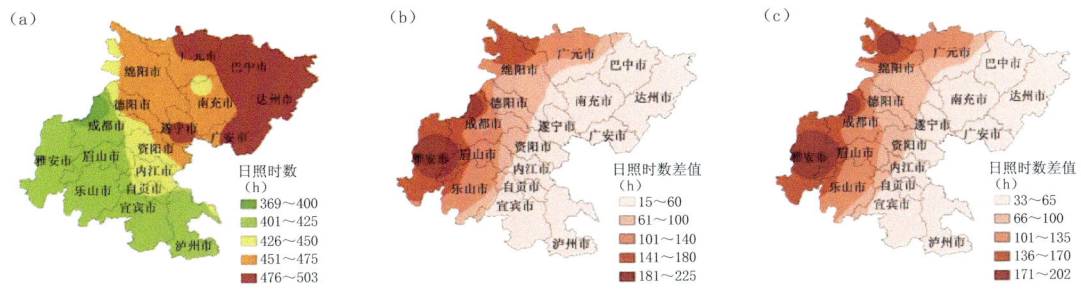

图 5.15 未来(2071—2100 年)气候变化情景下玉米生育期日照时数的变化
(a. 基准年(1961—1990);b. A2 情景与基准年的差值;c. B2 情景与基准年的差值)

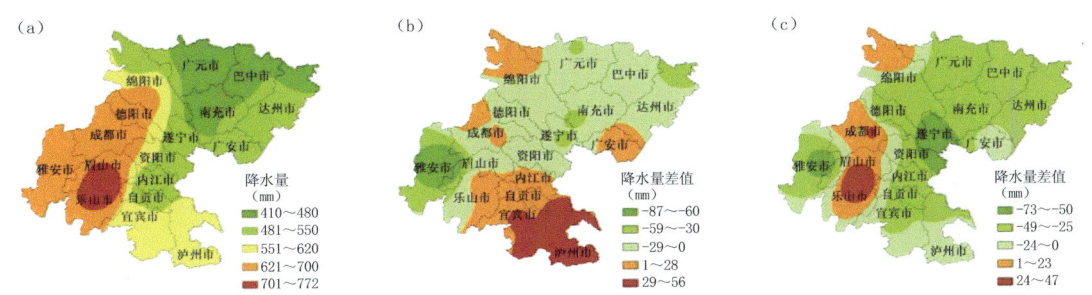

图 5.16 未来(2071—2100 年)气候变化情景下玉米生育期降水量的变化
(a. 基准年(1961—1990);b. A2 情景与基准年的差值;c. B2 情景与基准年的差值)

5.3.1.4 玉米生育期参考作物蒸散量变化

由图 5.17a 可知,基准年四川盆地玉米生育期内参考作物蒸散量遂宁地区最高,整个盆地玉米生育期的参考作物蒸散量为 371~471 mm。与基准气候条件相比,未来 A2 气候情景下,2071—2100 年盆地玉米生育期内的参考作物蒸散量呈增加趋势,增量达到 76~144 mm,其中,乐山和雅安的增加最多,总体呈由西向东减少的趋势(图 5.17b)。B2 情景下,参考作物蒸散量也呈增加趋势,增量达到 73~123 mm,空间分布与 A2 情景类似(图 5.17c)。

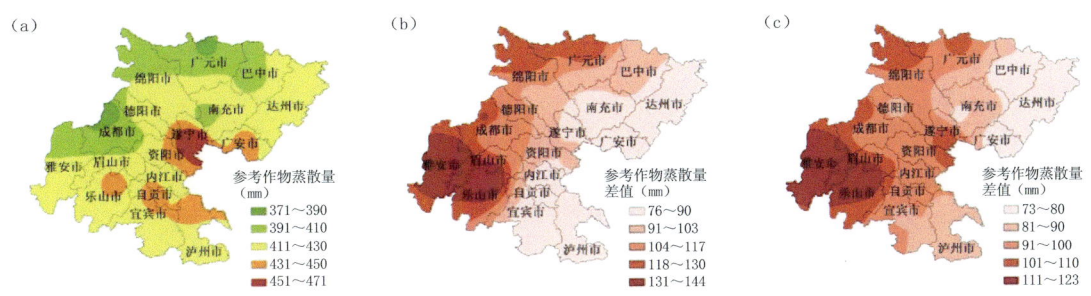

图 5.17 未来(2071—2100 年)气候变化情景下玉米生育期参考作物蒸散量的变化
(a. 基准年(1961—1990);b. A2 情景与基准年的差值;c. B2 情景与基准年的差值)

5.3.1.5 玉米生育期缺水率变化

由图 5.18a 可知,基准年四川盆地玉米生育期内缺水率的分布呈现由东北向西南递减的趋势,玉米缺水率为24%～41%。与基准气候条件相比,未来A2气候情景下,2071—2100年四川盆地玉米生育期内的缺水率呈增加趋势,增量达2%～18%,雅安地区增加最多(图5.18b)。B2情景下,缺水率也呈增加趋势,增量达5%～16%,在雅安地区的增幅最大(图5.18c)。因此,未来四川盆地玉米受干旱灾害的风险可能加大。

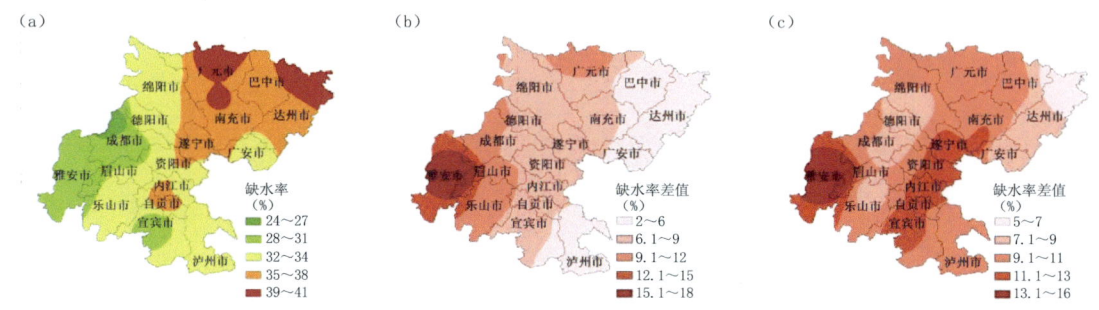

图5.18　未来(2071—2100年)气候变化情景下玉米生育期缺水率的变化
(a.基准年(1961—1990);b.A2情景与基准年的差值;c.B2情景与基准年的差值)

5.3.2　未来玉米生产潜力变化特征

农业气候生产潜力是评价农业气候资源的判据之一,其大小取决于光、温、水的数量及其相互配合协调的程度。在分析了未来四川盆地玉米生育期气候资源变化的基础上,研究未来玉米生产潜力的时空变化特征对四川盆地玉米生产力的稳定增长具有重要意义。

5.3.2.1　玉米光合生产潜力的变化

基准年四川盆地玉米光合生产潜力与日照时数的空间分布特征类似,呈现由东北向西南递减的分布趋势,玉米光合生产潜力为14936～17555 kg/hm²(图5.19a)。与基准气候条件相比,未来A2气候情景下,2071—2100年由于四川盆地玉米生育期内的日照时数增加15～225 h,玉米光合生产潜力也呈增加趋势,增量达到228～3277 kg/hm²,雅安和川北部分地区的增量最多(图5.19b)。B2情景下,由于日照时数增加33～202 h,光合生产潜力也呈增加趋势,增量达到485～2960 kg/hm²,分布与A2情景类似(图5.19c)。由此看来,未来日照时数的增加对四川盆地玉米的增产有利。

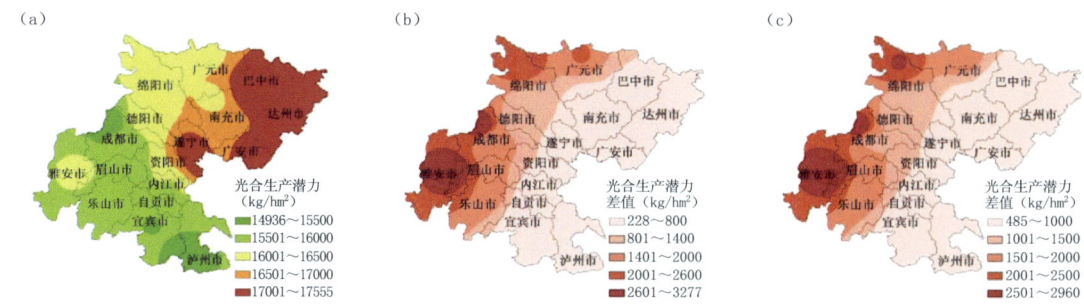

图5.19　未来(2071—2100年)气候变化情景下玉米生育期光合生产潜力的变化
(a.基准年(1961—1990);b.A2情景与基准年的差值;c.B2情景与基准年的差值)

5.3.2.2 玉米光温生产潜力的变化

基准年四川盆地玉米光温生产潜力的分布总体呈由西南向东北递减的趋势,玉米光温生产潜力为 8136~11737 kg/hm² (图 5.20a)。与基准气候条件相比,未来 A2 气候情景下,在光合生产潜力增加的基础上,由于 2071—2100 年四川盆地玉米生育期内≥10 ℃ 积温增加 460~641 ℃·d,热量资源的增加使玉米光温生产潜力也呈增加趋势,增量达到 2923~5874 kg/hm²,雅安的增加最多(图 5.20b)。B2 情景下,由于≥10 ℃ 积温增加 376~492 ℃·d,光温生产潜力也呈增加趋势,增量达到 2697~4909 kg/hm²,空间分布和 A2 情景类似(图 5.20c)。由此看来,未来气候变化情景下的光温匹配对四川盆地玉米的增产有利。

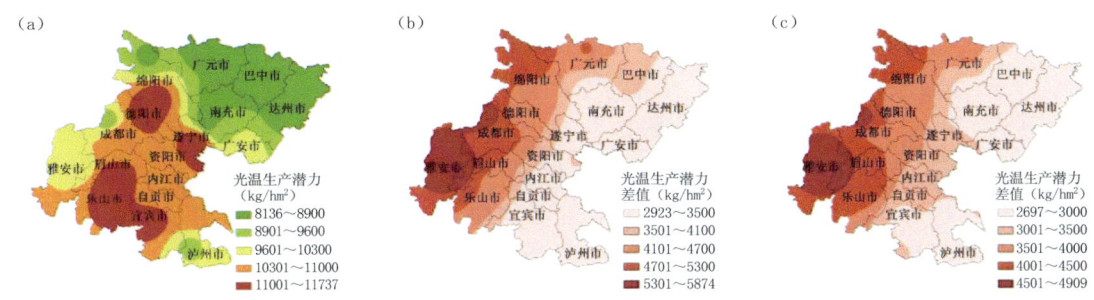

图 5.20 未来(2071—2100 年)气候变化情景下玉米生育期光温生产潜力的变化
(a.基准年(1961—1990);b.A2 情景与基准年的差值;c.B2 情景与基准年的差值)

5.3.2.3 玉米气候生产潜力的变化

基准年四川盆地玉米气候生产潜力的分布总体呈由西南向东北递减的趋势,玉米气候生产潜力为 4719~7901 kg/hm² (图 5.21a)。与基准气候条件相比,未来 A2 气候情景下,2071—2100 年四川盆地大部分地区玉米生育期内的降水量呈减少趋势,水分条件是限制玉米产量形成的主要气候条件,但由于光温生产潜力的增效大于水分不足对玉米的影响,气候生产潜力呈增加趋势,增量为 984~2975 kg/hm²,成都和绵阳北部地区增加较多(图 5.21b)。B2 情景与 A2 情景类似,水分条件是限制玉米产量形成的主要气候条件,但 2071—2100 年气候生产潜力也呈增加趋势,增量为 293~2090 kg/hm²,盆地西部增加较多(图 5.21c)。因此,综合考虑气候情景下玉米生育期内光、温、水的匹配情况,未来气候变化对四川盆地玉米生产有利,产量存在提升空间。

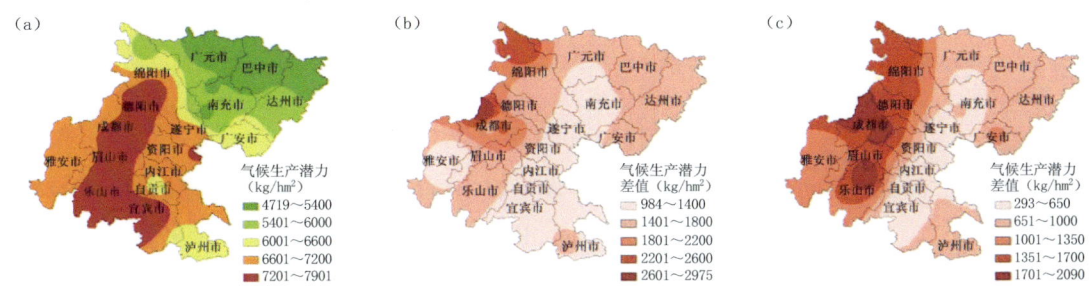

图 5.21 未来(2071—2100 年)气候变化情景下玉米生育期气候生产潜力的变化
(a.基准年(1961—1990);b.A2 情景与基准年的差值;c.B2 情景与基准年的差值)

5.4 冬小麦

5.4.1 未来冬小麦生育期气候资源的变化特征

农业气候资源是农业生产的物质能源与基本环境条件,直接影响农业生产过程,气候资源变化对农业生产结构、作物品种、种植制度、栽培管理措施和农作物产量有重要的影响。探讨四川盆地未来冬小麦生育期内光、温和水等气候资源的时空分布变化特征,为进一步分析四川盆地的冬小麦增产潜力提供技术支撑(庞艳梅等,2014)。

5.4.1.1 冬小麦生育期日平均气温≥0 ℃积温变化

图5.22a为基准年四川盆地冬小麦生育期内≥0 ℃积温的分布,由图中可见,≥0 ℃积温在1408~2321 ℃·d,总体呈由西南向东北递减的变化趋势。与基准气候条件(1961—1990年)相比,未来A2气候情景下(图5.22b),2071—2100年四川盆地冬小麦生育期内的≥0 ℃积温呈增加趋势,增量在641~842 ℃·d,盆西地区增加最多。B2情景下(图5.22c),冬小麦生育期内≥0 ℃积温也呈增加趋势,空间分布与A2情景类似,增量在545~650 ℃·d。

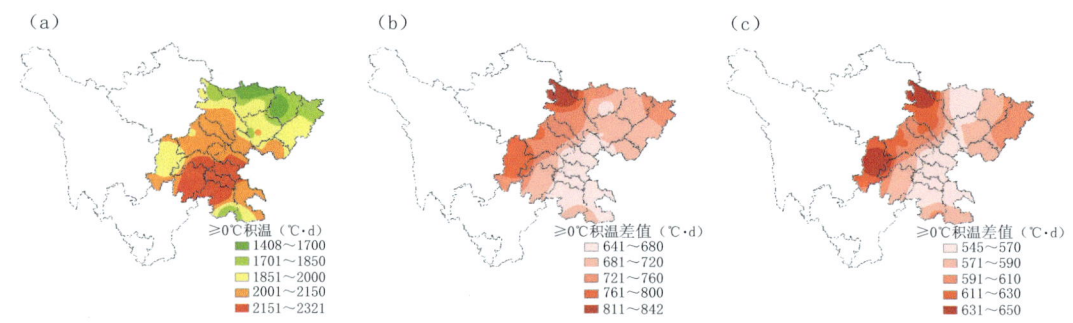

图5.22 未来(2071—2100年)气候变化情景下冬小麦生育期≥0 ℃积温的变化
(a. 基准年(1961—1990);b. A2情景与基准年的差值;c. B2情景与基准年的差值)

5.4.1.2 冬小麦生育期日照时数的变化

图5.23a为基准年四川盆地冬小麦生育期内日照时数的分布,在盆地最北部和西南部较高,而在中部地区偏低,日照时数在201~393 h。与基准气候条件相比,未来A2气候情景下,2071—2100年冬小麦生育期内的日照时数在成都和川北的部分地区呈减少趋势,而在盆地的其他地区呈增加趋势,日照时数在-30~117 h变化(图5.23b)。B2情景下,冬小麦生育期内的日照时数在-43~143 h变化,空间分布与A2情景类似(图5.23c)。

5.4.1.3 冬小麦生育期降水量的变化

图5.24a为基准年四川盆地冬小麦生育期内降水量的分布,盆地东北部最高,西南部次之,降水量在157~290 mm。与基准气候条件相比,未来A2气候情景下,2071—2100年冬小麦生育期内的降水量在盆地南部和绵阳的部分地区呈减少趋势,而在其他地区呈增加趋势,降水变化量在-20~66 mm(图5.24b)。B2情景下,冬小麦生育期内的降水量在盆地大部地区呈减少趋势,仅在川东北地区呈增加趋势,变化范围在-32~56 mm(图5.24c)。

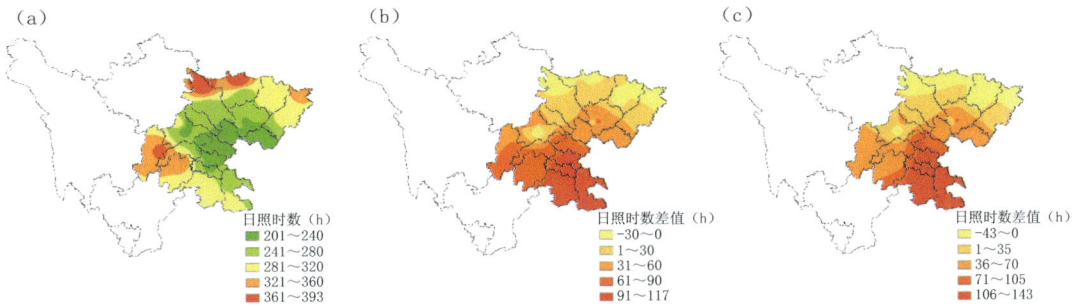

图 5.23 未来(2071—2100 年)气候变化情景下冬小麦生育期日照时数的变化

(a. 基准年(1961—1990);b. A2 情景与基准年的差值;c. B2 情景与基准年的差值)

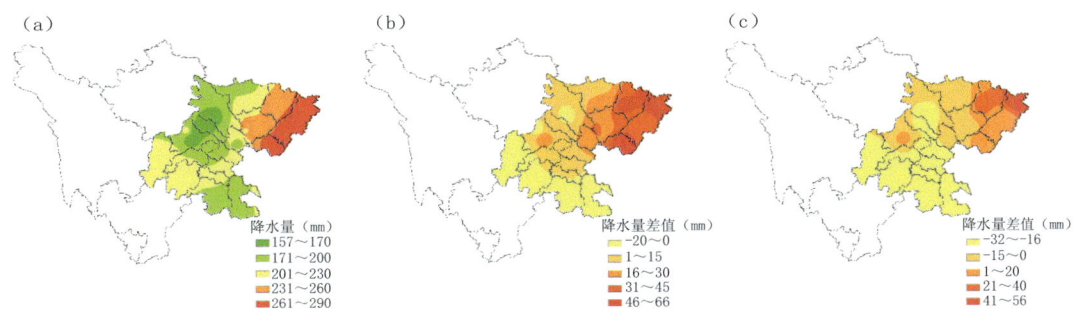

图 5.24 未来(2071—2100 年)气候变化情景下冬小麦生育期降水量的变化

(a. 基准年(1961—1990);b. A2 情景与基准年的差值;c. B2 情景与基准年的差值)

5.4.1.4 冬小麦生育期参考作物蒸散量的变化

图 5.25a 为基准年四川盆地冬小麦生育期内参考作物蒸散量的分布,总体呈由西向东递减的分布趋势,参考作物蒸散量在 363~466 mm。与基准气候条件相比,未来 A2 气候情景下,2071—2100 年盆地冬小麦生育期内的参考作物蒸散量呈增加趋势,增量达到 62~94 mm,盆地南部的增量最大(图 5.25b)。B2 情景下,参考作物蒸散量也呈增加趋势,增量达到 52~87 mm,空间分布与 A2 情景类似(图 5.25c)。

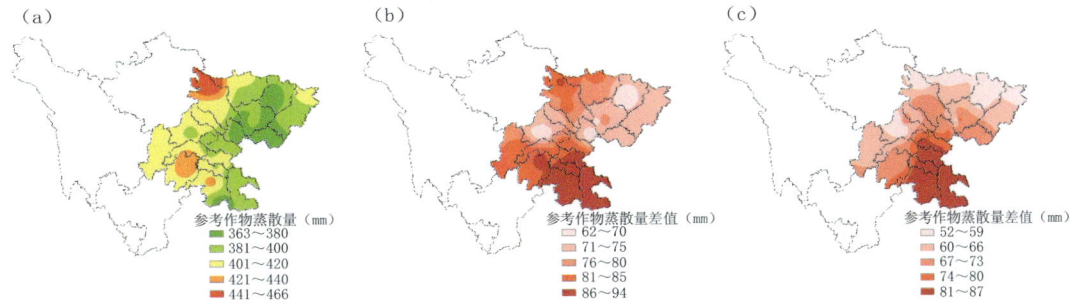

图 5.25 未来(2071—2100 年)气候变化情景下冬小麦生育期参考作物蒸散量的变化

(a. 基准年(1961—1990);b. A2 情景与基准年的差值;c. B2 情景与基准年的差值)

5.4.1.5 冬小麦生育期缺水率的变化

图 5.26a 为基准年四川盆地冬小麦生育期内缺水率的分布,总体呈由西向东递减的分布趋势,缺水率在 45%～69%。与基准气候条件相比,未来 A2 气候情景下,2071—2100 年四川冬小麦生育期内的缺水率在盆地大部地区呈增加趋势,南部地区增加最多,而在成都和川东北的部分地区呈减小趋势,变化范围在 -3.5～9.2 个百分点(图 5.26b)。B2 情景下,缺水率在大部地区也呈增加趋势,而在川东北的部分地区呈减小趋势,变化范围在 -4.3～10.5 个百分点(图 5.26c)。因此,未来四川盆地大部地区冬小麦受干旱灾害的风险可能加大。

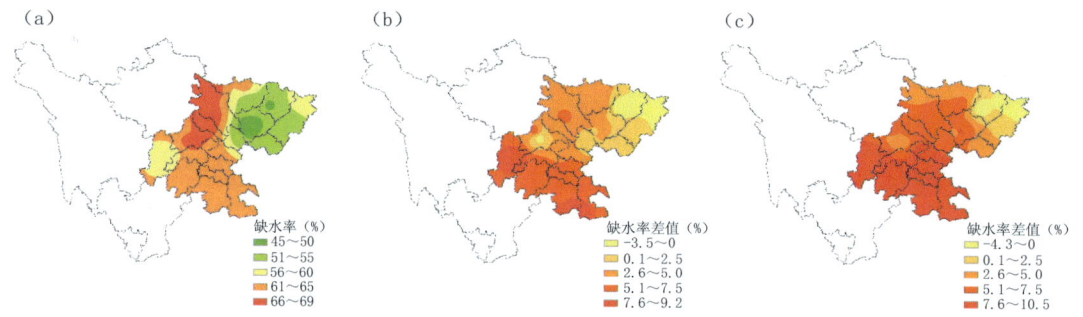

图 5.26　未来(2071—2100 年)气候变化情景下冬小麦生育期缺水率的变化
(a. 基准年(1961—1990);b. A2 情景与基准年的差值;c. B2 情景与基准年的差值)

5.4.2　未来冬小麦生产潜力的变化特征

5.4.2.1　冬小麦光合生产潜力的变化

图 5.27a 为基准年四川盆地冬小麦光合生产潜力的分布,盆地北部和西南部偏高,光合生产潜力在 17389～21824 kg/hm²。与基准气候条件相比,未来 A2 气候情景下,2071—2100 年四川盆地冬小麦光合生产潜力在大部地区呈增加趋势,南部地区增加最多,仅在成都和川北的部分地区呈减小趋势,变化范围在 -389～1679 kg/hm²(图 5.27b)。B2 情景下,光合生产潜力的分布与 A2 情景类似,在盆地大部地区也呈增加趋势,变化范围在 -661～2026 kg/hm²(图 5.27c)。由此看来,未来四川盆地大部地区太阳辐射的增加对冬小麦的增产有利,而川北部分地区太阳辐射的减少将影响冬小麦的产量形成。

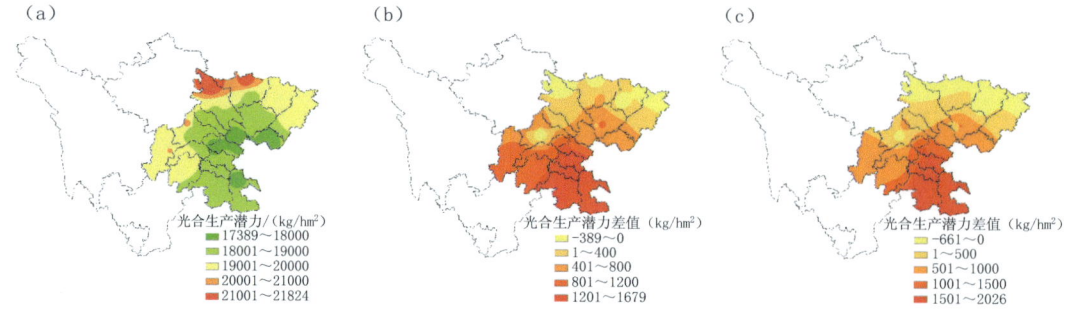

图 5.27　未来(2071—2100 年)气候变化情景下冬小麦生育期光合生产潜力的变化
(a. 基准年(1961—1990);b. A2 情景与基准年的差值;c. B2 情景与基准年的差值)

5.4.2.2 冬小麦光温生产潜力的变化

图 5.28a 为基准年四川盆地冬小麦光温生产潜力的分布,总体呈由西南向东北递减的分布趋势,光温生产潜力在 4091～9839 kg/hm²。与基准气候条件相比,未来 A2 气候情景下,2071—2100 年四川盆地冬小麦光温生产潜力呈增加趋势,总体呈由西南向东北递减的趋势,增量达到 3601～4861 kg/hm²(图 5.28b)。B2 情景下,光温生产潜力也呈增加趋势,空间分布和 A2 情景类似,增量达到 2844～4309 kg/hm²(图 5.28c)。由此看来,未来气候变化情景下的光温匹配对四川盆地冬小麦的增产有利。

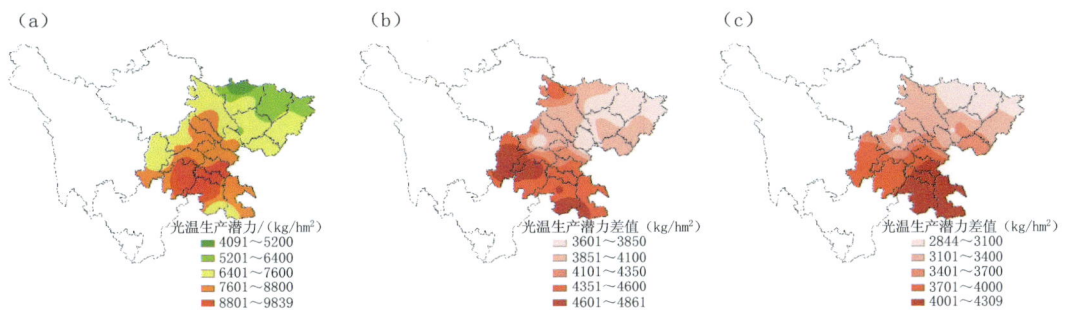

图 5.28 未来(2071—2100 年)气候变化情景下冬小麦生育期光温生产潜力的变化
(a. 基准年(1961—1990);b. A2 情景与基准年的差值;c. B2 情景与基准年的差值)

5.4.2.3 冬小麦气候生产潜力的变化

图 5.29a 为基准年四川盆地冬小麦气候生产潜力的分布,川东北地区最高,气候生产潜力在 1817～5360 kg/hm²。与基准气候条件(1961—1990 年)相比,未来 A2 气候情景下,2071—2100 年四川盆地冬小麦气候生产潜力呈增加趋势,增量在 622～2727 kg/hm²,川东北地区增量最大(图 5.29b)。B2 情景下,冬小麦气候生产潜力也呈增加趋势,空间分布和 A2 情景类似,增量在 46～2027 kg/hm²(图 5.29c)。因此,未来气候变化对四川盆地冬小麦生产有利,产量存在提升空间。

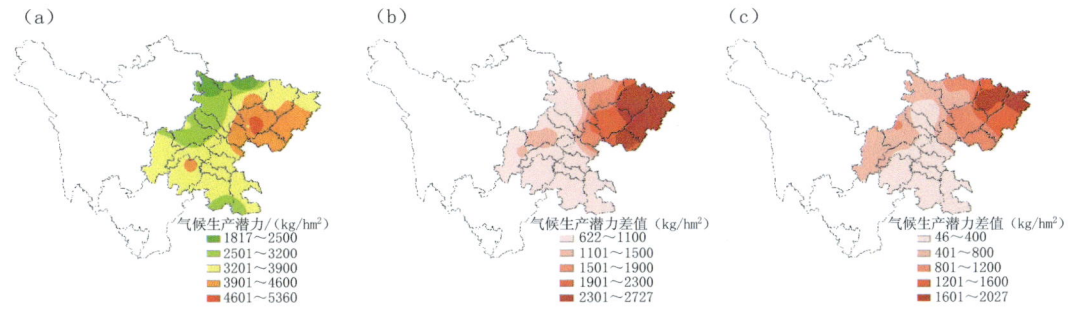

图 5.29 未来(2071—2100 年)气候变化情景下冬小麦生育期气候生产潜力的变化
(a. 基准年(1961—1990);b. A2 情景与基准年的差值;c. B2 情景与基准年的差值)

第6章

主要粮食作物适应气候变化的对策措施

气候变化对四川农业生产的影响深刻而复杂，普遍而有差异。1961—2014年四川主要农作物生育期内的气候变化总体表现为增温和干燥度升高的气候暖干化趋势，日照时数呈减少趋势，干旱灾害和高温热害日益加重，但空间与季节分布极不均匀，使得四川农业可持续发展面临日益严峻的挑战。同时，气候因子变化对主要作物产量的影响有利有弊。气候暖干化、日照时数减少及农业气象灾害加剧的影响叠加，将使气候变化下四川农业生产与粮食安全面临的风险增加并将持续存在，从而导致四川未来农业生产面临的不稳定性增加，产量波动大，导致农业生产布局和结构发生变化、农业生产条件改变、生产成本和投入大幅度增加。如果不采取应对措施，四川农业生产将受到气候变化的强烈冲击，严重威胁四川长期的粮食安全。因此，适应气候变化是四川农业当前的紧迫任务（林而达等，2006；Ding等，2007；孙智辉等，2010；赵俊芳等，2010b；汤绪等，2011）。

减缓和适应是人类应对气候变化的两个重要方面。气候变化影响的程度及其危害的大小是由适应和减缓共同作用决定的由于气候变化的滞后效应，减缓不足以消除气候变化的不利影响，因而使得适应成为应对气候变化的主要措施。同时，适应并非消极地应对气候变化，而是通过积极主动、有计划的适应行动，有效减轻气候变化带来的不利影响，充分利用气候变化带来的有利因素，趋利避害，也为减缓气候变化提供有力的支撑（矫梅燕等，2014；周广胜等，2014）。

目前，针对观测到的和预估的未来气候变化，正在采取一些适应措施，但还十分有限，且缺乏定量的对策依据，仍不足以全面促进农业生产力的恢复，迫切需要创新农业应对气候变化的途径与技术措施。因此，基于气候变化对四川主要粮食作物的影响，我们分析水稻、玉米和小麦等主要粮食作物适应气候变化的总体策略，提出具体的对策措施，以为四川粮食作物的稳定增产提供依据。

选育高产优质抗逆性强的作物品种，科学应对气候暖干化影响

从气候变化趋势及未来气候变化情景看，未来气候变暖将加剧四川干旱、热害、洪涝等

自然灾害发生的频率和强度。气温升高将使当前品种的作物生长期缩短、光合受阻、呼吸消耗加大,不利于作物产量形成与质量提高。

为减少气候变化对农作物的不利影响,选育高产优质抗逆性强的优良品种是最根本的适应性对策之一。研究表明,良种在农业增产中的作用达20%～30%,高的可达50%。21世纪的农业发展主流将是先进的生物技术与常规农业技术的融合。用于品种改良的生物技术途径,如体细胞无性繁殖变异技术、体细胞胚胎形成技术、原生质融合技术、DNA重组技术等,都能快速有效地培育出抗逆性强、高产优质的作物新品种。

同时,拟基于气候变化的区域差异因地制宜调整育种目标。四川盆地大部的气候暖干化地区培育耐旱耐热品种,川西北的高寒地区培育比传统品种生育期更长、增产潜力更大的品种。

调整作物复种指数,提高耕地资源利用效率

复种指数是指一定时期内(一般为1年)耕地上农作物总播种面积与耕地面积之比。复种指数是农业耕作制度的重要参数,是衡量耕地资源集约化程度和评价耕地资源利用状况的主要指标。耕地复种行为受到诸如气候、土壤、环境、育种技术和农业基础设施等自然因素和社会经济因素等多重因素的影响。

在全球气候变暖背景下,我国气候变化保持了与全球气候变化的一致性并表现出较为显著的变暖特征,降水不确定性增加,农业气候资源分布发生明显改变,气候变化对耕地复种产生了重要影响。气候变暖使农业活动积温增加,作物全年生长季延长,充裕热量使作物生育进程加快,生育期缩短,作物熟制增加,耕地复种指数提高,但降水的不确定性在一定程度上限制了耕地复种指数的提高。随着温度升高和积温增加,1981—2007年我国一年两熟制、一年三熟制的作物可能种植北界较1950—1980年均有不同程度北移。

在种植制度界限变化的区域,不考虑品种变化、社会经济等因素前提下,种植制度界限的变化将使粮食单产获得不同程度的增加。气候变化导致的农业热量资源增加有利于提高作物复种指数和粮食总产,虽然降水的不确定性对耕地复种指数的提高有一定的影响,但如果采取适当措施,充分发挥气候变化背景下农业气候资源较为丰富的优势,趋利避害,充分挖掘农业光温生产潜力,发展多熟种植,提高耕地复种指数,间接增加耕地利用面积,就能增强粮食的自给能力,确保粮食安全。因此,需要针对不同地区(如粮食主产区、生态脆弱区等)制定区域差别化的耕地复种指数调整策略,综合平衡生态环境、经济效益和可持续发展等多种因素,有针对性地开展耕地复种指数调整,认真制定复种指数应对气候变化策略。

四川农区大部地处山区和丘陵地区,耕地资源分散且较少,除少数平原区域外,山区及丘陵区耕地破碎度较大,且区域性小气候明显。该区可在完善农业基础设施的基础上,调整作物播种期,逐步提高复种指数。四川盆地可压缩两熟作物,适当发展旱三熟,中高原地区可发展立体农林复合型生态农业,提高复种指数(王明田等,2012;杨晓光等,2014)。

调整作物种植面积与品种布局,充分利用农业气候资源优势

全球气候变暖使得四川区域积温增加,中高纬度地区冬季温度明显升高,特别是冬季最低温度显著升高,为作物北移西扩提供了热量保障。

近年来,四川粮食作物种植面积呈减少趋势。为了确保气候变化背景下四川省的粮食安全,需要针对不同作物制定区域差别化的种植面积与品种布局调整策略。

四川部分地区虽然在季节上可以满足种植双季稻的要求,单季稻改双季稻后有一定增产,但农资、劳力等投入将成倍增加。因此,仍宜大力发展单季稻种植面积,种植模式以目前的稻—麦和稻—油菜为主。气候变化导致的水资源短缺已经严重影响该区的正常农业生产,在水源缺乏区域水田改旱现象较多。为此,该区作物品种的调整措施主要趋势为推广大穗、高产型水稻品种。同时,该区作物种植化学肥料使用比例大,作物营养生长阶段旺盛,容易在苗期徒长,发生倒伏,故建议选用抗病害、抗倒伏型水稻品种。四川冬麦区气候暖干化明显,冬旱日趋严重,对小麦、大麦、蚕豆等小春作物不利。应改善水利条件,在有灌溉条件的河谷与平坝稳定小春作物生产,采取旱坡地改种马铃薯等措施。

针对气候变化的区域分异,科学调整主要农区生产管理方式

加快四川农区的大中型水利工程建设,增加保灌面积,减轻旱灾影响。从以往的气候背景看,四川农区的降水区域差异大,年降水量为 800～1200 mm,东多西少,尤其盆中丘区盐亭至简阳一带常年不足 900 mm。同时,全年的降水主要集中于夏半年,有相当部分以径流方式流失,从而导致水分不足现象普遍存在。随着温度的升高,降水减少,水稻生产的水分供需矛盾将更加突出,尤其以盆中浅丘区为甚。虽然四川农区现有不少水利工程,但标准低、病害多、老化严重,渠系配套差且破坏严重,干旱之年难以满足需水要求,需加快大中型水利工程修建的步伐,尽可能多的蓄积降水,增加作物的保灌面积,同时发展节水灌溉,以应对后期旱灾的影响。

加强作物适应气候变化研究,提高防灾减灾能力

面对气候变化背景下气象灾害日益频发,农业防灾减灾科技发展要坚持"强基础、重平台、促创新、稳队伍"的发展思路。大力加强农业重大自然灾害发生规律的基础研究,加快农业减灾科技创新平台和条件建设,促进灾害监测预警精准化和农业防灾减灾自主创新能力建设,凝聚一批农业防灾减灾科技创新队伍,为国家粮食安全和农业可持续发展提供科技支撑。

通过分析,可以看到以增温为主要特征的气候变化,对四川农业生产提供了更换品种、改变种植制度和调整生产管理方式等促进作物产量提高的可能。然而,只有继续加强在增温情景下四川作物的气候适应性研究,才能进一步明确适宜一季中稻、玉米和冬小麦的种植范围界限;明确适宜由早熟品种更换为中熟品种的区域;明确适宜一季中稻＋再生稻的种植模式范围,从而将气候变化带来的有利影响因素,逐步变为四川水稻生产的现实气候资源优势,确保四川水稻生产的可持续发展。

参考文献

曹卫星,2006.作物栽培学总论[M].北京:科学出版社.

陈超,庞艳梅,潘学标,2010a.近50年来四川盆地气候变化特征研究[J].西南大学学报(自然科学版),32(9):115-120.

陈超,庞艳梅,潘学标,2010b.近半个世纪以来四川盆地气温和降水的变化特征[J].中国农业气象,31(S1):27-31.

陈超,庞艳梅,潘学标,等,2011a.气候变化背景下四川省气候资源变化趋势分析[J].资源科学,33(7):1310-1316.

陈超,庞艳梅,潘学标,2011b.四川地区参考作物蒸散量的变化特征及气候影响因素分析[J].中国农业气象,32(1):35-40.

陈超,庞艳梅,潘学标,等,2013.未来四川地区农业气候资源的时空变化特征[J].资源科学,35(9):1917-1924.

陈超,庞艳梅,潘学标,2014.气候变化背景下四川省单季稻水分盈亏的变化特征[J].自然资源学报,29(9):1508-1519.

陈超,庞艳梅,张玉芳,等,2016.四川单季稻产量对气候变化的敏感性和脆弱性研究[J].自然资源学报,31(2):331-342.

陈超,庞艳梅,张玉芳,等,2017.四川冬小麦产量对气候变化的敏感性和脆弱性研究[J].自然资源学报,32(1):127-136.

陈东东,栗晓玮,张玉芳,等,2017a.四川省水稻关键生育期不同等级干旱风险评估[J].西南师范大学学报(自然科学版),42(10):69-77.

陈东东,紫檀,张玉芳,2017b.基于水分盈亏指数的四川省小麦生育期干旱风险评估[J].自然灾害学报,26(4):155-163.

陈家金,李丽纯,王加义,等,2011.极端气候对福建荔枝产量影响的风险评估[J].果树学报,28(6):1093-1098.

陈家金,张春桂,王加义,等,2009.福建省粮食产量气象灾害风险评估[J].中国农学通报,25(10):277-281.

陈淑全,罗富顺,熊志强,等,1997.四川气候[M].成都:四川科学技术出版社.

陈晓艺,马晓群,孙秀邦,2008.安徽省冬小麦发育期农业干旱发生风险分析[J].中国农业气象,29(4):472-476.

程纯枢,1991.中国的气候与农业[M].北京:气象出版社.
程绍敏,2000.四川盆地主要气象灾害对农业的影响及减灾对策[J].四川气象,20(1):31-34.
达斯塔内 N G,1974.灌溉农业中的有效雨量[M].罗马:联合国粮食及农业组织.
代姝玮,杨晓光,赵孟,等,2011.气候变化背景下中国农业气候资源变化Ⅱ:西南地区农业气候资源时空变化特征[J].应用生态学报,22(2):442-452.
邓国,李世奎,1999.中国粮食作物产量风险评估方法//李世奎.中国农业灾害风险评价与对策[M].北京:气象出版社.
邓先瑞,1995.气候资源概论[M].武汉:华中师范大学出版社.
丁一汇,任国玉,石广玉,等,2006.气候变化国家评估报告(Ⅰ):中国气候变化的历史和未来趋势[J].气候变化研究进展,2(1):3-8.
甘书龙,付绶宁,唐洪潜,等,1986.四川省农业资源与区划[M].成都:四川省社会科学院出版社.
高亮之,1992.水稻气象生态[M].北京:中国农业出版社.
高素华,王培娟,万素琴,2009.长江中下游高温热害及对水稻的影响[M].北京:气象出版社.
韩湘玲,1991.作物生态学[M].北京:中国农业出版社.
韩湘玲,1999.农业气候学[M].太原:山西科学技术出版社.
何永坤,范莉,阳园燕,2011.近50年来四川盆地东部水稻高温热害发生规律研究[J].西南大学学报(自然科学版),33(12):39-43.
何永坤,唐余学,张建平,2014.中国西南地区干旱对玉米产量影响评估方法[J].农业工程学报,30(23):185-191.
侯光良,1986.关于我国作物气候生产力估算问题的讨论:中国农业气候资源和农业气候区划集[M].北京:气象出版社.
侯西勇,2008.1951—2000年中国气候生产潜力时空动态特征[J].干旱区地理,31(5):723-730.
贾建英,贺楠,韩兰英,等,2015.基于自然灾害风险理论和ArcGIS的西南地区玉米干旱风险分析[J].农业工程学报,31(4):152-159.
矫梅燕,周广胜,陈振林,2014.农业应对气候变化蓝皮书:气候变化对中国农业影响评估报告[M].北京:社会科学文献出版社.
李世奎,1999.中国农业灾害风险评价与对策[M].北京:气象出版社.
林而达,许吟隆,蒋金荷,等,2006.气候变化国家评估报告(Ⅱ):气候变化的影响与适应[J].气候变化研究进展,2(2):51-56.
刘佳,陈超,张玉芳,等,2018.四川单季稻抽穗扬花期和灌浆结实期高温热害时空特征[J].中国农业气象,39(1):46-58.
刘玲,沙奕卓,白月明,2003.中国主要农业气象灾害区域分布与减灾对策[J].自然灾害学报,12(2):92-97.
刘晓冉,李国平,范广洲,等,2008.西南地区近40 a气温变化的时空特征分析[J].气象科学,28(1):30-36.
刘琰琰,陈超,庞艳梅,2016.四川盆地玉米生育期气候资源及生产潜力的变化特征[J].中国农学通报,32(19):110-114.
刘钰,Pereira L S,2000.对FAO推荐的作物系数计算方法的验证[J].农业工程学报,16(5):26-30.
马振锋,彭骏,高文良,等,2006.近40年西南地区的气候变化事实[J].高原气象,25(4):633-642.
庞艳梅,陈超,马振峰,2015.未来气候变化对四川省水稻生育期气候资源及生产潜力的影响[J].西北农林科技大学学报(自然科学版),13(1):58-68.
庞艳梅,陈超,潘学标,等,2013.未来气候变化对四川盆地玉米生育期气候资源及生产潜力的影响[J].中国生态农业学报,21(12):1526-1536.
庞艳梅,陈超,潘学标,等,2014.未来气候情景下四川盆地冬小麦生育期气候资源及生产潜力的变化[J].中国农业气象,35(1):1-9.

庞艳梅,陈超,潘学标,2015.1961—2010年四川盆地玉米有效降水和需水量的变化特征[J].农业工程学报,31(S1):133-141.

庞艳梅,陈超,潘学标,2017a.1961-2010年四川盆地冬小麦需水量时空变化[J].西南大学学报(自然科学版),39(12):1-11.

庞艳梅,刘佳,陈超,2017b.四川省单季稻高低温致灾因子危险性分析[J].西南大学学报(自然科学版),39(8):9-16.

气候变化国家评估报告编写委员会,2007.中国气候变化国家评估报告[M].北京:科学出版社.

曲曼丽,1991.农业气候实习指导[M].北京:中国农业大学出版社.

任国玉,郭军,徐铭志,等,2005.近50年中国地面气候变化基本特征[J].气象学报,63(6):942-956.

苏永秀,李政,吕厚荃,2008.水分盈亏指数及其在农业干旱监测中的应用[J].气象科技,36(5):592-595.

孙智辉,王春乙,2010.气候变化对中国农业的影响[J].科技导报,28(4):110-117.

汤绪,杨续超,田展,等,2011.气候变化对中国农业气候资源的影响[J].资源科学,33(10):1962-1968.

王明田,曲辉辉,杨晓光,等,2012.基于降水保证指数的四川省种植制度优化研究[J].西北农林科技大学学报(自然科学版),40(10):82-92.

王素艳,霍治国,李世奎,等,2005.北方冬小麦干旱灾损风险区划[J].作物学报,31(3):267-274.

魏凤英,2007.现代气候统计与预测技术[M].北京:气象出版社.

温克刚,詹兆渝,2006.中国气象灾害大典(四川卷)[M].北京:气象出版社.

徐春达,高晓飞,2003.作物生产潜力模型在中国的应用[J].干旱地区资源与环境,17(6):108-112.

许吟隆,Richard J,2004.利用ECMWF再分析数据验证PRECIS对中国区域气候的模拟能力[J].中国农业气象,25(1):5-9.

许吟隆,黄晓莹,张勇,等,2005.中国21世纪气候变化情景的统计分析[J].气候变化研究进展,1(2):80-83.

许吟隆,2005.中国21世纪气候变化的情景模拟分析[J].南京气象学院学报,28(3):323-329.

薛昌颖,霍治国,李世奎,等,2005.北方冬小麦产量灾损风险类型的地理分布[J].应用生态学报,16(4):620-625.

阳园燕,何永坤,罗孳孳,等,2013.三峡库区水稻高温热害监测预警技术研究[J].西南农业学报,26(3):1249-1254.

杨晓光,李茂松,2014.中国南方季节性干旱特征及种植制度适应[M].北京:气象出版社.

杨晓光,李勇,代姝玮,等,2011.气候变化背景下中国农业气候资源变化Ⅸ:中国农业气候资源时空变化特征[J].应用生态学报,22(12):3177-3188.

杨晓光,于沪宁,2006.中国气候资源与农业[M].北京:气象出版社.

杨修,孙芳,林而达,等,2004.我国水稻对气候变化的敏感性和脆弱性[J].自然灾害学报,13(5):85-89.

于沪宁,李伟光,1985.农业气候资源分析与利用[M].北京:气象出版社.

张建平,刘宗元,何永坤,等,2015.西南地区水稻干旱时空分布特征[J].应用生态学报,26(10):3103-3110.

张玉芳,王明田,刘娟,等,2013.基于水分盈亏指数的四川省玉米生育期干旱时空变化特征分析[J].中国生态农业学报,21(2):236-242.

张玉芳,王锐婷,陈东东,等,2011.利用水分盈亏指数评估四川盆地玉米生育期干旱状况[J].中国农业气象,32(4):615-620.

赵俊芳,郭建平,马玉平,等,2010a.气候变化背景下我国农业热量资源的变化趋势及适应对策[J].应用生态学报,21(11):2922-2930.

赵俊芳,郭建平,张艳红,等,2010b.气候变化对农业影响研究综述[J].中国农业气象,31(2):200-205.

郑建初,张彬,陈留根,等,2005.抽穗期高温对水稻产量构成要素和稻米品质的影响及其基因型差异[J].江苏农业学报,21(4):249-254.

郑志广,2003.光温条件对水稻结实及干物质生产的影响[J].北京农学院学报,18(1):13-16.

钟新科,刘洛,徐新良,等,2012.近30年中国玉米气候生产潜力时空变化特征[J].农业工程学报,28(15):94-101.

周广胜,郭建平,霍治国,等,2014.中国农业应对气候变化[M].北京:气象出版社.

ALLEN R G,PEREIRA L S,RAES D,et al.,1998. Crop Evapotranspiration Guidelines for Computing Crop Water Requirements-FAO Irrigation and Drainage Paper 56[R]. Rome:Food and Agriculture Organization of the United Nations.

CHAO C,PANG Y M,ZHANG Y F,et al.,2017. Responses of single cropping rice yields to climate change in Sichuan province,China[J]. Journal of Agricultural Science and Technology B,7:1-12.

CHAVAS D R,LZAURRALDE R C,THOMSON A M,et al.,2009. Long-term climate change impacts on agricultural productivity in eastern China[J]. Agricultural and Forest Meteorology,149:1118-1128.

DING Y H,REN G Y,ZHAO Z C,et al.,2007. Detection,causes and projection of climatic change over China:An overview of recent progress[J]. Advances in Atmospheric Sciences,24:954-971.

LIU Y,WANG E L,YANG X G,et al.,2010. Contributions of climatic and crop varietal changes to crop production in the North China Plain since 1980s[J]. Global Change Biology,16:2289-2299.

LOBELL D B,FIELD C B,2007. Global scale climate-crop yields relationships and the impacts of recent warming[J]. Environmental Research Letters,2:1-7.

NICHOLLS N,1997. Increased Australian wheat yield due to recent climate trends[J]. Nature,387:484-485.

POHLERT T,2004. Use of empirical global radiation models for maize growth simulation[J]. Agricultural and Forest Meteorology,126:47-58.

ZHANG T Y,HUANG Y,2012. Impacts of climate change and inter-annual variability on cereal crops in China from 1980 to 2008[J]. Journal of the Science of Food and Agriculture,92:1643-1652.